THÜRINGER KRIMINALCHRONIK
HINGERICHTETER VERBRECHER

Thüringer Kriminalchronik hingerichteter Verbrecher

Nach den Akten und von ihren Wärtern erzählt

Herausgegeben und bearbeitet

von

Michael Kirchschlager

KIRCHSCHLAGER

IMPRESSUM

1. Auflage Arnstadt/Leipzig 2006

Druck unsd Bindung: PBtisk s. r. o., Pribram

ISBN 978-3-86552-069-2

Inhaltsverzeichnis

Vorwort
7

Der Brandstifter Hans Michael Brühl (1686)
11

Der Giftmörder August Taubert (1811)
36

Die Verbrecher Johann Christoph Werner
und Johann Friedrich Becher (1813)
47

Der Mörder Johann Andreas Sommer (1816)
50

Der Frauenmörder Hirschfeld (1820)
53

Der Mordbrenner Johann Friedrich Weißmantel (1824)
59

Der Fallknecht Karl Wilhelm Oertel (1830–1833)
74

Der Raub- und Kindermörder Bernhard Stempner (1858)
87

Der Chirurg Ernst Kühn (1870)
137

Quellen/Literatur/Anmerkungen
221

Vorwort

Den bezeichnenden Titel dieser Edition entlehnten wir einem kleinen Bändchen, welches Franz David Gesky, Gefangenenwächter in Weimar, im Jahre 1826 herausgab. Die *Thüringer Kriminalchronik hingerichteter Verbrecher* beginnt mit einer Vorrede, die wir hier vollständig wiedergeben wollen:

> *Eine lange Reihe von Jahren war in Weimar kein Übeltäter hingerichtet worden, bis endlich im Jahre 1813, durch Umstände veranlaßt, das Hochgericht von Neuem bestätigt wurde.*
> *Als Wächter wurde ich hierauf bei den des Todes Schuldigen befehliget, und hatte auf diese Weise viel Gelegenheit, die Handlungsweise der Delinquenten in den letzten Tagen ihres Lebens zu beobachten.*
> *Auf schlichte Art gebe ich das Gehörte und Gesehene den Lesern wieder, ohne Schmuck und ohne Gelehrsamkeit. Meine Landsleute und der Landmann, die dies Büchlein lesen, werden es verstehen, denn für sie habe ich es geschrieben. Mein Zweck ist sehr gut gemeint, es soll der Jüngling wie der Mann darin das häßliche Bild des Lasters, des Diebstahls und des Mordes finden, sich abschrecken lassen, und die Strafe für solche Verbrechen immer vor Augen halten. Denn der fromme Tobias gibt seinem Sohn schon die schöne Lehre in seinem Buche, im 4. Cap. B. 6: »Dein Lebenlang habe Gott vor Augen und im Herzen. Und hüte dich, daß du in keine Sünde willigest, und tust wider Gottes Gebot.« Auch der weise Sittenlehrer J. Sirach bestätigt dasselbe in seinem Buch im 7. Cap, B. 1: »Tue nichts Böses, so widerfährt dir nichts Böses.«*
>
> *Weimar im Juni 1825 – Gesky*

Mit diesem kurzen Vorwort wollen wir nur einige Aspekte zum Thema Gerichtsbarkeit und Todesstrafe anschneiden, im guten Glauben, die geneigte Leserschaft erwartet hier keinen umfänglichen philosophischen Exkurs zum Für und Wider der Todesstrafe oder ausführliche Erläuterungen zur Gerichtsbarkeit vergangener Jahrhunderte. Wir verweisen an dieser Stelle auf die weiterführende Literatur im Anhang.

Geskys Gefangene waren von unterschiedlichem Charakter; gleiches gilt für die übrigen Delinquenten, die in diesem Buch vorgestellt werden. Blieb der Chirurg Kühn bis zu seinem letzten Stündchen von boshafter Natur, wandelte sich der Schinderknecht Oertel im Gefängnis zum reuigen Sünder. Auch die Motive der Verbrecher sind vielschichtig. Aus Rache zündet Hans Michael Brühl Häuser und Scheunen an; aus Furcht vor Entdeckung und Schande ermordet Kühn seine schwangere Geliebte. »Ehefrust« könnte man Tauberts Motiv nennen. Geldschwierigkeiten trieben Stempner zum Kindermord.

Nicht alle hatten eine »schwere« Kindheit. Am ehesten hätte man dem Schinderknecht Oertel und dem Frauenmörder Hirschfeld aus diesem Grund Strafmilderung gewähren können. Ersterer wurde von seinem Vater zu einem abscheulichen Beruf gezwungen, gewöhnte sich das Branntweinsaufen an und durfte die Liebste nicht heiraten; den anderen befielen zahlreiche Mißgeschicke in der Kindheit.

Am Ende des 19. Jahrhunderts machte sich die These breit, man könne den Verbrecher an besonderen anthropologischen Merkmalen erkennen (Cesare Lombroso), und auch Gesky glaubte, die boshafte Natur des Mordbrenners Weißmantel in seiner schrecklichen Physiognomie zu erkennen. Der berühmte Paul Johann Anselm Feuerbach stellt erste psychologische Überlegungen zum Tatmotiv und zum Täter an; wenngleich auch nicht sehr tiefgründig.

Alle Delinquenten, bis auf den Brandstifter Brühl, der verbrannt wird und Werner, der gehängt wird, werden mit dem Schwert gerichtet, selbst wenn Taubert nach der Enthauptung tot aufs Rad geflochten wird. Die Verbrennung, wobei angemerkt werden muß, daß dieser Fall aus dem 17. Jahrhundert stammt, also nicht mit den anderen Fällen zu vergleichen ist, und die »Kombinationsxekutionen« (Taubert und Sommer) – Enthauptung plus Räderung – sind Relikte mittelalterlicher Rechtsprechung. Die Verbrennung steht stellvertretend für die sogenannten Spiegelstrafen: dem Feuerleger das Feuer. Werner wird nach alter Sitte als Dieb gehängt.

Den anderen Delinquenten gewährte man die Gnade des Schwertes. Der Schinderknecht Oertel sagt an einer Stelle, daß er froh sei, nicht gerädert zu werden. Seine Hinrichtung findet, wie die Tauberts, vor vielen Menschen statt; Kühn wird im Gefängnishof von Gräfentonna mittels Fallbeil exekutiert. Der Hergang des Verfahrens, die Hegung des Gerichts, wird besonders exakt bei Taubert geschildert und dürfte so oder ähnlich im ganzen Mittelalter bis zum 19. Jahrhundert üblich gewesen sein. Das Trinken des Blutes des Gerichteten fällt in die Kategorie Aberglauben.

Alle Missetäter erhalten kirchlichen Beistand. Das konnte, so beschreibt es auch Gesky, unter Umständen zu rührenden Szenen führen. Kühn jedoch, der ausgemachte Bösewicht, lehnt jeglichen Beistand ab. Seine Seele schmort noch heute in der Hölle. Dennoch wehrt er sich bis zum Schluß gegen die Todesstrafe. Der Frauenmörder Oertel will unbedingt sterben, lieber früher als später. Für ihn wäre eine Freiheitsstrafe eine Folter gewesen. Gleiches gilt für den reuigen Kindermörder Stempner. Tatsächlich gehen einige Delinquenten getrost in den Tod. Sie akzeptieren die Todesstrafe für ihr Vergehen.

Das Gegenteil findet sich bei Becher, der noch begnadigt wird.

Die hier vorgestellten Fallbeispiele dokumentieren die Endphase der »Blutgerichtsbarkeit« im 19. Jahrhundert in Thüringen und zeichnen ein Bild der Gerichtsbarkeit, wie wir sie noch vom Mittelalter her kennen.

Auf einen Anmerkungsapparat wurde verzichtet. Zitate stehen kursiv. Erläuterungen finden sich kursiv in Klammern im Text bzw. gerade, wenn sie von den Autoren stammen.

An dieser Stelle danke ich Monika Graff, Arnstadt, Gabriele Helbing, Weißensee und Lothar Bechler, Beichlingen.

Michael Kirchschlager

Der Brandstifter Hans Michael Brühl (1686)

Am Fuß der Berghöhe, auf deren Spitze jetzt noch die Ruinen von einem der Schlösser zu sehen sind, die unter dem Namen der thüringischen Gleichen seit den Zeiten der Kreuzzüge eine historisch-romantische Bedeutsamkeit erhalten haben, liegt der Ort Mühlberg.

In der Herberge dieses Ortes saßen an einem Wintertag des Jahres 1685 zwei Männer beim Bier, deren Namen gänzlich unbekannt waren, und von welchen man nur so viel wußte, daß der eine aus dem damals noch fürstlich schwarzburgisch-arnstädtischen Ort Sülzenbrücken gebürtig war. Der andere der beiden Männer benahm sich sehr unfertig, zog, während er sein Bier trank, den Degen, den er nach der Sitte der Zeit trug, drohte, einen Knaben zu erstechen, knüpfte mit aller Welt Händel an und verweigerte zuletzt die Zahlung der Zeche.

Der Wirt der Herberge wollte allerdings den groben Gast nicht gutwillig ziehen lassen, und so kam es zu Tätlichkeiten, bei denen der Einwohner aus Sülzenbrücken Partei für den Herbergswirt nahm. Vom Lärm herbeigezogen, kamen die Nachtwächter des Ortes hinzu. Der ungehobelte Fremdling wurde tüchtig zerschlagen, man nahm ihm den Degen ab und setzte den Ruhestörer in das Gefängnis, oder steckte ihn, wie es nach dem Sprachgebrauch der damaligen Zeit genannt wurde, in den »Koben«.

Da der Einwohner von Sülzenbrücken an der üblen Behandlung und der Arretierung des Fremden tätigen Anteil genommen hatte, so bedrohte ihn der garstige Grobling vor seiner Abführung in den Koben mit Racheworten, brach noch an demselben Tag aus dem Gefängnis gewaltsam aus und wurde in der dortigen Gegend nicht mehr gesehen.

Etwa ein Vierteljahr später, am 21. Mai 1685, brach in der Scheuer des Einwohners Heinrich Umbreit zu Sülzenbrücken, deren Strohdach sich bis in die Nähe des Erdbodens erstreckte, Feuer aus, welches fünfzehn Häuser mit den dazugehörigen Nebengebäuden sowie die Pfarrerwohnung in Asche legte und die Kirche des Ortes hart bedrohte. Über die Entstehung dieses Brandes fehlte es gänzlich an zuverlässigen Nachrichten, doch schrieb man denselben einer boshaften Brandstiftung zu und beschuldigte eine Bande Zigeuner, die sich in den Orten des benachbarten Auslandes herumtreiben sollte, jenes Verbrechens. Dreizehn Jahre früher hatten nämlich Zigeuner vor dem Ort Sülzenbrücken sich gelagert, und mehrere von ihnen waren damals in das Haus des Einwohners Umbreit eingebrochen, um zu stehlen, waren jedoch über der Tat ergriffen und arg mißhandelt worden, worauf sie drohten, das Haus des Umbreit binnen den nächsten acht Tagen in Feuer und Rauch aufgehen zu lassen.

Wirklich war auch innerhalb jenes achttägigen Zeitraumes Feuer in Sülzenbrücken ausgebrochen. Durch dasselbe wurde jedoch das Wohngebäude Umbreits nicht mit beschädigt, und die Zigeuner dehnten nun ihre drohende Prophezeiung dahin aus, daß Umbreits Haus dennoch abbrennen werde, sollte auch darüber ein Zeitraum von zehn bis dreizehn Jahren verlaufen.

Da jetzt dieser dreizehnjährige Zeitraum ablief, so schrieb man, nach den Begriffen der damaligen Zeit, die ohnehin ganz unbekannte Entstehung des Brandes niemandem als den Zigeunern zu, ungeachtet schon seit längerer Zeit kein einziger von ihnen in der Umgebung von Sülzenbrücken, geschweige denn bei dem Brand selbst, gesehen worden war.

Dagegen hatte sich bei dem Brand ein unbekannter junger Mann, der einen blauen Rock trug, an welchem sich große Knöpfe von Zinn befanden, sehr tätig bewiesen, um den bedrängten Einwohnern beim Retten ihrer Effekten *(Wertpapiere, wertvolle Sachen)* zu helfen. Namentlich war er der Ehegattin des Pfarrers zu Sülzenbrücken behilflich und hatte sich dabei erboten, das Geld der Pfarrfrau zu retten. Gleichwohl vermißte die Letztere, als die erste Bestürzung vorüber war, unter ihrer geretteten Habe eine Summe von achtzehn Talern und mehrere Löffel von Silber.

Auch der Altarmann Heinrich Mey von Sülzenbrücken hatte durch den Brand einen für jene Zeit empfindlichen Verlust erlitten. Es fehlte ihm ein in schwarzen Samt gebundenes Gebetbuch mit silbernen Schlössern, von welchen jedoch das eine am Buch fehlte. Auf den beiden Deckeln dieses Buches war der Name von Meys Bruder und der Name der Witwe Heissemann, die Mey geheiratet hatte, in goldenen Buchstaben ersichtlich. Auch ein Panzergürtel aus Draht, den damals die Frauen als Schmuck trugen, und ein Taschentuch (oder Wischlappen, wie es zu jener Zeit genannt wurde), fehlten ihm. Das Letztere war mit schwarzer Seide ausgenäht und enthielt die drei Buchstaben A. R. B., denn Anna Ramsthaler, mit welcher der Altarmann Mey verheiratet war, hatte es diesem beim Jawort als Geschenk verehrt.

Da die Kirche von Sülzenbrücken ebenfalls vom Feuer bedroht war, so hatte man die Türen derselben geöffnet, um die Kirchengüter retten zu können. Unter diesen befanden sich auch zwei Kelche mit den dazu gehörigen Deckeln oder Patinen, wie sie in den Akten genannt werden, die zugleich zur Bedeckung des Kelches als auch als kleine Teller um die Hostien darauf auszulegen, benutzt werden konnten. Der eine dieser Kelche war aus Silber, und man schlug seinen Wert zu 80 Talern an. Der andere Kelch bestand nur aus Zinn und war mit Goldlack überzogen.

Nach der vom Altarmann Mey zu Sülzenbrücken später abgegebenen Erläuterung pflegte man diesen Kelch dann zu benutzen, wenn einem vermögenslosen Einwohner von Sülzenbrücken das Abendmahl gespendet wurde. Beide Kelche wurden in ein Tuch eingebunden in einem kleinen Korb in einem Schrank der Kirche aufbewahrt, dessen Tür unverschlossen war. Nach dem Brand in Sülzenbrücken fehlten aber beide Kelche. Nur die Patina des Zinnkelches lag noch im Schrank, und der Korb, in welchem die Kelche aufbewahrt worden, sowie das Tuch, in das sie geschlagen waren, wurden später an einem Weg außerhalb des Ortes wieder gefunden. Der Verlust dieser beiden Kirchengefäße wurde von allen Bewohnern Sülzenbrückens am schmerzlichsten empfunden, und die Kunde vom Abhandenkommen der Kelche und der Patina zum Kelch aus Silber verbreitete sich weit und breit in der Umgebung.

Wenige Tage später, am 27. Mai 1685, ging in dem zum damaligen Fürstentum Gotha gehörigen Dorf Teutleben ebenfalls Feuer auf. Der von Gotha nach Vacha gehende Postbote war am Abend jenes Tages in der Herberge zu Teutleben eingekehrt und ging, vom Herbergswirt begleitet, um zehn Uhr abends in den Stall, um nach seinem Pferd zu sehen. Beim Heraustreten aus dem Stall gewahrte der Wirt einen grellen Feuerschein, der von seiner und seines Nachbars brennenden Scheuer ausging. Jene Feuersbrunst verzehrte zwar nur fünf bis sechs Gehöfte, aber sie hatte sich mit solcher reißenden Schnelligkeit verbreitet, daß weder der Herbergswirt, noch seine Nachbarn das in den Ställen befindliche Vieh zu retten vermochten.

Wie dies Feuer ausgekommen war, darüber fehlte es anfangs an aller Gewißheit, doch hegte man den Verdacht, daß es angelegt worden sein könnte, denn die Ehefrau des Einwohners Matthias Siefert zu Teutleben hatte, als sie noch zwei Stunden vor dem Ausbruch des Feuers sich nach den heimkehrenden Hirten umgesehen hatte, hinter ihrer Scheuer einen jungen Menschen liegen sehen, der einen blauen Rock mit daran befindlichen großen zinnernen Knöpfen trug. Dieser Mensch hatte unter den Worten: »Willst du nicht brennen, du mußt brennen!« Feuer angeschlagen und dann Tabak geraucht (nach dem damaligen Sprachgebrauch »Tabak getrunken«).

Wohin dieser Mensch gegangen war, wußte sie nicht, aber ein ebenso gekleideter Mensch war späterhin, nach dem Ausbruch des Feuers, als der erste unter den herzugeeilten Menschen gesehen worden. Auch hatte sich eben dieser Mensch mehreren Bewohnern von Teutleben angeboten, um beim Retten ihrer Effekten zu helfen und sich in den verschiedenen Häusern an verschiedenen Orten gebürtig ausgegeben. Der Ehefrau des Schäfers Trompheller zu Teutleben war er auf der Treppe ihres Wohnhauses begegnet und hatte sie dabei mit den Worten: »Ach, ihr liebe Jungfrau, was ist das für ein großes Unglück! Ach, tut hinaus, was Euch lieb ist, ich will gern helfen.« Setzte auch unaufgefordert hinzu: »Mir könnt ihr trauen, denn ich bin von Laucha gebürtig.«

Zwei bis dreimal hatte dieser Fremde Effekten aus dem Tromphellerschen Haus herausgetragen und war dann verschwunden. Unter den geretteten Gegenständen vermißte aber die Tromphellersche Ehefrau mehrere Stücke, die nach der Bezeichnung in den Akten in drei weißen, linnenen und wattierten Hauben mit Zacken, in vier Bändern, zwei roten und zwei weißen, ferner einem gelben mit tollem Gold eingemengten Band und endlich in vier Ellen Vorborten, von welchen sie die Elle mit zwei Groschen gekauft hatte, bestand. Das rote und das weiße Band waren auf schmale Bretter gewickelt. Bei diesem lag auch ein Strauß von künstlichen Blumen, der ebenfalls fehlte. Nur die Schachtel, in der das gelbe, mit Gold eingemengte Band gelegen hatte, war noch vorhanden.

Jener fremde Mensch war auch in das Haus von Hans Wachsmann zu Teutleben gekommen und hatte den Hauseigentümer mit den Worten angeredet: »Guter Freund, was Euch lieb ist, sagt mir es vor, ich will euch gern helfen, es mit hinauszuschaffen.«

Er half dann auch eine Zeitlang mit Ausräumen und erzählte dabei, daß er von Gotha komme. Dann war er aber plötzlich verschwunden, und als der Helfer in der Not nicht mehr zu sehen war, vermißte Wachsmann ein Hemd, ein Springeltuch (wie es genannt wurde) mit einem zwei Finger breiten Strich, eine Elle schwarzes Band, in welches weiß gemodelt war, und ein Paar gute baumwollene Strümpfe.

Wer jener hilfreiche junge Mann war, konnte man zwar nicht mit Gewißheit bestimmen, man vermutete jedoch, daß er ein neunzehnjähriger berüchtigter Einwohner aus Leina namens Hans Michael Brühl sein könne. Denn nach der Aussage des Wirtes Liemen zu Teutleben war eben dieser Brühl in demselben Augenblick durch die Hintertür in die Herberge eingetreten, als die Flamme aufschlug. Da sich Brühl durch sein Geschäft als Musikant (Spielmann stand in den Akten) ernährte und daher dem Wirt bekannt war, so redete ihn dieser mit der Frage an, wo er so geschwind herkomme, da doch noch nicht einmal die Ortseinwohner zur Hilfe beim Feuer hätten herbeieilen können. Worauf jedoch der Angeredete, ohne Antwort zu geben, fortgeeilt war.

Während der Brandnacht wurde ein Teil der geretteten Effekten in einen Hopfenberg außerhalb des Ortes Teutleben gebracht, bei denen Martin Brandenburg und Heinrich Drescher Wache hielten. Als der Tag graute, sahen die beiden Wachehaltenden zwei Männer auf der Straße nach Aspach zu vorübergehen, und erkannten in dem einen den Spielmann Hans Michael Brühl von Leina, der sich mit seinem Reisegefährten lachend und guter Dinge unterhielt und dabei die Äußerung tat: »Ich dachte, es sollte weiter hinunter brennen.«

Schon bei einem früheren Feuer, welches am 16. Februar 1685 in Leina selbst ausgebrochen, jedoch bald wieder gelöscht worden war, hatte sich derselbe Hans Michael Brühl mehreren Ortseinwohnern verdächtig gemacht. Er war vor dem Ausbruch des Brandes längere Zeit von Leina entfernt und wurde erst dann wieder gesehen, als eine Stimme den Feuerruf durch das Dach erschallen ließ. Er selbst war der Rufende, er war der Erste beim Brand, und als der Schulmeister des Ortes auf den Turm steigen wollte, um die Feuerglocke ertönen zu lassen und dabei vor sich hin sprach: »Ach, daß es Gott erbarme, ist das nicht ein Unglück!« antwortete ihm ein die Treppe schon Herabkommender: »Ja, freilich ist das ein Unglück!«

Bei der tiefen Dunkelheit auf der Turmtreppe konnte der Schulmeister den Antwortenden nicht erkennen. Nach der Stimme zu urteilen, mußte es jedoch Hans Michael Brühl gewesen sein. Ohne beim Brand selbst zu helfen, war Brühl während desselben an mehreren Orten des Dorfes gesehen worden und, wie es in den Akten heißt, *ging schon damals die Murmelung* (d. h. man ließ den Verdacht laut werden), daß Hans Michael Brühl das Feuer angelegt habe, um während des Brandes stehlen zu können.

Alle diese Verdachtsgründe, die nach und nach beim Amt Tenneberg zur Anzeige kamen, schienen jedoch demselben noch nicht ausreichend genug zu sein, um den ohnedies übel berüchtigten Hans Michael Brühl auch nur zur Untersuchung zu ziehen. Erst ein mit den Feuersbrünsten gar nicht in Verbindung stehendes Ereignis gab die Veranlassung zu amtlichen Schritten gegen ihn.

Nach der frommen Sitte jener Zeit hatten Heinrich Drescher und sein Weib zu Leina dem Gottesdienst am Sonntag vor Michaelis *(Sonntag vor dem 29. September)* 1684 beigewohnt und ihr Haus während ihrer Abwesenheit sorgfältig verschlossen. Dessen ungeachtet wurden sie bei ihrer Zurückkunft aus der Kirche, als sie eben die Haustür aufgeschlossen hatten, eines fremden Mannes gewahr, der innerhalb des Hauses war und daselbst eine Lade geöffnet hatte. Von dem Geräusch, das die Kommenden verursachten, erschreckt, hatte dieser fremde Mann nur noch so viel Zeit, um ein Hemd aus der Lade zu nehmen, den Deckel der Truhe zuzuwerfen und über einen Gang, an dessen Ende sich ein Loch in der Wand befand, durch dieses zu entspringen.

Die Person des Diebes war beiden Eheleuten unbekannt, denn sie hatten nur seine Beine im Fortlaufen sehen und dabei bemerken können, daß er kurze Beinkleider und weiße Strümpfe mit roten

Zwickeln trug. Als Drescher jedoch das Loch in der Wand in Augenschein nahm, durch welches der Dieb entsprungen war, bemerkte er an einem in demselben befindlichen Nagel ein nicht sehr großes Stück blaues Tuch, das offenbar aus einem blauen Männerrock herausgerissen und höchstwahrscheinlich von dem entsprungenen Dieb zurückgelassen worden war. Dieses Stück Tuch überbrachte zwar Drescher dem Amt Tenneberg, als er den erlittenen Diebstahl anzeigte, da jedoch die Anzeige an sich allein nicht als ausreichend betrachtet wurde, um gegen irgendeine bestimmte Person mit der Untersuchung vorzuschreiten, so blieb auch diese Anzeige vor der Hand auf sich beruhend.

Inzwischen hatten jedoch nicht bloß mehrere Einwohner von Leina gesehen, daß sich in Hans Michael Brühls Rock ein Loch befand, das seiner Größe und Form nach dem beim Amt Tenneberg niedergelegten Stück Tuch glich, sondern es erhielt auch das Amt nach einigem Zeitverlauf eine neue Anzeige, die allerdings zu dem Verdacht geeignet schien, daß Hans Michael Brühl der aus dem Drescherschen Haus entsprungene Dieb sein könne.

In Mühlberg lebte nämlich zu jener Zeit ein lahmer Schneider, der von Flickarbeiten in den Häusern und vom Betteln lebte. Dieser Schneider hatte erzählt, daß Hans Michael Brühl, den er vollkommen genau kenne, zu ihm nach Mühlberg gekommen sei, um das in seinem blauen Rock befindliche Loch durch Einsetzung eines anderen ähnlichen Stückes Tuch ausbessern zu lassen, und bei näherer Erkundigung hatte sich die Wahrheit dieser Erzählung bestätigt.

Jetzt glaubte das Amt eine hinreichende Anzeige zu haben, um gegen Hans Michael Brühl, wenigstens wegen verdächtigen Diebstahls, mit der Untersuchung vorschreiten zu können. Er sollte deshalb vor das Amt vorbeschieden werden, aber wie mangelhaft zu jener Zeit die Kriminal- und Polizeiverwaltung gewesen sein muß, ergibt sich daraus, daß der Brühl zu sechs verschiedenen Malen, sowohl in Güte als unter Androhung von Strafe vorbeschieden worden war, ohne dem Vorbescheid Folge zu leisten.

Ebenso vergeblich hatte das Amt Brühls Vater anbefohlen, seinen Sohn zum Verhör zu stellen. Der Vater erklärte ganz unverholen, daß sein Sohn durchaus mißraten sei und er nicht allein keine Gewalt über ihn habe, sondern sogar seinen eigenen Sohn fürchten müsse, weil dieser ihm erst neuerlich, bei einer Gelegenheit, wo der Vater dem Sohn Vorstellung über sein lasterhaftes Leben gemacht hatte, gedroht hatte, ihm den Kopf einzuschlagen.

Während das Amt Tenneberg unter diesen Umständen abwartete, ob und wann Hans Michael Brühl wieder das hiesige Land betreten würde und zur Untersuchung gezogen werden könne, hatten die Einwohner von Sülzenbrücken Kunde davon bekommen, daß ein fremder Mensch in mehreren Ortschaften des Thüringer Waldes einen Kelch zum Kauf angeboten habe. Nicht ohne Grund vermutend, daß dieser Kelch einer von den beiden aus ihrer Kirche abhanden gekommenen Kelchen sein könne, verfolgten zwei Einwohner von Sülzenbrücken die Spur des Verdächtigen und erfuhren dabei, daß Christoph Wiesenthal, der Bader von Friedrichroda, am 29. Mai 1685 nach Engelsbach gekommen war, um daselbst zu schröpfen.

Bei dieser Gelegenheit war derselbe im Bierhaus von Engelsbach eingekehrt, und während er dort sein Glas Bier trank, hatte sich auch ein fremder, junger Mensch eingefunden, der in einen Rock von blauem Tuch mit großen zinnernen Knöpfen gekleidet war, keinen Degen trug und nur einen Stock in der Hand führte. Mit der anderen Hand trug der Fremde ein ziemlich ansehnliches Bündel, aus welchem er zuerst einen Panzergürtel von Draht, dann ein in schwarzen Samt gebundenes Gebetbuch mit einem Schloß aus Silber und zuletzt ein Rasiermesser herausholte.

Jedes dieser Stücke hatte der Fremde dem Bader zum Kauf angeboten. Da dieser aber den Kauf ablehnte, hatte der Fremde erzählt, daß er bei einem Edelmann, der von Rauschau heiße und zu Wechmar wohne, als Schreiber und Trompeter in Dienst stehe, gegenwärtig aber auf Befehl seines Herrn sich zu der Stadt Schmalkalden begeben wolle, um einem hessischen Offizier ein Silbergeschmeide zu überbringen. Vor seiner Trennung von dem Bader hatte der Fremde denselben noch wegen eines Ausschlags auf seiner Hand und in seinem Gesicht um wundärztlichen Rat befragt, worauf ihn der Bader in einigen Tagen zu sich nach Friedrichroda bestellt hatte, um ihm dort die nötigen Heilmittel zu verabreichen.

Auch der Fremde trank während dieses Gespräches ein Glas Bier.

Aber anstatt dasselbe mit barem Geld zu bezahlen, überließ er dem Wirt ein kleines weißes Kinderhalstuch, an welchem sich kleine Zäckchen befanden.

Von Engelsbach aus ging der Fremde durch den Wald nach dem kurhessischen Ort Hohleborn. Die beiden Einwohner von Sülzenbrücken begaben sich indessen vor das Amt Tenneberg und baten, daß jener Fremde, wenn er sich betreten lassen sollte, fest gehalten werden möge, was ihnen auch zugesichert wurde. In Hohleborn übernachtete der Fremde bei der Gastwirtin Anna Barbara Reich. Hier trat er ziemlich großtuerisch auf, hatte bei seinem Eintritt ein Glas Bier und dann auch, wie es in den Akten heißt, *ein Stück Essen* mit den Worten verlangt, daß er es bezahlen wolle, wenn es auch einen Taler kosten sollte.

Nach der Aussage der Wirtin Reich hatte diese hierauf dem anmaßenden Fremden etliche Eier gesotten und ein Stück Käse und Brot vorgesetzt, das sich der Gast trefflich schmecken ließ. Während des Essens erzählte er, daß ihn sein Herr, der Junker von Raschau zu Wechmar, an seinen Herrn Gevatter, den Kriegsobersten zu Schmalkalden abgefertigt habe, um diesem zwei goldene Kelche zu überbringen, die er, der Fremde, in ein Tuch gebunden, hier bei sich führe und die er der Wirtin zur Verwahrung während der Nacht übergeben wolle. Da die Wirtin die Verwahrung des Bündels nur dann übernehmen wollte, wenn sie zuvor den Inhalt desselben sehen würde, band der Fremde das Tuch auf und stellte zuerst zwei Kelche auf den Tisch, auf deren einem ein kleiner Teller als Deckel lag. Die Wirtin wollte deshalb wissen, zu welchem Zweck dieser Deckel diene, worauf ihr der Fremde antwortete, daß auf denselben der Kelch gesetzt zu werden pflege, wenn sich die Kavaliere einander Gesundheiten zutränken, weil der Kelch auf diese Weise leichter von Hand zu Hand gegeben werden könne.

Dann zeigte der Fremde der Wirtin ein in schwarzen Samt gebundenes kleines Buch mit einem silbernen Schloß, das er für einen Taler und zwölf Groschen zum Ankauf anbot, ferner ein großes weißes Tuch (Wischlappen in den Akten genannt), dessen Mitte und Ecken mit einem Kreuz von schwarzer Seide ausgenäht waren, einen Panzergürtel und ein Stück weiße genähte Borte, *wie man sie in den Kissenzügen anzubringen pflegt.*

Am Morgen des anderen Tages ging der Fremde von Hohleborn in die kurhessische Stadt Schmalkalden. Dort bot er den Kelch von Silber einem Juden zum Kaufen an und forderte 30 Taler dafür. Der Jude bot jedoch nur drei Taler, und nach langem Handeln kamen sie auf einen Kaufpreis von sechs Talern überein. Von dem erhaltenen Geld kaufte sich der Fremde zuerst einen Degen für einen Taler und ging dann zu einem Goldschmied in Schmalkalden, dem er die silberne Patina für drei Taler verkaufte. Den Kelch von Zinn aber nahm er wieder mit zurück.

Nach geschlossenem Handel mit dem Goldschmied nahm dieser den Fremden mit in ein *Lusthäuslein* seines Gartens und bewirtete ihn dort mit einer Kanne Bier.

Während nun diese Beiden im Lusthaus des Gartens zechten, trat ein Mann ein, den der Fremde sogleich als einen Soldaten aus einer in Kassel garnisonierenden hessischen Kompanie erkannte. Auch der Eingetretene erkannte augenblicklich den Fremden und redete ihn mit den Worten an: »Du Kerl, wo kommst du her? Weißt du nicht, was du getan hast?«

Während dieser Anrede nahm der vermeintliche Soldat dem Fremden den eben erst gekauften Degen ab. Der Fremde aber lief so schnell wie er nur konnte davon, sprang durch den Hof, kletterte über die denselben umschließenden Palisaden, stürzte in eine Mistgrube, in der er sich gewaltig beschmutzte und in der er einen Teil des erhaltenen Geldes verlor und gelangte endlich, die Stadtmauer übersteigend, glücklich ins Freie.

Auf dem Rückweg von Schmalkalden kehrte der Fremde in dem Waldort Tabarz ein. Dort bestand damals unter der Leitung von Claus Gassert ein großartiges Weinhaus, in welchem die Bürger von Waltershausen ein Glas Wein zu trinken pflegten. In diesem Weinhaus kehrte auch der Fremde ein, während die Bürger Kästner, Müller und Schatz von Waltershausen in demselben verweilten. Der eingetretene Gast war den Bürgern von Waltershausen unbekannt. Er aber schien dieselben zu kennen, denn er redete einen von ihnen mit den Worten an: »Ei guten Tag, Meister Kästner, kennt Ihr mich denn nicht mehr? Ich bin ja der Spielmann Hans Michael Brühl von Leina und diene jetzt bei einem Edelmann in Mülverstedt, dessen Kinder ich im Geigenspiel unterrichte.«

Darauf hatte sich dieser Fremde, der sich für den Spielmann Hans Michael Brühl von Leina ausgab, ein Maas Wein reichen lassen und, während er dasselbe trank, mehrerlei Bänder und unter diesen auch ein gelbes Band, in welches *leonisches* Gold eingewebt war, vorgezeigt. Bei der Bezahlung des Weins hatte er eine ganze Hand voll Geld und darunter auch einen gekrümmten Dukaten sehen lassen und überhaupt so großprahlerisch sich gezeigt, daß die Bürger von Waltershausen nichts mehr mit ihm zu tun haben wollten und die Weinstube verließen.

Am Nachmittag desselben Tages erschien eben dieser Hans Michael Brühl im Stadtkeller zu Friedrichroda, in welchem der Bürger und Ziegeldecker Hans Hornschuh von Waltershausen und mehrere andere Gäste anwesend waren.

»Seid ihr es, Hans Hornschuh?« rief Brühl bei seinem Eintritt dem Ziegeldecker zu, ließ sich dann Wein mit Zucker und Rosinen verabreichen und erzählte, während er dieses genoß, es sei ihm in der verflossenen Nacht in Schmalkalden, wo er einen Goldschmied, mit dem er befreundet sei, besucht habe, sehr übel ergangen. Er hätte dort Händel mit Soldaten bekommen. Den einen von ihnen habe er in das Dickbein, den anderen aber durch die Achsel gestochen. Die Wache sei hinzugekommen, habe ihm seinen Degen abgenommen, er aber sei ihr glücklich entsprungen. An Geld habe er *noch ein Ehrliches mit fortgebracht.*

Bei diesen Worten klopfte Brühl auf seine Tasche und brachte aus derselben eine Hand voll Gulden und halbe Gulden hervor. Von diesen wünschte Hans Hornschuh einige Stücke einzuwechseln, und Brühl hatte hierauf nicht bloß Hornschuhs Bitte willfährt, sondern ihm auch Dukaten bis zu zehn Stück, die er jedoch nicht sehen ließ, zum Auswechseln angeboten. Auch einen Panzergürtel von Draht, ein kleines Gebetbuch, in schwarzen Samt gebunden und mit einem Silberschloß versehen, Zwirnborten und mehrere Schnuren Korallen für Halsschmuck bot Brühl dem Meister Hornschuh zum Kauf an. Als dieser allerdings keins dieser Stücke kaufen wollte, nahm ihn Brühl mit auf das heimliche Gemach des Hauses *(Abort)* und bot ihm dort einen Kelch, den er für einen Becher ausgab, für den Kaufpreis eines so genannten Kopfstücks mit der Bemerkung an, daß Hornschuh bei diesem Kauf leicht einen halben Taler gewinnen könne.

Nach einigem Handeln erhielt Hornschuh den Kelch zum Kaufpreis von drei Groschen und verließ den Ratskeller. Als er jedoch auf dem Heimweg den gekauften Kelch näher betrachtete, wurde es ihm, wie er gegenüber den Amtspersonen aussagte, bange. Er zeigte deshalb den Kelch in der Wache zu Friedrichroda vor. Der diensttuende Wachmeister erteilte dem Meister Hornschuh den Rat, den Vorfall zugleich beim fürstlichen Amt zur Anzeige zu bringen, was dieser auch stehenden Fußes tat und wobei er den gekauften Kelch in amtliche Verwahrung gab.

Brühl war inzwischen ebenfalls aus dem Ratskeller fortgegangen, um sich, der in Engelsbach getroffenen Verabredung zufolge, bei dem Bader Wiesenthal in Friedrichroda ein Arzneimittel gegen den Ausschlag an Gesicht und Hand zu holen, traf jedoch den Bader nicht an und begab sich von dort zu dem Schmiedemeister Caspar Riedenthal zu Friedrichroda, um sich an Stelle des in Schmalkalden abgenommenen Degens einen anderen zu kaufen. Der Schmied Riedenthal hatte gerade keinen Degen vorrätig, erbot sich aber, noch in der Nacht einen zusammenzusetzen und bestellte deshalb Brühl auf den anderen Morgen wieder.

Dieser konnte jedoch die bestellte Ware nicht in Empfang nehmen, weil er schon auf Requisition des fürstlichen Amtes Tenneberg in der folgenden Nacht durch das fürstliche Amt Reinhardsbrunn verhaftet worden war. Am folgenden Morgen langte beim Amt Tenneberg ein Schreiben des Amtes Reinhardsbrunn ein, welches zur Beurteilung der damaligen Schreibform hier wörtlich wiedergegeben werden soll:

Wohl Ehren Vester, Grosachtbarer und Wohlfürnehmer, Insonders großgünstiger Herr und Wohlbestellter Ambtmann zu Tennebergk, auch vielgeehrter nachbarlicher Freund,
Auf Sein Schreiben habe den verdächtigen Leinaischen Kerl zu Friedrichrode in Haft stecken lassen und wird allhier mit 2 Musquetieren bewacht. Stelle dannenhero meinem Hochgeehrten Herrn dahin und ersuche: Er wolle mir Meldung thun, ob Er, gegen Aushändigung derer gewöhnlichen Reversalien, berührten Kerl, so in subsidium juris verhaftet worden, und

Abstattung derer wenigen Gebühren, Nachmittag 4 Uhr an der Grenze abholen lassen.
Im Uebrigen Verbleibe freundnachbarliche Dienste zu erweisen geflissen. Datum Reinhardtsbrunn am 6ten Juni 1685. Fürstl. Sächs. Ambt daselbst. Meines Hochgeehrten Herrn und besonders gutem Freunde Dienstwilliger Georg Rumpel m. prpr.

Dem Inhalt dieses Schreibens zufolge verfügte sich der Amtsrichter mit zwei Musketieren an die Grenze seines Amtsbezirkes, wohin der verhaftete Brühl ebenfalls durch zwei Musketiere gebracht und dann auf dem Amt Tenneberg (wohl auf dem Schloß) gefänglich festgesetzt wurde.

Die Kunde von Brühls Verhaftung verbreitete sich nicht bloß im Amtsbezirk, sondern in der ganzen Umgegend, und nunmehr lief eine zahllose Menge von Anzeigen gegen ihn ein, die ihn mehr oder weniger bald des Diebstahls, bald des versuchten Ehebruchs, des Kirchenraubes und der Brandstiftung verdächtigten. Zeugen, gegen deren Glaubwürdigkeit sich nichts einwenden ließ, traten auf und versicherten, daß sie den berüchtigten Brühl gesehen hätten, wie er bei den Feuern in Sülzenbrücken und Teutleben Effekten aus den vom Brand bedrohten Häusern herausgeschafft habe. Andere Denunzianten beschuldigten den Verhafteten, unter Anführung sehr triftiger Verdachtsgründe, geradezu des Diebstahls.

Unter ihnen verdient die Anzeige von Hans Catterfeld aus Leina, nach welcher diesem ein acht Tage nach Lichtmeß in seiner Behausung eingestiegender Dieb vier *Fach* (Schnuren) *Korallen um den Hals*, einen Messingring, der übersilbert und mit einem roten Stein verziert war und ihn einen halben Taler gekostet hatte, mehrere rote Bänder, sein Bräutigamshemd und etliche Wischlappen aus einer Lade entwendet hatte, deshalb der Erwähnung, weil andere Zeugen eidlich bestärkten, daß sie mehrere von diesen Stücken bei dem verhafteten Brühl gesehen hätten.

Der Uhrmacher Thomas Korb zu Waltershausen zeigte an, daß er an jenem Abend, wo sich Brühl im Ratskeller von Friedrichroda einfand, ebenfalls dort anwesend war. Brühl hatte ihn – nach Kochs Angabe – zum fleißigen Weintrinken aufgefordert. Als Korb hierauf, wie es in den Akten heißt, *Geld geklagt,* d. h. erklärt hatte, daß es ihm dazu an Geld fehlte, gab ihm Brühl die Versicherung, daß er alles bezahlen würde, möge Korb noch so viel trinken.

Nachdem sich nun Korb den Wein hatte schmecken lassen, rückte Brühl mit dem Antrag heraus, daß ihm Korb mehrere Dietriche von verschiedener Größe und Form anfertigen solle. Korb sicherte dies zu und bestellte den Brühl nach einigen Tagen zu sich, um die Dietriche abzuholen, hatte sich aber damals schon vorgenommen, den Brühl, wenn er sich bei ihm einfinden würde, arretieren zu lassen.

Eine Beschuldigung ganz neuer Art brachte die Ehefrau Martha Weller zu Leina beim Amt an. Diese sagte, daß Brühl eines Tages zu ihr gekommen sei, sie aufgefordert habe, ihre Kinder wegzuschicken und dann Ehebruch mit ihr zu treiben, wofür er ihr einen Groschen versprochen habe. Martha Weller wollte hierauf ihrer Angabe nach *böse geworden sein und dem Verführer geflucht, auch ihm gesagt haben, daß er mit seinem Gelde in diesem und jenem Namen von ihr weggehen solle.* Brühl hätte jedoch Gewalt anzuwenden gesucht, und nur mit großer Anstrengung sei es ihr gelungen, sich seinen gewaltsamen Umarmungen zu entziehen.

Auch alle Diejenigen, welche bei den Bränden zu Sülzenbrücken und Teutleben beim Ausräumen ihrer Habe Verluste erlitten hatten, meldeten diese beim Amt Tenneberg an. Diese Anmeldungen vermehrten den gegen Brühl vorliegenden Verdacht um ein Bedeutendes, weil andere Zeugen mehrere von eben diesen Gegenständen, die den Denunzianten abhanden gekommen sein sollten, bei Brühl gesehen haben wollten. Selbst die Patina zu dem aus der Kirche von Sülzenbrücken abhanden gekommenen großen Kommunionkelch von Silber, die Brühl an einen Goldschmied in Schmalkalden verkauft hatte, wurde, wiewohl zerschnitten, durch Vermittlung des dortigen kurhessischen Amts wieder herbeigeschafft. Der große silberne Kommunionkelch aber konnte, ungeachtet daß die Räte von Arnstadt mehrmals sehr dringend darum ansuchten, nicht wieder ermittelt werden, weil die Juden zu Schmalkalden den Ankauf desselben hartnäckig leugneten.

Daß Brühl über die gegen ihn angebrachten Anklagen jemals summarisch vernommen worden wäre, ist aus den vorliegenden Akten nirgends zu erfahren. Vielmehr scheint auf den Grund der erstatteten Anzeigen gleich mit der Spezialinquisition oder dem Artikelverhör gegen ihn vorgeschritten worden zu sein.

Aus den Antworten, welche Brühl hierbei auf die ihm vorgelegten Fragen abgegeben hat, ersieht man, daß er bei seiner Verhaftung neunzehn Jahre alt war, bei einem *Musikanten* in Hildburghausen Musik erlernt hatte, dieser Unterricht aber *nicht für zünftig erlernt* erachtet wurde und Brühl daher in Eisfeld anderweit aufgedingt worden war. Dort mußte er jedoch bei sparsamer Kost viel Arbeit verrichten, ging deshalb bei Nacht und Nebel, ohne Abschied zu nehmen, weg und nach Amsterdam in Holland. Hier wartete er in einem *Spielhause* auf und erhielt dafür einen Wochenlohn, der in den Akten mit *2 dicken Tonnen* bezeichnet wird. Vier Wochen lang hielt es Brühl in Amsterdam aus, dann ging er nach Deutschland zurück.

Als er in Kassel auf einem Kupferhammer ein Glas Broihan *(Biersorte)* trank, gesellte sich ein Werber zu ihm, der ihn überredete, in dortige Militärdienste zu treten, oder, wie sich Brühl nach damaligem Sprachgebrauch ausdrückte, sich zu Fuß unterhalten zu lassen. Die ihm gemachten Versprechungen wurden jedoch nicht gehalten. Statt des versprochenen Handgeldes von drei Talern erhielt er nur zwei Taler, und hiervon mußte er noch überdies einen Taler an seinen Hauptmann abgeben. Brühl desertierte daher mit Montierung und Waffen.

Seine Uneinigkeit mit seinem Vater gab er zwar zu, beschuldigte aber denselben unnatürlicher Strenge und suchte seine Widersetzlichkeit gegen seinen Vater damit zu rechtfertigen, daß dieser ihn als neunzehnjährigen Menschen mehrmals mit Schlägen bedroht habe.

Trotz aller gegen ihn vorgebrachten Anschuldigungen stellte Brühl im Artikelverhör die ihm zur Last gelegten Vergehen durchgängig und auf eine in der Tat freche Weise in Abrede. Seine Anwesenheit beim Brand in Sülzenbrücken leugnete er gänzlich und behauptete, in jener Nacht in Erfurt gewesen zu sein. Die mehreren Einwohnern zu Sülzenbrücken bei jenem Brand abhanden gekommenen Gegenstände, welche später von vielen Zeugen bei Brühl gesehen worden waren und deren früheren Besitz er daher nicht ganz abzuleugnen wagte, behauptete er, teils von fremden Personen gekauft, teils gefunden zu haben. Das Taschentuch mit den Buchstaben A. R. T. wollte er von seiner Geliebten zu Amsterdam, Namens Anna Regine Thöler, zum Geschenk erhalten haben. Die von ihm verkauften roten Bänder erklärte er für sein Eigentum und gab dabei an, daß es seine eigenen Armbänder gewesen wären. Das gelbe mit leonischem Gold gemodelte Band wollte er ebenfalls gefunden haben.

Hartnäckig in Abrede stellte er, jemals einen Kelch von Silber besessen und denselben in Schmalkalden verkauft zu haben, ungeachtet daß er den Verkauf der dazugehörigen Patina zugeben mußte. Diese sowohl, als den bei ihm vorgefundenen Kelch von Zinn wollte er für den Preis von acht Groschen von einem ihm unbekannten Soldaten gekauft haben.

Die von Martha Weber ihm zur Last gelegte Verleitung derselben zum Ehebruch erklärte er mit der Bemerkung für eine lächerliche Lüge, daß jene Frau alt und häßlich sei und er nicht sie, sondern ihren, in seinem eigenen Alter stehenden, Sohn besucht habe.

Obwohl die Zeugen die Wahrheit ihrer Aussagen eidlich beschworen und ihre Anschuldigungen dem Verhafteten, bei der Gegenüberstellung mit ihm, mit Bestimmtheit vorhielten, blieb auch dieser Versuch, den hartnäckig leugnenden Brühl zum Geständnis zu bringen, gänzlich erfolglos. Daß übrigens Brühls Angabe über seine kurze militärische Laufbahn unter den kurhessischen Truppen nicht gelogen war, wurde durch ein Ereignis zur Gewißheit erhoben, welches, wenn es vor Brühls Verhaftung eingetreten wäre, höchst wahrscheinlich einen sehr wichtigen und den Umständen nach günstigen Einfluss auf dessen Zukunft gehabt hätte.

Während die Untersuchung wider ihn im vollen Gange war, ließ sich nämlich der Sergeant Georg Arndt beim Amt anmelden und überreichte nach seiner Vorlassung ein Schreiben seines Regimentschefs, des kurhessischen Obersten Alexander Hermann von Wartensleben zu Kassel. Aus diesem Schreiben erhellte, daß der verhaftete Hans Michael Brühl wirklich Handgeld bei einem hessischen Regiment genommen und als Musketier in dasselbe eingetreten, nach einer Dienstzeit von etwa vier Wochen aber desertiert war und dabei seine Montierung, die der Bezeichnung nach aus einem blauen Unterrock mit gelben Knöpfen und dergleichen Futter, einem grauen Regenrock mit blauen Aufschlägen, einem Leibkoppel und *Bayonnett* (Pagenet, wie es genannt wird) bestand, mitgenommen hatte.

Die Desertion war ganz kurze Zeit vor dem zu Sülzenbrücken ausgebrochenen Brand geschehen. Während seines Aufenthaltes in Schmalkalden wurde Brühl als Deserteur erkannt. Daher beantragte man in dem überbrachten Schreiben dessen Auslieferung. Der Verhaftete wurde dem Sergeanten vorgeführt, der sich bei Brühls Anblick davon überzeugte, daß derselbe jener Deserteur war. Zugleich sah er, daß Brühl von den bei der Desertion mitgenommenen Montierungs- und Waffenstücken nichts mehr besaß.

Unter diesen Umständen und da sich Brühl nach dem in den Akten gebrauchten Ausdruck des *absonderlich greulichen Verbrechens des Kirchenraubes* höchst verdächtig gemacht hatte, konnte dem Ansuchen des kurfürstlichen Obersten nicht entsprochen werden. Der Sergeant wurde mit einem höflichen Antwortschreiben, in welchem man bedauerte, dem *petito, so gern man auch gewollt, wegen der höheren Verbrechung Brühls nicht gratificieren zu können*, wieder zurückgeschickt.

Da indessen Brühl, ungeachtet aller dringenden Indizien, die gegen ihn vorlagen, zu einem gütlichen Geständnis der ihm zur Last gelegten Verbrechen nicht zu bringen war, so schickte das Amt Tenneberg die ergangenen Akten an den Landesherrn ein und fügte denselben eine sogenannte *Urthelsfrage* für den Fall bei, daß die Einholung eines Erkenntnisses *(eine Art Urteilsvorschlag)* vom Schöppenstuhl zu Jena alsbald für geeignet befunden werden sollte.

Merkwürdig scheint es, selbst für die Zeiten des 17. Jahrhunderts, daß hierauf die Akten sofort zur Einholung eines Erkenntnisses verschickt wurden und letzteres auch einlangte, ohne daß irgendeine Verteidigung Brühls stattgefunden hätte.

Und welches Urteil langte hierauf an?! Um die Härte und Rohheit jener Zeiten ganz beurteilen zu können, möge es erlaubt sein, das Urteil wörtlich wiederzugeben. Es lautete:

Unsere freundliche Dienste zuvor, Ehrenfester, Wohlgelahrter, Günstiger Guter Freund.
Als Uns die wider Hans Michael Brühl, einen ledigen Gesellen

von Leina, wegen verdächtigen Kirchenraubs und Feueranlegens, auch anderer Dienerei und Verbrechen ergangenen Inquisitions Acta, nebenst einer Frage zugeschickt und darüber Unsere Rechtsberichtigung gebeten worden, Demnach sprechen wir vor Recht:
Daß Inquisit nochmals, im Beyseyn des Scharfrichters und seinen zur scharfen Frage gehörigen Instrumenten, und, wenn er nicht gleich zubekennt, mittelst der Tortur ziemlichermaßen auf nachgesetzte Articul umständlich und eigentlich zu vernehmen:
Ob er nicht, als es zu Leina, Sülzenbrücken und Teutleben gebrannt, vorhanden (!) gewesen, den Leuten ausflüchten und austragen helfen, sie aber dabei bestohlen und in specie: ob er nicht bei angeregten Gelegenheiten das mit Silber beschlagene Buch und andere in den Acten benamte Sachen, als Gürtel, Bänder, Borten, Corallen, das große noch bei ihm fundene Schnupftuch, Strümpfe, den Eigenthumsherren entwendet?
Ob er nicht eben in dergleichen Bränden die Kirchen und absonderlich zu Sülzenbrücken beraubet, daraus Kelche und Patinen entwendet, auch wohin er mit denen, so nicht mehr vorhanden, sonderlich dem kleinen Kelche, kommen?
Ob er nicht solche Feuer selbst angelegt, damit er sein Raub- und Dieberei zu verüben desto füglicher Gelegenheit haben möge?
Wer ihm dazu Hülfe, Rath und Vorschub geleistet und Gleiches verübet?
Ob er nicht beim Schlosser (soll heißen Uhrmacher) zu Waltershausen allerhand Dietriche zu machen bestellt und ob es nicht geschehen sey, um sein Diebeshandwerk fortzuüben?
Ob er nicht Heinrich Dreschern zu Leina eingestiegen und was von ihm in den Akten angegeben, entwendet?
Ob er nicht dergleichen bei Catterfeldten auch gethan?
Ob er nicht dergleichen Deube mehr verübt und wo?
Wo er den silbern Ring, dessen in actis erwähnt, gestohlen, oder hergenommen?
Wo er das kleine weiße Kinderhalstüchlein, so er vor Bier hingeben, gestohlen und entwendet?
Ob er nicht einiges Geld, auch Ducaten, einfach und gekrümmt,

hin und wieder sonderlich bei dem Uhrmacher zu Waltershausen sehen lassen?
Wo er solche gestohlen und wo er damit hinkommen?
Ob er nicht Hans Webers Weibe in ihrem eigenen Hause Unzucht angemuthet, ihr nachgeeilet und Gewalt anlegen wollen?
Wenn nun Inquisit etwas bekannt, ist er nach Verfließung 2 oder 3 Tage anderweit über seine Urgicht (Bekenntnis), *nicht weniger umständlich, jedoch außer dem Orte der Tortur, zu vernehmen und Alles mit Fleiß zu registriren, darauf sodann der Strafe halben, oder sonst ferner ergehet, was recht ist, von Rechtswegen. Urkundlich mit Unserem Insiegel besiegelt.*
Verordnete Dechant, Senior und andere Doctores des Schöppenstuhls zu Jena.

Das vorliegende Erkenntnis muß, selbst nach der Gesetzgebung der damaligen Zeit, sowohl wegen der Flüchtigkeit und Oberflächlichkeit in seiner Abfassung, als wegen seiner barbarischen Ausdehnung auf Verbrechen des Angeschuldigten, für deren Verübung gar keine weiteren Verdachtsgründe vorlagen, als die Anklage selbst, und auf Fragen, die Brühl in den Akten schon so beantwortet hatte, als er sie auch unter den Qualen der Folter nicht anders beantworten konnte, als sehr hart, ja selbst als ungerecht bezeichnet werden. Wie flüchtig diese Erkenntnis abgefaßt ist oder wie oberflächlich der Urteilsverfasser die Akten gelesen haben muß, erkennt man schon daraus, daß der Mann in Waltershausen, bei dem Brühl die Dietriche bestellt haben sollte, als Schlosser bezeichnet ist, während er doch in den Akten als Uhrmacher aufgeführt wird. Noch mehr aber daraus, daß in diesem Urteil der aus der Kirche zu Sülzenbrücken entwendete kleine Kommunionkelch aus Zinn offenbar mit dem Großen aus Silber verwechselt wird, denn nur der letzte fehlte noch zur Zeit, der kleine Kelch aber befand sich ja in amtlicher Verwahrung, und dennoch sollte gerade die peinliche Frage darauf gerichtet werden, von Brühl zu erfahren, wohin eben dieser kleine Kelch gekommen sei.

Daß aber nach dem vorliegenden Erkenntnis der Inquisit Brühl durch die Folter zum Geständnis von Verbrechen gezwungen werden sollte, für die teils nur die Anklage selbst vorlag, zum Teil aber auch nicht einmal eine Anklage vorhanden war, erkennt man aus den Fragen:

Ob er nicht Webers Weib Unzucht zugemutet und Gewalt gebrauchen wollte?

Wer ihm bei den Brandstiftungen Hilfe, Rat und Vorschub leistete und Gleiches verübte usw.?

Gleichwohl erhielt diese Erkenntnis nicht allein die erforderliche Bestätigung des Landesherren, sondern es wurde auch noch überdies dem Amt anbefohlen, den Scharfrichter zu ermahnen, *daß er die Grade der Folter gehörigermaßen und mit rechtem Ernst gebrauche.* Demzufolge erließ das Amt Tenneberg an den Nachrichter Johann Zacharias Lorzing zu Gotha die Aufforderung, sich Sonnabends den 27. Februar 1686 mit *seinen dazu nöthig habenden Marter-Instrumenten bei guter Tageszeit einzufinden, damit der Actus bald frühe um 7 Uhr angefangen werden könne.*

Meister Lorzing erschien auch pünktlich und brachte die Daumenstöcke, die Beinschrauben, die Schnürstricke und die Leiter mit den dazu gehörigen Kloben mit zur Stelle. Alle diese fürchterlichen Instrumente wurden dem Inquisiten durch den Scharfrichter vorgezeigt, und im Beisein des Letztern ermahnte ihn das Amt nochmals auf das Dringendste, sich durch ein freiwilliges reumütiges Geständnis den Schmerz der Folter zu ersparen und das Heil seiner Seele zu retten.

Obgleich Brühl beim Anblick der Torturgerätschaften erschrak und erblaßte, verneinte er doch ebenso hartnäckig wie früher alle die im Urteil enthaltenen Fragen, welche ihm einzeln vorgelegt wurden, insoweit sie auf die Verbrechen des Diebstahls, Kirchenraubes, der Brandstiftung und der versuchten Anreizung zum Ehebruch gerichtet waren, gänzlich. Der Inquisit wurde daher dem Scharfrichter zur Vollstreckung des Urteils übergeben.

Dieser entkleidete den zu Folternden, band ihm die Hände auf den Rücken und legte ihm zuerst die Daumenstöcke an. Schon jetzt mochte der dadurch verursachte Schmerz sehr groß sein, denn Brühls Angesicht wurde schneebleich, und große Schweißtropfen traten auf seine Stirn, aber er gestand nicht. Der Scharfrichter schraubte die Daumenstöcke fester, und der erhöhte Schmerz erpreßte dem Gefolterten den Jammerruf: »Ihr tut mir solche Schmerzen an, und doch bin ich unschuldig. Der höchste Gott möge sich meiner erbarmen!« Dann sah er den Scharfrichter mit flehendem Blick an und bat ihn mit den Worten: »Ach, lieber Herr! Ich bin unschuldig« um Linderung des Schmerzes. Der Scharfrichter aber zeigte ihm die anderen Marterinstrumente und antwortete: »Hier hilft kein Herr. Bekenne die Wahrheit, oder du mußt noch härter ran.«

Auch das Gericht ermahnte den Inquisiten aufs Neue, sich durch ein offenes Bekenntnis weiteren Qualen zu entziehen. Da legte der Scharfrichter die Beinschrauben an, doch selbst diesen Schmerz hielt der Gefolterte einige Zeit aus. Als aber die Qual noch mehr gesteigert wurde, gestand er den Diebstahl der blauwollenen Strümpfe Wachsmanns zu Teutleben, die er jedoch während des Brandes in einem Loch gefunden haben wollte.

Gerade eine volle Stunde dauerte die Folter, als Brühl endlich unter Tränen und zitternd erklärte, daß er bekennen wolle. Die Folter wurde sogleich beendet. Nur das peinliche Examen (Befragung) dauerte fort, bei dem Brühl die in Sülzenbrücken und Teutleben verübten Diebstähle, die Entwendung der Kelche aus der Kirche von Sülzenbrücken und das Anlegen des Feuers in den beiden Orten, sowie die Bestellung mehrerer Dietriche beim Uhrmacher zu Walthershausen bekannte. Dagegen stellte er aber den bei Drescher in Leina verübten Diebstahl sowie alle übrigen Diebereien, deren man ihn beschuldigte, die Anreizung der Weberschen Ehefrau zum Ehebruch und endlich Brandstiftung in Leina entschieden in Abrede, indem er mehrfach und unter Anrufung Gottes beteuerte, daß er gern alles sagen wolle, was er getan habe, um sein Herz und sein Gewissen rein zu machen.

Zur Entschuldigung der Brandstiftung in Sülzenbrücken gab er an, daß er auf jenen Einwohner von dort, der bei dem Streit in Mühlberg ihm so hart zugesetzt hatte, einen Groll hegte, und um diesen zu befriedigen, das Feuer angelegt habe. Die Brandstiftung in Teutleben hingegen gab er lediglich der Verführung des Teufels schuld.

Eben dieses Bekenntnis wiederholte er wörtlich, nachdem er zuvor geistlichen Zuspruch genossen hatte, als er, drei Tage nach überstandener Folter, bei besetzter Gerichtsbank und ohne daß der Scharfrichter dabei zugegen sein durfte, über die früheren Artikel vernommen wurde.

Auch dieses Mal wurden die Akten wiederum ohne vorausgegangene Verteidigung des Inquisiten an den Schöppenstuhl zu Jena zur Einholung eines zweiten Erkenntnisses versandt. Am 5. März 1686 erfolgte die Versendung, und schon am 13. März 1686 langte das anderweitige Urteil des Schöppenstuhls ein. Es lautete dahin, daß der Inquisit Brühl wegen den von ihm eingestandenen boshaften Brandstiftungen zu Sülzenbrücken und Teutleben, wegen des verübten Kirchenraubes zu Sülzenbrücken und wegen seiner übrigen Diebereien, wenn er diese Verbrechen vor gehegtem Halsgericht nochmals eingestehen würde, mit dem Feuer vom Leben zum Tode zu bringen und zu verbrennen sei. Die Schöppen stellten aber auch der Landesobrigkeit anheim, dem Inquisiten Brühl *in Ansehung seiner sonderbahren Reue und Buße dahin Gnade zu erzeigen, daß er mit dem Schwerdte vom Leben zum Tod gebracht und der Körper verbrannt oder, Andern zum Abscheu und Exempel, auf das Rad geflochten werde.*

Demzufolge hatte denn auch der Landesherr das Urteil des Schöppenstuhls in die Strafe des Schwertes gemildert. Ehe indessen dem Inquisiten das Erkenntnis und die fürstliche Milderung desselben publiziert werden konnte, ereigneten sich Umstände, die den Untersuchungsrichter veranlaßten, dieselben ganz besonders zur Kenntnis des Landesherrn zu bringen. Der Inquisit Brühl ließ nämlich den Oberbeamten um eine geheime Unterredung bitten, und als sich dieser zum Ende in die Amtsstube begeben hatte, wohin auch der Inquisit gebracht wurde, überraschte Brühl den Beamten mit der Frage, ob sich nicht sein wohlverdienter Tod mit Geld ablösen ließe? Und fügte dieser seltsamen Frage die nachfolgende, noch seltsamere Erzählung hinzu: Auf seiner Reise durch Holland habe ihm Gott bei finsterer Nacht einen Schatz gezeigt. Er habe denselben glücklich gehoben und sei dadurch in den Besitz von 800 *Dicktonnen* gelangt, die er einem Mann in Holland zur Aufbewahrung anvertraut habe. Diese ganze Summe wolle er dafür hingeben, wenn ihm das Leben gelassen werde.

Der Beamte war vernünftig genug, dem Inquisiten auf diese Erzählung bemerklich zu machen, daß die von ihm verübten Verbrechen überhaupt nicht mit Geld gebüßt werden könnten, erklärte aber auch die Erzählung selbst für ganz unglaublich und stellte ihr den allerdings sehr triftigen Einwand entgegen, daß es Brühl nicht nötig gehabt haben würde, in seiner Heimat zu stehlen, wenn er in Holland über einen so bedeutenden Schatz hätte verfügen können. Dessen ungeachtet beharrte Brühl auf seiner Erzählung und bat, daß von Seiten des Amtes nach Holland geschrieben werden möge, damit wenigstens Brühls Angehörige in den Besitz des gefundenen Schatzes gelangen könnten, worauf jedoch Brühl vom Amt bloß die Erlaubnis erhielt, selbst dahin zu schreiben.

Ob dies geschehen ist oder nicht, erhellt nicht aus den Akten, nachdem jedoch die erstattete Erzählung nicht den erwünschten Erfolg hatte, suchte sich Brühl der ihn bedrohenden Todesstrafe auf andere Weise zu entziehen.

Wie man bei der undeutlichen Angabe in den Akten vermuten muß, scheint Brühl während seiner Haft so schwer gefesselt gewesen zu sein, daß ihm das Getränk eingeflößt werden mußte. Hierzu pflegte sich der Gefangenenwärter einer kleinen Rinne von Holz, von der Stärke zweier Finger, zu bedienen. Diese Rinne war eines Tages durch ein Versehen im Gefängnis (im Loch, wie es in den Akten heißt) zurückgeblieben. Brühl hatte sie benutzt, um die Ketten, mit denen seine Hände und Füße gefesselt waren, um sie herum zu schlingen und sie auf diese Weise so zu zersprengen, daß er völlig fesselfrei wurde. Dann hatte Brühl eine Kachel des im Gefängnis befindlichen Ofens eingestoßen und durch diese Öffnung eine glühende Kohle herausgeholt, die er auf einen im Gefängnis befindlichen Haufen Stroh legte, das er dadurch zwar zum Rauchen und Glimmen, nicht aber zum Brennen brachte.

Das Zersprengen der Ketten hatte indessen ein starkes Geräusch und Klirren verursacht, das nicht nur von einer unter dem Gefängnis Brühls in demselben Turm einsitzenden Frau, sondern auch einigen zum Dienerpersonal des Amtes gehörigen Leuten gehört wurde.

Auf die dem Oberbeamten hiervon getane Meldung begab sich dieser in Begleitung eines Forstbeamten und des Gefangenenwärters in Brühls Gefängnis. Brühl hatte sich wirklich aller Fesseln entledigt und gestand auch, als er von dem Oberbeamten über sein jetziges Tun und Treiben zur Rede gestellt wurde, ohne Rückhalt ein, daß es seine Absicht gewesen war, beim Aufschlagen der Flamme aus dem Stroh Feuer zu rufen, und wenn dann der Schließer die Tür des Gefängnisses geöffnet hätte, diesen niederzuwerfen und die Flucht zu versuchen.

Nach den Anforderungen der jetzigen Kriminaljustizpflege würde diese neue, von dem Inquisiten Brühl versuchte Brandstiftung auch eine besondere Untersuchung erfordert haben, und selbst die unglaubliche Erzählung von dem Auffinden eines Schatzes in Holland würde nicht ohne nähere Ermittlung geblieben sein, weil durch sie möglicherweise Verbrechen entdeckt werden konnten, die Brühl während seines Aufenthaltes in Holland begangen hatte. Die Kriminaljustiz des 17. Jahrhunderts hielt es jedoch nicht der Mühe wert, gegen einen bereits zum Tode verurteilten Verbrecher die Untersuchung neu eingestandener und zum Teil sogar neu verübter Verbrechen fortdauern zu lassen.

Da indessen sowohl das letzte Erkenntnis, als auch die dabei ausgesprochene Milderung in der Art der Todesstrafe, dem Inquisiten noch nicht publiziert worden war, so wurde der Landesherr durch Brühls neuerlich zu Schulden gebrachte Vergehen veranlaßt, die früher ausgesprochene Verwandlung der Todesstrafe durch das Feuer in die des Schwertes zurückzunehmen und zu bestimmen, daß es zwar bei dem Feuertod verbleiben, zur Abkürzung der Todesqual aber der Verurteilte *auf die bekannte Art durch unmerkbare Erdrosselung desselben* vom Leben zum Tode gebracht und dann verbrannt werden solle.

Bei Publikation des vom Schöppenstuhl zu Jena erteilten Erkenntnisses entsetzte sich zwar Brühl sehr über den ihm zuerkannten Feuertod und flehte kläglich um Milderung der Strafe in die der Enthauptung, als ihm jedoch der Untersuchungsrichter die Zusicherung gab, daß er vor dem Anzünden des Scheiterhaufens unvermerkt erdrosselt werden solle, fühlte sich Brühl von dieser Gnade so tief ergriffen, daß er unaufgefordert und ungefragt bekannte, auch den Brand in Leina angelegt und mehrere von den Diebstählen begangen zu haben, deren Verübung er früher sogar unter der Marter der Tortur geleugnet hatte.

Die Hoffnung, schnell und unvermerkt aus dem Leben zu scheiden, ohne vorher die Qualen des Feuertodes erleiden zu müssen, vereint mit dem fleißigen Zuspruch mehrerer Geistlichen, hatte das bisher rauhe und verstockte Gemüt Brühls umgewandelt. Weinend und reuevoll bat er seinen rechtlichen Vater um Verzeihung für den ihm verursachten vielen und schweren Kummer, ermahnte seine achtjährige Schwester zum kindlichen Gehorsam gegen die Eltern und trat am frühen Morgen des 31. März 1686 den Todesgang an.

Meister Lorzing, der Scharfrichter aus Gotha, verstand es, die ihm vom Amt erteilten geheimen Befehle zu vollziehen. Als er den Delinquenten an den Pfahl festgebunden hatte, an welchem dieser den Feuertod erleiden sollte, hatte Hans Michael Brühl schon zu leben aufgehört, und die Flammen des Scheiterhaufens brannten bloß eine leblose Hülle zu Asche und Staub.

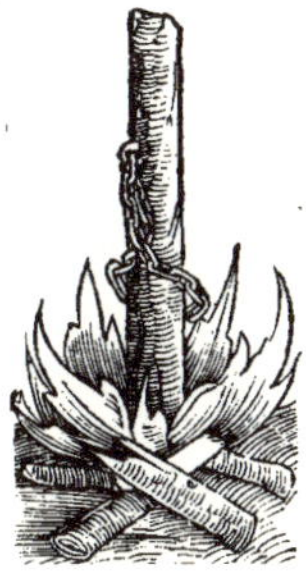

Der Giftmörder August Taubert (1811)

Am 21. September 1810 früh dreiviertel zehn lief beim Fürstlichen Justizamt zu Arnstadt die Anzeige des Pfarrers Rost von Dosdorf ein, daß die Ehefrau des Zimmergesellen August Taubert aus Dosdorf plötzlich verstorben und daß der Ehemann stark verdächtig sei, sie vergiftet zu haben. Noch am selben Tag, abends neun Uhr, wurde Taubert, der sich gerade in Stadtilm aufhielt, durch Ersuchen des dortigen Gerichts verhaftet und in hiesige Frohnveste eingeliefert.

Die am 22. September durch den Physikus Dr. Beyer und Chirurg Möllmann im Beisein des Gerichts und des Beschuldigten vorgenommene Leichenschau und Sektion ergab, daß die Taubert an Gift gestorben war und zwar, wie durch die von dem Apotheker Kühn vorgenommene chemische Untersuchung festgestellt wurde, an Arsenik. Taubert, der anfänglich leugnete, seine Ehefrau vergiftet zu haben, gestand auf Zureden des Gerichtsdieners diesem seine Tat und wiederholte sein Geständnis gleich darauf vor dem Gericht.

Demnach hatte Johanne Dorothea Elisabeth Taubert am 20. September 1810 in den Morgenstunden ihrem Ehemann eine Erdäpfelsuppe *(Kartoffelsuppe)* angerichtet, für sich selbst aber etwas davon im Topf zurückgelassen. Während des Essens forderte Taubert seine Frau auf, schnell sein Werkzeug zu seinem Bruder zu tragen. Diese Abwesenheit benutzte er, um in die im Topf zurückgebliebene Suppe einen Löffel Rattengift, welches er bereits einige Tage vorher von dem Kammerjäger Adam Krause aus Rudisleben gekauft hatte, zu werfen.

Sowohl bei der summarischen als auch artikulierten Vernehmung räumte er ein: »Daß er Gift für seinen Meister in Ilm, der gleichwohl keins bestellt hatte, mehrere Tage vor der Tat gekauft, und daß er diesen Vorwand gebraucht habe, um Krause und seinen bei der Bestellung des Gifts anwesenden Bruder zu täuschen. Er hätte bei der Uneinigkeit mit seiner Ehefrau damals schon böse Gedanken bekommen, obwohl er noch im Wankel stand, wie er sich ausdrückte und das Gift eigentlich für die Mäuse gekauft habe.« Das Gift habe er auf dem Schrank aufbewahrt und dann in die Suppe geschüttet, wobei ihm war, als kriege ihn jemand bei den Haaren, und er wurde im Kopfe ganz verwirrt. Darauf habe er sein Haus verlassen und wandte sich nach Stadtilm. Er behauptete, auf seine Ehefrau noch einige Zeit gewartet zu haben, wobei er bemerkte, daß, wenn seine Ehefrau noch rechtzeitig zurückgekommen wäre, er ihr vielleicht gesagt haben würde, sie möge den Topf für die Mäuse zurücksetzen.

Als die Ehefrau heimkehrte, fand sie ihren Ehemann nicht mehr zu Hause. Sie aß nun von dem Rest der Suppe im Topf, etwa vier Löffel voll. Der besondere Geschmack der Suppe, sowohl als das bei ihrem Genuß bemerkte Knirschen zwischen den Zähnen hielt sie vom weiteren Genuß der Suppe ab. Auch bemerkte sie auf dem Boden des Topfes etwas wie zerstoßene Eierschalen. Unmittelbar nach dem Genuß der Suppe erfolgten die gewöhnlichen Wirkungen der Arsenikvergiftung. Aber erst abends acht Uhr wurde der Fall dem Physikus Dr. Beyer gemeldet, der Brechmittel und nach diesem Öl, Milch und Seife verordnete. Als er am anderen Tag die Kranke besuchte und ihren Zustand nicht gebessert fand, gab er ihr noch Schwefelleber.

An diesem Tag nachmittags vier Uhr starb sie. Bei der Sektion fand man im Magen und den Därmen sechzehn Gramm weißen Arsenik.

Mit der von dem bestellten Verteidiger Regierungsadvokat John gefertigten Verteidigungsschrift gingen nun die Akten an das Königliche Sächsische Hofgericht und Schöppenstuhl zu Wittenberg. Dieser entschied aufgrund des Aktenmaterials, daß Taubert des Giftmordes, begangen an seiner Ehefrau, schuldig sei, und verurteilten ihn, mit dem Rad vom Leben zum Tod zu richten und den Leichnam dann anderen zum Abscheu auf ein Rad zu legen und zu flechten, sowie die entstandenen Kosten aus seinem Nachlaß einzubringen. Dieses Urteil wurde vom Landesfürsten bestätigt und der Herr Stadt- und Landleutnant Böcker beauftragt, dafür zu sorgen, daß sich täglich zwei Mann vom Landausschuß zur Bewachung des Taubert, der, an den rechten Fuß geschlossen, im dritten Stockwerk des Längwitzer Torturmes saß, morgens acht Uhr einfänden.

Am 22. Februar 1811 wurde dem Taubert das Urteil nebst allerhöchster Entschließung eröffnet, worauf er unter Verzicht auf eine weitere Defension *(Verteidigung)* sich nochmals der Bitte um Umwandlung der Todesstrafe in Freiheitsstrafe an den Durchlauchtigsten

Fürsten wandte. Als ihm hierauf nun das Reskript verlesen wurde, wonach es bei der vorigen Entschließung sein Bewenden haben sollte, bat Taubert um eine weitere Defension, die ihm im Gnadenweg auch bewilligt und dem Sekretär und Hofadvokaten Volkmann aufgetragen wurde.

Aber auch die von diesem geführte Verteidigung hatte keinen Erfolg. Sowohl der Schöppenstuhl der Königlich Westfälischen Friedrichs-Universität zu Halle, als auch der Schöppenstuhl der Universität Göttingen bestätigte das erste Urteil.

Taubert behauptete übrigens in seiner letzten Verteidigungsschrift, daß er seine Frau nicht habe töten wollen, vielmehr habe er ihr das Pulver eingegeben, *damit seine Frau Bauchsitzen bekommen sollte, weil sie ihm auch einmal durch ein vorgesetztes Kohlgericht Leibschmerzen verursacht habe.* Übrigens schade *das Ratzenpulver nur dem blindgeborenen Vieh.* Daß dies gemeine Meinung der Dorfbewohner damals war, wird durch die Aussage des Hutmanns Bätz bestätigt.

Am 14. September 1811 wurde das Erkenntnis nebst höchstem Reskript vom 13. September 1811 dem Taubert publiziert und als Tag der Strafvollstreckung der 4. Oktober bestimmt. Inzwischen wurden die Zunftmeister beauftragt, das Rad usw. herzustellen, die Ortsschulzen benachrichtigt von dem Tag, mit der Aufforderung, da an diesem Tag gewiß alle Einwohner nach der Stadt strömen würden, wodurch allerlei Gefahren zu befürchten seien, die Dorfwachen zu verdoppeln. Gleichzeitig wurde ein tüchtiger, erfahrener Nachrichter gesucht. Als solcher meldete sich Johann Friedrich Kratzmüller aus Weißensee. Unter anderem bestätigte ihm der Justizamtmann des von Seiner Majestät dem Kaiser der Franzosen, König von Italien pp. bestätigten Amtes Gispersleben bei Erfurt, daß er den Samuel Gries am 14. November 1809 mit größtmöglicher Geschicklichkeit und zur vollkommensten Zufriedenheit hingerichtet habe.

Noch wußte der Delinquent nicht seinen Todestag, da traf am 27. September das Vollstreckungsurteil ein, in welchem im Gnadenweg die Strafe insofern gemildert war, daß Taubert nicht vom Leben zum Tod zu rädern sei, sondern mit dem Schwert gerichtet werden sollte. Solches wurde Taubert vor versammelter Gerichtsbank verkündet, ihm gleichzeitig der Tag der Hinrichtung mitgeteilt, »ihm ein seliges Ende und das Wiedersehen in einer frohen Ewigkeit gewünscht«, und er wieder zur Frohnveste zurückgeführt. Seine Bitte um Befreiung von den Fesseln wurde ihm abgeschlagen. Dagegen durfte er seine Verwandten noch einmal sehen und erhielt täglich warmes Essen und auf seine Bitte jeden Abend ein Gläschen Bier.

Der Tag der Hinrichtung rückte heran. Auf Antrag des Justizamtmanns wurde dem Delinquenten vom Schneiderobermeister Schubert ein neuer Anzug, bestehend in langen Beinkleidern und kurzer Jacke, auch einer Mütze aus gebleichtem leinenem Tuch und mit schwarzen Bändchen besetzt, verfertigt, damit er auch äußerlich beim Publikum einen gewissen Eindruck mache und nicht den Unwillen des auswärtigen Publikums errege, wie dies bei der Hinrichtung des Straßenräubers Remus (1779), der in seinem *Drescherhabit* zum Richtplatz geführt wurde, geschehen war.

Zudem *wo so viele Thaler auf die Exekution hingehen, möchten auch diese für die Bekleidung hingehen, und es würden dadurch mannigfaltige schiefe raisonnements des Auslands über eine dergl. kleinliche menage gehemmt.*

Der Scharfrichter war inzwischen angekommen, worauf von dem Gericht mit den Schöffen und dem Nachrichter eine Generalprobe des hochnotpeinlichen Halsgerichts gehalten wurde.

Am 3. Oktober morgens neun Uhr zog das Gericht mit den Handwerkern vom Schloßhof aus durch das Fischtor zur Gerichtsstätte, auf dem zur linken Seite des Elxlebener Fußweges vorhandenen Rasenplatz. Nachdem zunächst der Amtmann Kramer eine passende Ansprache gehalten hatte, wurden der Pfahl und das Rad aufgerichtet, das Hochgericht bestätigt, und unter Zurücklassung einer Bedeckung *(Wache)* zog man mit klingendem Spiel wieder in die Stadt.

Am 4. Oktober früh acht Uhr kündete das erstmalige Läuten der *Rathsklängel* das hochnotpeinliche Halsgericht an. Zur gleichen Zeit begaben sich die Gerichtsmitglieder zum Fürstlichen Justizamt. Es waren dies der Herr Regierungsadvokat und Bürgermeister Meinhardt als verordneter Landrichter und die vier Gerichtsschöppen Herr Regierungsadvokat und Ratskämmerer Reißland, der Ratsbauherr Mämpel, der Ratsherr Hüttig und Viermann Rödiger, nebst dem

Herrn Amtsaktuarius Franke und dem Herrn Regierungsadvokaten und Kammerkonsulent Hülsemann als Fiskal. Alle Herren waren dem Herkommen gemäß schwarz gekleidet, mit dem Unterschied, daß der Landrichter, der Amtsaktuar und der Fiskal bunte Degen, die vier Schöppen aber schwarze Mäntel trugen.

Viertel Neun Uhr wurde zum zweiten Mal geläutet, damit die Herren Geistlichen samt Kurrendeknaben sich bei der Frohnveste zur Abholung des Delinquenten einfinden und durch eine anzuordnende Eskorte zum Halsgericht begleitet würden. Kurz vor Dreiviertel auf Neun verließ der Zug das Fürstliche Amt. Voran ging der Amtsdiener Heinze, der die umfangreichen Taubertschen Inquisitionsakten trug, sowie den Gerichtsdegen, den eisernen Handschuh und den Stab. Dann folgte der Herr Landrichter, ihm zur Rechten der Herr Amtsaktuarius, zur Linken der Herr Fiskal, hinter ihm die vier Schöppen, je zwei und zwei.

Auf der Schloßtorbrücke schloß sich die Eskorte an, bestehend aus einem von dem Hauptmann Blumröder beorderten Kommando fürstlicher Gardisten unter Führung des Leutnants Mönch aus Sondershausen. Der Zug bewegte sich nun langsam und feierlich durch die Schloßgasse, Zimmergasse zum Markt. Hier angekommen, ging er in einen kleinen dem Ende des Rathauses gegenüber gebildeten Kreis ein, und die Mitglieder des Gerichts nahmen an dem mit schwarzem Tuch behangenen Gerichtstisch auf sechs weißen, herumstehenden Stühlen Platz, und zwar so, daß den oberen Platz der Herr Landrichter mit nach dem Rathaus zugekehrtem Angesicht innehatte. Ihm zur Rechten saß der Amtsaktuar, den zweiten Platz nahm der Schöppe Mämpel und den dritten der Schöppe Rödiger ein. Zur Linken hatte den ersten Platz der Schöppe Reißland, den zweiten der Schöppe Hüttig inne. Der Herr Fiskal aber hatte seinen Stand im Kreis in der Nähe des Landrichters.

Dem Landrichter gegenüber am Ende des Kreises stand der Amtsdiener Heinze und neben ihm der Nachrichter Kratzmüller mit den Henkersknechten. Um Dreiviertel neun Uhr wurde die Glocke zum dritten Mal geläutet, zum Zeichen, daß der Delinquent die Frohnveste verlassen hatte. Das Läuten dauerte während des Zuges zum Markt an. Etwas nach Viertel zehn Uhr langte der Zug, eröffnet von Kurrendeschülern auf dem Marktplatz an. Der Delinquent wurde von den Herren Diakonen Umbreit und Kehl geführt. Ein Kommando Kontingentssoldaten bildeten die Eskorte.

Der Vorschrift gemäß blieben die Kurrendeschüler auf dem Markt angelangt zurück. Inzwischen hatte auch das Glockengeläut aufgehört. Der Delinquent und die ihn führenden beiden Geistlichen gingen ein paar Mal, nachdem sie in den kleinen Kreis eingetreten waren, in der Rundung herum, bis zum Richtstuhl. Jetzt hatte der Herr Landrichter den an seinem Ort liegenden eisernen Handschuh angezogen, zog nun das daselbst befindliche Schwert aus der Scheide und nahm solches nebst dem weißen Stäbchen in die rechte Hand. Das Schwert wurde noch 1889 im Arnstädter Amtsgericht im Schöffensaal aufbewahrt. Nun eröffnete er das hochnotpeinliche Halsgericht.

Zum ersten Schöppen linker Hand gewandt fragte er: »Herr Schöppe, ich frage euch, ob es nunmehr an der Zeit sei, daß ich des Durchlauchtigsten Fürsten und Herrn, Herrn Günther Friedrich Carl, regierenden Fürsten zu Schwarzburg-Sondershausen, souverrainen Mitglieds des Rheinbundes und des Königlich Baier. St. Hubertus-Ordens Ritter, meines gnädigsten Landesfürsten und Herrn, Hohe, Not- und Peinliche Halsgericht einem jedem zu seinen Rechten hegen und halten möge?« Worauf der erste Schöppe linker Hand antwortete: »Dieweil Euch, Herr Landrichter, die Gerichte anbefohlen und jemand vorhanden ist, der Recht begehrt, so ist es nunmehr an der Zeit, daß Sie dieses Hohe, Not- und Peinliche Halsgericht einem jeden zu seinem Recht hegen und halten mögen.«

Nun fragte der Landrichter den ersten Schöppen rechter Hand: »Herr Schöppe, ich frage euch, wie ich des Durchlauchtigsten Fürsten und Herrn, meines gnädigsten Landesfürsten und Herrn, Hohe, Not- und Peinliche Halsgericht hegen und halten soll?«

Der Schöppe antwortete: »Herr Richter, gebieten Sie Recht und verbieten Unrecht und Dinges Unlust und daß niemand vor diesem Hohen, Not- und Peinlichen Halsgericht seine oder eines anderen Notdurft vorbringe, er tue es denn mit des Gerichtes Erlaubnis.«

Der Landrichter stand nun auf und sprach: »So hege und bestelle ich im Namen der heiligen Dreifaltigkeit, Gottes des Vaters, Gottes des Sohnes und Gottes des heiligen Geistes, auch im Namen und von wegen des Durchlauchtigsten Fürsten und Herrn Günther Friedrich Carls, regierenden Fürsten zu Schwarzburg-Sondershausen etc., ein Hohes, Not- und Peinliches Halsgericht zum ersten Mal, ich hege es zum zweiten Mal, ich hege es zum dritten Mal mit Urteil und Recht. Ich gebiete Recht und verbiete Unrecht und Dinges Unlust und daß niemand sein selbst oder eines anderen Worte vor Gericht rede, er tue es denn mit des Gerichtes Erlaubnis.«

Landrichter zum zweiten Schöppen linker Hand: »Herr Schöppe, ich frage Euch, ob ich des Durchlauchtigsten Fürsten etc. Hohe, Not- und Peinliche Halsgericht einem jeden zu seinem Recht genügsam gehegt habe?«

Worauf der zweite Schöppe linker Hand antwortete: »Herr Richter, Sie haben es genügsam gehegt, einem jeden zu seinem Recht.«

Jetzt sprach der Landrichter: »Demnach dieses Hohe, Not- und Peinliche Halsgericht genügsam gehegt ist, so soll einem jeden, welcher vor demselben etwas zu schaffen und anzubringen hat und sich angeben wird, gebührlich Recht verstattet werden, was Urteil und Recht mit sich bringt. Amtsdiener! Stellt den Gefangenen vor!«

Hierauf wurde der Gefangene, nachdem er vorher der Fesseln entledigt worden war, mit entblößtem Haupt unten an den Gerichtstisch gestellt. Der Landrichter rief sodann den Fiskal herbei: »Herr Fiskal, treten Sie hervor.« Nachdem dieser hervorgetreten war, sprach er: »Herr Richter, ich bitte um Gunst und Erlaubnis, daß ich vor dieses Hochfürstliche Schwarzburgische Hohe, Not- und Peinliche Halsgericht treten und meine Anklage wider gegenwärtigen Johann August Taubert vorbringen kann.«

Landrichter: »Es sei erlaubt, jedoch, daß es nach peinlicher Art und Recht und dieses Gerichts Gewohnheit geschieht.«

Fiskal: »Hochgeehrtester und zu gegenwärtiger Handlung hochverordneter Herr Landrichter! Obgleich alle und jede vorsätzliche und hinterlistige Beraubung des menschlichen Lebens in göttlichen und menschlichen Gesetzen höchlich und zwar mit dem eigenen Leben des Täters verpönt ist und es sogar in den zehn Geboten Gottes mit den Worten verboten ist: Du sollst nicht töten, so hat doch gegenwärtiger armer Sünder, August Taubert unter Verleugnung alles menschlichen Gefühls sogar sein ihm nicht lange angetrautes Eheweib durch Gift getötet, indem derselbe in einem Überrest Kartoffelsuppe, die von seinem Weib in einem zugedeckten Topf auf dem Feuerherd hingesetzt wurde, hinter ihrem Rücken eine Quantität Rattengift schüttete, wovon das arme Weib einige Löffel voll aß, davon sogleich erkrankte und Tags darauf unter qualvollen Schmerzen an dieser Vergiftung starb. Da nun solchergestalt dieser Verbrecher an seinem Eheweib einen vorsätzlichen Giftmord beging und vollbrachte und also allerdings in der Obrigkeit Strafe verfallen ist und sein Leben verwirkt hat, so bitte ich, als hierzu ausdrücklich verordneter Fiskal und Ankläger, dem armen Sünder die jetzt angezeigte böse Tat des Giftmordes an seinem Eheweib vor diesem gehegten hochnotpeinlichen Halsgericht vorzuhalten, seine Antwort nochmals darüber zu vernehmen und sodann auf sein wiederholtes Bekenntnis, die durch Urteil und Recht bereits zuerkannte, aber von des Durchlauchtigsten, unseres gnädigst regierenden Fürsten und Herrn aus landesherrlicher Macht und Gnade gemilderte Strafe an ihm vollstrecken zu lassen und solchergestalt der Gerechtigkeit Genüge zu leisten.«

Der Landrichter sprach hierauf zum Gerichtsaktuarius: »Herr Gerichtsaktuarius, Sie wollen nunmehr dem Gefangenen sein getanes Verbrechen vorhalten.«

Aktuarius zum Delinquenten: »1. Mußt Du nicht bekennen, daß das uneinige Leben, welches Du mit Deiner Frau geführt hast und weshalb Du ihr mit Scheidung drohtest, Dich auf diese bösen Gedanken gebracht hat?

2. Haben Dich diese bösen Gedanken nicht verleitet, Rattengift zu kaufen und das Gift wider Deine Frau zu brauchen?

3. Hast Du nicht bei dem Giftkauf den falschen Vorwand gebraucht, als ob Dein Meister in Stadtilm Mäusegift bei Dir bestellte?

4. Hast Du nicht diesen Vorwand deshalb gebraucht, weil Du schon damals böse Gedanken wider Deine Frau gehabt hast?

5. Hast Du nicht aus dem Grund, weil Deine Frau das Gift bekommen sollte, solches vor ihr verheimlicht?

6. Hast Du nicht auch gewußt, daß das, was Du in den Topf tatest, Gift war?

7. Hast Du nicht auch gewußt, daß Gift Menschen und Vieh schädlich und tödlich ist?

8. Hast Du nicht auch geglaubt, daß Deine Frau die Suppe, worein Du das Gift geschüttet hast, essen wird?

9. Mußt Du also nicht bekennen, daß Du Deine Frau vorsätzlicher Weise mit Gift getötet und umgebracht hast?«

Landrichter: »Im Namen des Durchlauchtigsten Fürsten und Herren Herrn Günther Friedrich Carl etc. wird dem Nachrichter hiermit ein freies, sicheres Geleit gegeben, dergestalt und so, da es wider Verhoffen ihm und den Seinigen an Vollstreckung des Urteils mißlingen sollte, daß sich niemand an ihm oder den Seinigen vergreife, sondern ihn so gut, als er zur Gerichtsstätte kam, auch wieder heimgehen lassen solle, bei Leib- und Lebensstrafe.«

Und zum zweiten Schöppen rechter Hand gewandt: »Herr Schöppe! Ich frage ihn, ob es nunmehr an der Zeit wäre, daß ich das Hohe, Not- und Peinliche Halsgericht wieder aufhebe?«

Dieser antwortete: »Ja, Herr Richter, es ist an der Zeit!«

Landrichter: »So gebe ich dieses Hochfürstliche Schwarzburgische Hohe, Not- und Peinliche Halsgericht für dieses Mal auf, im Namen Gottes des Vaters, Gottes des Sohnes und Gottes des heiligen Geistes. Gott gebe uns allen ein seliges Ende, Amen!«

Darauf standen der Richter, der Aktuarius und die vier Schöppen auf und lehnten die Stühle an den Tisch. Der arme Sünder aber wurde in den großen Kreis, der an den kleinen anstieß und in gleicher Richtung mit diesem nach der Galerie zu gebildet war, von den singenden Kurrendeschülern, den beiden Diakonen und den sämtlichen Gerichtspersonen begleitet, zum Richtplatz geführt.

Hier las der Delinquent seinem vorher geäußerten Wunsch gemäß eine große Rede an die Zuschauer vor, in welcher er Gott und die Menschheit um Verzeihung seiner Missetat bat, die Zuschauer ermahnte, sich an ihm ein Beispiel zu nehmen und endlich seine Seele Gott und seinem Erlöser empfahl. Von dieser Rede hat wahrscheinlich, bei dem immer stärker werdenden Andringen der Zuschauer, der die zur Erhaltung der Ordnung kommandierte Mannschaft beinahe nicht im Stande zu widerstehen war, außerhalb des Kreises Niemand ein Wort verstanden.

Sodann setzte sich der Delinquent unter fortwährenden Gebeten in sein Schicksal ergeben mit größter Ruhe und Gelassenheit auf dem

Stuhl nieder und wurde, nachdem ihm des Nachrichters Knechte die Augen verbunden und die erforderlichen Vorbereitungen erfolgt waren, durch den Nachrichter *mit einem einzigen äußerst geschickten und glücklichen Schwertstreiche vom Leben zum Tode, im Angesicht vieler Tausend einheimischen und fremden Zuschauer, unter allgemeinen Beifall gerichtet.*

Nach beendeter Exekution fragte der Nachrichter: »Herr Richter, habe ich recht gerichtet?« Worauf der Landrichter antwortete: »Ihr habt getan, was Urteil und Recht erkannt hat und gezeigt, daß ihr Meister eurer Kunst seid.«

Nach geschehenem Schwertstreich wurden die Herren Geistlichen durch zwei bis drei Mann Eskorte bedeckt und durch das Volk bis in ein selbst gewähltes benachbartes Haus zur Sicherheit gebracht.

Der kleine Kreis blieb solange geschlossen, bis der Gerichtstisch in Sicherheit gebracht war und schloß sich sodann dem größeren Kreis an. Um den entseelten Körper, der nach Vorschrift eine Viertelstunde liegen bleiben mußte, sowie den Nachrichter und Gehilfen, wurde darauf wieder ein kleinerer Kreis gebildet, während der größere Kreis zur Deckung der Fehmstätte abrückte.

Zuvor wurde das ganze Gerichtspersonal nebst dem Herrn Fiskal unter einer Eskorte von der Landmiliz zum Rathaus gebracht und weilte solange hier, bis der Kavillerwagen zur Abholung des Leichnams eintraf. Als derselbe etwa eine Viertelstunde nach der Enthauptung eingetroffen war, fuhren der Landrichter, der Aktuarius und die Schöppen Reißland und Hüttig in einem mit vier Pferden bespannten Kutschwagen, welcher bereits vor der hinteren Tür des Rathauses in Bereitschaft stand, zur Fehmstätte und brachten dort so lange zu, bis der Körper des Inquisiten in Gegenwart einer unzähligen Menge Zuschauer auf das Rad geflochten war. Sodann fuhren dieselben zum Gerichtsgebäude zurück und gingen von da aus zurück in ihre Wohnungen.

Die im Bezug auf die Exekution eingegangenen Rechnungen betrugen 116 Taler, drei Groschen, zehn Pfennige. Manche Ansätze wurden vom Gericht für zu hoch befunden. So hatte der Nachrichter achtzehn Taler, vierzehn Groschen verlangt. Er rechtfertigte seine Forderung damit, daß er in Dornheim für das Wegschaffen und

Begraben eines ertrunkenen Menschen allein sechs Taler und zwölf Groschen erhalten habe. Die Wagner, deren Ansatz ebenfalls für zu hoch befunden wurde, erklärten kurz: Es wären Extrafälle, welche auch extra bezahlt werden müßten.

Eine Rechnung des herrschaftlichen Zieglers erschien aber *allzu exorbitant*. Zur Ausmauerung und Ausgießung des Loches, worin der Pfahl für das Rad war, habe er acht Maaß Sparkalk geliefert. Die als Zeugen benannten Maurer suchten zwar diesen Verbrauch dadurch zu erklären, *daß fast ein ganzer Karren (ca. drei Maaß) verdorben, indem am 1. Arbeitstag durch einen starken Gewitterregen der offen dagelegene Kalk durchnäßt worden sei und nicht gebraucht werden könnte*. Das Gericht war indes nicht zufrieden damit und wies das Geld erst an, nachdem die Richtigkeit seiner Rechnung noch eidlich bestätigt worden war.

Die in gerichtlichen Gewahrsam genommenen und sorgsam verschlossenen Gefäße, welche Überreste von der Suppe etc. enthielten, wurden auf dem Kiesplatz vor dem Fischtor linker Hand zerschlagen und verscharrt.

Anmerkung: Nach einer anderen Quelle standen Frauen mit warmen Töpfen bereit, um das Blut des Gerichteten aufzufangen, und es ihren an Epilepsie erkrankten Kindern zu trinken zu geben. Die Kinder wurden dann stundenlang durch die Straßen gehetzt und sollten auf diese Weise ihre traurige Krankheit verlieren.

Die Verbrecher Johann Christoph Werner und Johann Friedrich Becher (1813)

Am 1. März 1813 wurde in Weimar das Hochgericht bestätigt, da seit über dreißig Jahren niemand mehr vom Leben zum Tod verurteilt worden war. Früh um neun Uhr erschien das damalige Kriminalgericht. Der Kriminalrat begab sich im Beisein der Handwerker auf die Mauer, nahm einen Mauerhammer in die Hand und hielt eine kurze Rede: *Da Urteil und Recht erkannt hätten, daß zwei in Untersuchung befindliche Übeltäter mit dem Strang vom Leben zum Tod gebracht werden sollten, so mache es sich deshalb nötig, das Hochgericht dazu in den Stand zu setzen. Man trage daher kein Bedenken, die ersten Hiebe zu tun.*

Darauf schlug der Kriminalrat dreimal mit dem Hammer auf die Mauer, und der Assessor ebenfalls auf das Holz. Sodann erklärte der Kriminalrat alle Meister, Gesellen, Lehrlinge und Tagelöhner, welche daran arbeiten, für ehrlich und unbescholten, daß ihnen nichts zum Nachteil gereiche, welche sonst unerbittlich mit strenger Strafe geahndet werden sollte. Nachdem begab sich der Mauervisor auf den höchsten Pfeiler und warf, als dazu bestimmter Baumeister, drei Backsteine herunter. Dann bestiegen die Mauergesellen den Bau. Am 4. März wurden die Balken gelegt, am 6. März war der Bau beendet.

Die Delinquenten waren:

1) Johann Christoph Werner, 31 Jahre alt, in Cottendorf geboren, und in München bei Berka erzogen. Er hatte noch einen lebenden Vater und eine Stiefmutter. 50 Diebstähle hatte er begangen, und 500 Reichstaler an Wert gestohlen, dabei aber mehrmals ein geladenes Gewehr bei sich geführt.

Werner wurde im Hospital zu Tannroda, mit einer geladenen Pistole und einem großen Messer bewaffnet, am 26. März 1811 festgenommen, an das Herzogliche Amt Berka und von diesem an das Herzogliche

Kriminalgericht zu Weimar zur Untersuchung abgeliefert. Schon am 30. März 1811 äußerte Werner gegen den Diener Bär, daß er alles, was er getan habe, gestehen wolle und bitten werde, ihn auf immer ins Zuchthaus zu bringen, weil er nun einmal das Stehlen nicht lassen könne.

Auch bekannte er mehrere Diebstähle, welche er teils früher, ohne daß solche jedoch bei den vorigen Untersuchungen zur Erörterung hatten kommen können, teils neuerlich verübt hatte.

Im Laufe der Untersuchung wurden mehrere Diebstähle auf Werner gebracht und von ihm gestanden. Die Untersuchung schritt nur langsam voran, weil mit mehreren auswärtigen Gerichtsstellen kommuniziert werden mußte und Werner seine Untaten nicht mit einem Mal, sondern nur nach und nach bekannte, so daß, wenn man die Untersuchung beendet glaubte, sie wegen eines neuen Geständnisses wieder aufgenommen werden mußte.

Von den neuerlich gestandenen Diebstählen sind dreizehn nicht näher erörtert, sechzehn aber gehörig untersucht worden. Dabei ergab sich, daß sechs in Krakendorf, Thälendorf, Oettern, Thangelstedt, Kesslar und in dem zur Blankenhainer Stadtmühle gehörigen Keller unter Führung einer geladenen Pistole (Werner gesteht, er habe sie gehabt, um sich zu wehren), die übrigen zehn aber in Kleinkromsdorf, Kaffenburg, Oberweimar, Großschwabhausen, Niedersynderstedt, Eichelborn, Tiefurt, München, Ehrenstein und an einer Schafhütte bei Saalborn, durch Einsteigen oder Aufbrechen mit Meißel und Axt oder Einsteigen einer Wand ins Werk gesetzt worden sind. Die gestohlenen Gegenstände sind: Geld, Uhren, Kleidungsstücke, Wäsche, neue Leinwand, Schafvieh, Betten und Viktualien *(Lebensmittel)*.

2) Johann Friedrich Becher, 28 Jahre alt, von Thangelstedt, ohne Eltern, welcher fünf Diebstähle beging, und mit vier Jahren Zuchthaus bestraft worden war. Er hatte bereits schon dreieinhalb Jahre gebüßt, als Werner ihn anzeigte, daß er auch geladenes Gewehr gehabt habe. Deshalb kam Becher wieder in Untersuchung, und wurde am 3. März mit zum Tode verurteilt. Werners Urteil wurde schon im Oktober 1812 publiziert, die Exekution aber verschoben.

Am 5. März erhielten beide die Geistlichen, und am 10. empfingen sie das Heilige Abendmahl. Ich bewachte Becher ganz allein, wobei ich die ganze Handlungsweise sowie seine Denkungsart beobachten konnte. Er erzählte mir, daß ihm zu viel geschehe, denn er sei von Werner verführt worden, bei einem Diebstahl das geladene Gewehr zu halten. Dabei nötigte er mich, von seinem Frühstück zu essen.

Am Tag der Exekution warnte er mich, von Mittag zwölf Uhr an nichts von seinen Speisen zu nehmen, er habe gehört, daß man am letzten Tag dem armen Sünder etwas in das Essen tue, damit er den Mut nicht verlieren solle. Übrigens war er sehr ruhig und stark an Geistesgegenwart, doch aß und trank er drei Tage sehr wenig.

Am 12. März wurde das Halsgericht auf dem Markt erbaut, dem Gasthof zum Elephanten gegenüber. Am 13. früh neun Uhr wurden beide Delinquenten zum Halsgericht geführt. Das Gericht bestand aus dem Kriminalrat, einem Assessor und Aktuar, vier Schöffen, einem Doktor und einem Chirurgen.

Der Kriminalrat las die Akten vor, und der Aktuar das Urteil. Nachdem der Stab gebrochen war, las der Kriminalrat ein Begnadigungsschreiben vor, in welchem Becher das Leben geschenkt wurde. Er mußte sich aber mit zum Gericht führen lassen, um die Exekution mit anzusehen. Hierauf begann der Zug zum Nachgericht. Werner war schon hab tot, als der Henker ihn unterm Galgen hatte. Becher wurde mit zwölf Mann Militär begleitet, und darauf auf Lebenszeit in das Zuchthaus gebracht.

Werner wurde abends sechs Uhr vom Galgen genommen und nach Jena gebracht.

Der Mörder Johann Andreas Sommer (1816)

Am 17. Juni desselben Jahres wurde dem im Kriminal *(Gefängnis)* befindlichen Johann Andreas Sommer, gebürtig von Ehringsdorf bei Weimar, sein letztes Urteil publiziert, lebenslängliches Zuchthaus.

Im Oktober wurde derselbe bei einem ersten Diebstahl ergriffen, wo sich aber bei der Untersuchung ergab, daß Sommer seit mehreren Jahren gestohlen hatte, wobei noch neun Personen mit Anteil genommen hatten. Einem gewissen Kaufmann Namens Schmidt in Kahla, Sommers Schwager, hatten sie 4.200 Reichstaler Geld gestohlen. Sommer hatte den Diebstahl geleitet, war aber nicht selber mit dabei gewesen, sondern vier seiner Mitgenossen hatten es vollbracht. Sommer hatte 1.500 Reichstaler davon bekommen. Er kaufte sogleich ein Haus in Weimar für 1.800 Reichstaler und wurde ein Brauherr. Das Publikum urteilte zu jener Zeit: Sommer müsse bei dem Überfall 1806 etwas zur Beute gemacht haben.

Das letzte Urteil lautete, daß Sommer, sowie seine Diebsgenossen Haupt und Kluge, auf Lebenszeit in das Zuchthaus zu bringen seien. Die Übrigen sollten mit einem halben Jahr, einem Jahr und nach Befinden bestraft werden.

Beim Vorlesen des Urteils bemerkte Sommer, er habe den Galgen verdient. Man habe sein Urteil nicht recht gefällt. Er appelliere wider alles Verfahren. Der Kriminalrat zog aber die Klingel und befahl dem eintretenden Boten, Sommer sogleich in das Zuchthaus zu bringen. Ein zweiter Bote erschien zugleich, und bei dem Ergreifen stach Sommer den ersten Boten mit einem Federmesser in den Unterleib, daß er stürzte, und binnen einer Stunde tot war.

Der zweite Bote hatte ebenfalls einen Stich erhalten, welcher aber wieder geheilt wurde. Auf diese begangene Mordtat wurde Sommer in die sogenannte *Weise* eingespannt, und konnte nun weder sitzen noch liegen.

Am 31. Juli abends elf Uhr wurde Sommer in das jetzige neuerbaute Kriminal gebracht. Sein darauf eingeholtes Urteil war im August da. Es wurde ihm nun der damalige Zuchthausprediger zugelassen, wobei er sich sehr gut benahm und seinem Tod freudig entgegen ging, indem er sagte: »Ich habe die Strafe verdient.«

Er sprach auch zu mir: »Wenn ich tot bin, wird mancher froh sein.« Und er ermahnte mich, meine Kinder fleißig zur Schule zu schicken, genoß den Tag vor seinem Sterben mit seiner Frau, das Heilige Abendmahl, gab auch den letzten Abend noch ein kleines Instrument ab, was er in seinem Gebetbuch hatte und womit er sich oder jemanden anders noch hätte ermorden können. Das Halsgericht wurde auf dem Graben erbaut.

Dienstag, den 31. August, wurde das Urteil an ihm vollzogen. Nach dreimaligem Läuten wurde Sommer, jedoch mit den Händen übereinander geschlossen, durch die Ritterstraße und über den Töpfenmarkt geführt. Nach Vorlesung der Akten von dem Kriminalrat bekannte Sommer alles. Hierauf verlas der Aktuar das Todesurteil, welches lautete: *Sommer wird auf einer Kuhhaut geschleift, mit dem Schwert vom Leben zum Tode gebracht, und sodann sein Körper auf das Rad geflochten.*

Der Bruder des erstochenen Kriminalboten war an dessen Stelle, und führte Sommer, welcher sich auf einer Schleife *(eine Art Schlitten)*, in welcher die Kuhhaut lag, rückwärts setzen mußte. Auf dem Richterstuhl wollte er sich nicht die Augen verbinden lassen. Er sagte: »Ich weiß schon, was mit mir vorgeht«, redete auch noch mit dem Nachrichter von Blankenhain, welcher zum ersten Mal seine Kunst zeigen wollte und wünschte ihm viel Glück, daß seine Kunst an ihm gelingen möchte.

Um elf Uhr wurde der Körper auf das Rad gesetzt, wo er bis zum 2. Juni 1816 blieb. Da wurde der Körper abgenommen und in die Erde begraben. Sommer war 45 Jahre alt, und hatte noch einen lebenden Vater, hatte früher als Schlosser gelernt, aber die Lehrzeit nicht ausgehalten, wurde 1790 Soldat, nährte sich nachher mit Gärtnereiarbeit, bis er das böse Geschäft ergriff.

Der Verbrecher Johann Andreas Sommer, Kupferstich von 1813.

Der Frauenmörder Hirschfeld (1820)

Im Jahre 1820, den 1. April, wurde dem Delinquenten Hirschfeld, aus Nöda bei Erfurt, sein Todesurteil publiziert. Dieser hatte am 14. Februar 1819 zu Mittelhausen, in der Schenke, die eine halbe Stunde davon entfernt liegt, die aus Elxleben gebürtige Magd Maria Elisabeth Bächert, welche seit fünf Monaten von ihm schwanger war, ermordet.

Hirschfeld hatte sie abends zehn Uhr in den Stall bestellt, wo er sich mit ihr bereden wollte. Die Bächert solle ihn nicht als Vater angeben, da er sich schon früher mit einer anderen Weibsperson aus Kerbsleben bei Erfurt verlobt hätte. Da es aber die Geschwängerte nicht tat, kamen sie in Wortwechsel zusammen. Hirschfeld wurde darüber sehr böse, und bot ihr Maulschellen an, worauf er die Antwort erhielt: »Du Schafkopf! Sähest dazu aus, daß du mich schlagen könntest, gehe, du Ehehenkel.«

Hierdurch ergrimmt schlug er sie mit der Faust an die Schläfe, daß sie nieder stürzte. Darauf ergriff er in der Angst einen Stein und tötete sie vollends. Nach geschehener Tat warf er die Gemordete in den vor der Schenke befindlichen Brunnen. Auf seltene Art wurde aber dieser Mord entdeckt.

Bei der Ermordung hatte sich die Unglückliche noch gewehrt, und ihm einen Aufschlag von einem Ärmel seines braunen Mantels gerissen, den er später in Erfurt bei einem Schneider wieder neu hatte machen lassen. Dieses abgerissene Stück Tuch wurde sein Verräter.

Sein Urteil war, mit dem Schwert vom Leben zum Tod gebracht zu werden. Der Körper sollte auf das Rad geflochten werden.

Hirschfeld war sehr traurig. Noch am selben Tag kam der Geistliche zu ihm. Auch waren sein Bruder und seine Schwester bei ihm zu Besuch. Am 2. April, am ersten Osterfest, besuchte ihn die Mutter mit dem anderen Bruder, welche noch eine Bittschrift an Seine K. Hoheit den Großherzog machen ließen.

Die Mutter erzählte mir, daß ihr Sohn zum Unglück geboren sei. Denn als er vierzehn Tage alt war, sei sie mit ihm zur Kirche gegangen, habe ihn auf ein Kissen gelegt und auf den Korb gebunden, um auf das Feld zu gehen. Auf dem Weg sei sie über einen Graben gesprungen, und das Kind sei über ihren Kopf heruntergestürzt.

Als er ein dreiviertel Jahr alt war, sei er zum Fenster hinausgestürzt. Als er zehn Jahre war, habe ihm ein Pferd ein Stück Fleisch gleich neben der Geburt weggeschlagen, und doch sei er glücklich wieder kuriert worden. Als Soldat habe er den Arm verloren, und nun ergehe noch dieses schreckliche Schicksal über ihn!

Am 3. April erzählte mir Hirschfeld, daß er erst drei Wochen vor Weihnachten mit der Ermordeten bekannt geworden sei. Er glaubte auch nicht, Vater gewesen zu sein, jedoch habe er ihr angetragen, in eine Stadt zu gehen und das Kind, was sie gebären würde, erziehen zu lassen, nur solle sie ihn nicht als Vater angeben, weil ihm dadurch sein Vorhaben vereitelt werde, sich mit der Person, mit welcher er sich verlobt habe, zu verbinden. Allein sie habe es nicht tun wollen.

Auch habe er schon 1818 ein Mädchen geschwängert. Dieser habe er jährlich dreizehn Reichstaler Alimentation für das Kind gegeben, welches aber bald gestorben sei. Hirschfeld wollte sich nicht vor Menschen sehen lassen, was ihm gestattet wurde. Durch Ermahnungen seiner Mutter, seines Bruders und mehrerer Personen, welche (besonders Mutter und Bruder) glaubten, das Publikum hielte ihn für einen gefährlichen Mörder, ließ er sich dennoch bewegen, sich sehen zu lassen. Er verordnete, wenn ihm jemand etwas an Geld schenken würde, die eine Hälfte den Armen, und die andere seinen Wächtern zu geben. Am 5. April früh zehn Uhr bekam Hirschfeld das Heilige Abendmahl, wobei ich zugegen war. Vorher lernte er aus dem Dresdner Gesangbuch Nr. 383 die zwei ersten Verse:

Aus tiefer Not ruf ich zu dir,
O Gott erhör' mein Flehen,
Entzeuch nicht dein Erbarmen mir,
Für Recht laß Gnad' ergehen;
Ach! Siehest du als Richter an,
Was wir nicht recht vor dir getan,
Wer kann o Herr bestehen?

Vor dir gilt nichts denn Gnad' allein,
Dem Sünder zu vergeben,
Nie ist ein Mensch von Fehlern rein,
Auch in dem besten Leben;
Und Herr was ist er ohne dich!
Wie darf der Staub der Sünder sich
Des Ruhms vor dir erkühnen.

Als er nun die Beichte gebetet, in Gegenwart der sämtlichen Herren und im Beisein der Mutter und des Bruders, so bat er die Herren um Verzeihung, wenn er bei der Untersuchung viele Mühe verursacht habe. Desgleichen bat er, man solle seine Mutter nicht verstoßen. Ferner habe er noch eine Bitte: es habe ihn gereut, daß er sich nicht habe wollen sehen lassen, sondern, da er sich mit Gott und den Herren ausgesöhnt, wolle er sich nun mit der ganzen Welt aussöhnen, und bitte daher, daß ihn jedermann frei sehen solle, welches ihm auch gestattet wurde.

Hierauf empfing er das Abendmahl; damit trat der arme Sünder ab. Sein Benehmen hatte den Herren sehr gefallen, auch verlangte das Kriminalgericht, die Beichte abschreiben zu lassen, was ich getan habe. Sie ist mit zu den Akten gekommen.

Abends um sieben Uhr wurde ihm noch ein Urteil publiziert, auf seiner Mutter untertäniges Gesuch, daß es bei dem Schwert bewendet bleibe. Da es nun laut wurde, daß der Delinquent zu sehen sei, kamen sehr viele Zuschauer, wobei er sehr beunruhigt war, da auch Bekannte zugegen waren. Nach etlichen Stunden hörte der Delinquent, daß sich die Zuschauer einander fragten, was einer oder der andere geben soll, und es hieß zwei Groschen, einen halben Kopfstücken, Kinder hatten nur einen Groschen bezahlt.

Da wurde er ungehalten und sprach laut: »Ich lasse mich nicht als Seltenheit für Geld sehen, und will nicht haben, daß jemand etwas bezahle, sondern ein Beispiel an mir nehme.« Er verlangte den Geistlichen, welcher um vier Uhr kam, und da er vernahm, daß noch immer bezahlt werden müsse, so verlangte er einen Diener vom Kriminal, welcher auch sogleich zu ihm kam. Zu dem sagte er, man solle es dem Gericht sogleich melden, daß er nicht mehr für Geld zu sehen sei, worauf um fünf Uhr ein Zettel angeschlagen wurde mit dem Verbot, daß niemand mehr zu ihm dürfe.

Der Delinquent selber hat von niemandem etwas bekommen, jenes Einkommen war für den Kriminaldiener. Als wir nun wieder einsam waren, erzählte der Delinquent, wenn er sich das Leben hätte nehmen wollen, so hätte er das veranstalten können, ohne daß wir Wächter etwas davon gemerkt hätten. Da ich nun über diese Rede erstaunte und ihn ernstlich vermahnte, so etwas nicht zu tun, da es für uns sehr nachteilig sein würde, zugleich ihn aber auch zur Rede setzte, wie er es machen wolle, zeigte er den Stummel, wo sein Arm abgelöst war. An diesem hing eine Ader in der Größe einer Gewehrkugel, und er sagte, wenn er sich mit den Nägeln die Ader aufriß, so würde er sich zu Tode bluten, ohne daß wir etwas davon gewahr würden.

Aus Ängstlichkeit verschwieg ich es nicht, dem Geistlichen zu sagen, welcher um sechs Uhr noch einmal kam, und ihn darüber vermahnte, den Gedanken aus seinem Herzen zu räumen. Darüber wurde er sehr traurig und gelobte heilig, daran nicht zu denken. Hirschfeld war darauf so ruhig, daß er noch mancherlei erzählte. Unter anderem rühmte er noch das Wohlwollen seines Offiziers, bei dem er Bedienter und der ihm behilflich war, daß er die Stellung bekommen habe. Er erzählte ferner, daß er sich seinen hölzernen Arm, den er getragen habe, in Dresden für sein Geld habe machen lassen, welcher ihm vier Carolin kostete. Er habe aber alle Arbeiten auf dem Land gemacht, so viel als jeder gesunde Mensch.

Seine größte Leidenschaft sei das Tanzen gewesen. Er habe nie ganze Sohlen auf seinen Stiefeln gehabt. Auch dankte er uns Wächtern noch herzlich, für manches gute, was er von uns genossen habe, und daß es ihm leid tue, uns nicht beglücken zu können, denn wenn ihm jemand etwas geschenkt hätte, so hätten wir und die Armut alles bekommen. Noch zuletzt erwähnte er mit inniger Freude, daß er die Verse, welche zu seiner Beichte waren, auch schon bei seiner Konfirmation gehabt habe, daher könnte er sie so gut.

Hierauf schlief er ganz ruhig ein, aber den 6., welches der Donnerstag war, früh fünf Uhr zeigte er sich sehr krank. Es wurde nach den Ärzten geschickt, welche sogleich erschienen und Arznei verordneten, worauf er sich zwar besserte, aber doch etwas Schwäche

Johann Christoph Werner, berüchtigter Dieb und Gauner, Kupferstich von 1813.

zeigte. Um acht Uhr, als er das Sterbegewand anziehen sollte, verlangte er auch seinen hölzernen Arm, der ihm abgenommen worden war. Als ich es dem Kriminalrat meldete, erhielt er denselben auch gleich. Um neun Uhr kam der Geistliche und holte ihn ab, wo ich mit den Worten Abschied nahm:

Die Glocke schlägt, sie rufet uns zum Scheiden.
Auch heut' ruft dir der Heiland zu:
Geh' ein zu meines Vaters Freuden,
Da findest du die ew'ge Ruh';
Drum laß zurück die ird'schen Freuden,
Woran dein Herz gefesselt war,
Dort, dort, da werden dich begleiten,
Ein Chor der himml'schen Engelschaar.

Hierauf wurde er vor das Halsgericht geführt, welches auf dem Graben aufgebaut war. Von dem Herrn Kriminalrat wurden die Fragen getan: Ob er die Maria Elisabetha Bächert aus Elxleben mit der Faust zu Boden geschlagen und mit dem Stein, der ihm gezeigt wurde und vier Pfund und siebzehndreiviertel Lot wog, ermordet und in den Brunnen getragen habe? Der Delinquent antwortete: »Ja.« Darauf wurde sein Urteil verlesen, der Stab gebrochen, und von dem hiesigen Scharfrichter das Urteil vollzogen. Der Körper wurde auf das Rad geflochten und abends neun Uhr wieder abgenommen.

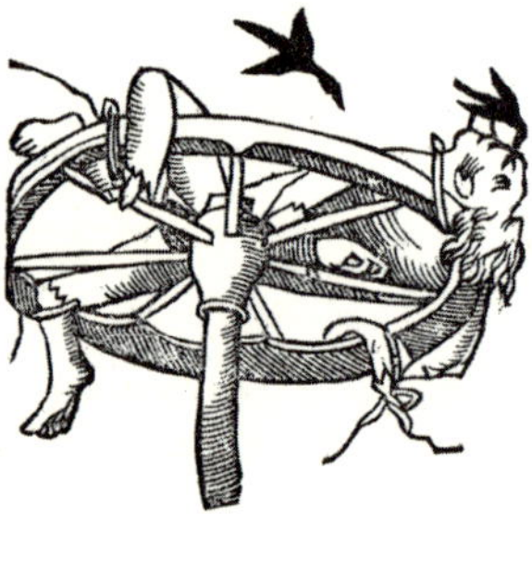

Der Mordbrenner Johann Friedrich Weißmantel (1824)

Montag, den 5. Januar 1824 früh um neun Uhr wurde Johann Friedrich Weißmantel, gebürtig in Riethnordhausen, zwei Stunden von Erfurt, sein letztes Todesurteil publiziert. Er hatte am 10. November 1822 in seinem Wohnort Feuer angelegt. Dieser Mordbrenner war 28 Jahre alt, hatte eine Frau und ein Kind von anderthalb Jahren. Sein Bruder, welcher früher mit ihm gestohlen hatte, saß schon vier Jahre im Zuchthaus.

Das erste Erkenntnis gegen ihn lautete, daß er verbrannt, doch das letzte Urteil, daß er mit dem Schwert vom Leben zum Tode gebracht werden sollte. Dazu wurde der 13. Januar bestimmt. Er war ein bösartiger Mensch und bewies seine Bosheit in vielen Stücken, so wie auch seine Physiognomie höchst abschreckend war. Ich selbst als sein Wächter konnte all' seine wilden Blicke nicht ertragen.

In den ersten Tagen zeigte er etwas Geisteszerrüttung und gab an, er habe den Teufel gesehen, und er selber solle noch sehr gemartert und sodann im Gefängnis verbrannt werden. Auch käme seine Frau immer zu ihm, welche auch lange mit im Gefängnis gesessen hatte, war aber seit zehn Wochen nach Jena ins Irrenhaus gebracht worden, doch er glaubte, sie sei tot.

Es wurden ihm deshalb alle möglichen Vorstellungen getan, welche für seinen Zustand passend waren, wodurch er auch etwas an Geist und Gemüt ruhiger wurde und die Nacht sechs Stunden schlief. Am 6. Januar früh gegen vier Uhr war er so bösartig, daß er es versuchen wollte, die Hand abzubrechen, um die Kette los zu bringen, womit er zugleich an die Hand geschlossen war. Als man ihm aber zu erkennen gab, daß mit Bosheit die Kette nicht abgenommen würde, so war er ruhig und bat weinend, daß ihm die andere Kette abgenommen werde, was denn auch geschah. Weißmantel war aber den Tag über sehr unruhig, nahm auch von uns Wächtern in zwei Tagen nichts an. Ich bot ihm mancherlei an, Äpfel und dergl., aber alles bewegte ihn nicht, bis abends fünf Uhr zum ersten Mal der Geistliche zu ihm kam.

In den ersten Betstunden gestand er dem Geistlichen, daß seine größte Sünde sei, daß er einmal ein halbes Kopfstück und elf Pfennige in der Kirche genommen habe. Er verlangte auch ein Gesangbuch, um Lieder zu singen. Ich gab ihm von mir eine Bibel und ein Gesangbuch, allein die Bibel wollte er nicht, indem er glaubte, die Offenbahrung Johannis träfe nicht zu. Er sang nun einige Lieder und schlief ruhig bis zum 7. Januar früh gegen vier Uhr, wo seine erste Rede war: es habe ihm die Nacht von Äpfeln geträumt und nahm von mir den ersten an.

Um zehn Uhr kam der Geistliche, welcher ihn an seine Tat erinnerte. Da sagte er, er habe das nicht getan, was man von ihm glaube, und führte ein Beispiel an: Als Junge sollte er seinem Vater drei Kopfstücke gestohlen haben, und wäre deshalb jämmerlich geschlagen worden. Nach drei Tagen habe sich der Verlust gefunden, daher könne man ihm jetzt auch Unrecht tun. Doch bekenne er, daß er viele kleine Diebstähle begangen, deshalb er auch schon im Amt Rudestedt und zweimal im Kriminal zur Strafe gesessen habe.

Nach der Betstunde las und sang er einige Lieder, zeigte den Tag über mehr Ruhe als zuvor, und schlief beinahe die ganze Nacht ruhig. Den 8. Januar früh zehn Uhr kam der Geistliche und erinnerte ihn an die Gebote. Beim 4. Gebot antwortete Weißmantel: Dieses Gebot habe er oft übertreten, denn er habe seinen Eltern nicht gefolgt, aber bei dem 5. antwortete er mit heiterer Stimme, er habe weder getötet, noch gesengt und gebrannt. Von dieser Sünde sei er frei. Kleine Diebstähle gestehe er zu, wolle zwar gern sterben, unser Heiland habe ja auch unschuldig sterben müssen, widerlegte dem Geistlichen alles, und bewies sich sehr mutig.

Den 9. Januar früh gegen zehn Uhr besuchte ihn der Geistliche wieder und machte ihn aufmerksam, wie sie bei dem 5. Gebot stehen geblieben wären, wie der Sünder seine Tat bekennen und bereuen solle. Da wiederholte Weißmantel nochmals, er sei von den Sünden frei. Er habe nichts angesteckt, wie man ihm Schuld gebe, worauf ihm der Geistliche zur Antwort gab, daß er es in den Akten las, wie auch Weißmantel schon gestanden hatte, daß er Feuer angelegt habe.

Weißmantel antwortete: Feuer habe er mehrmals angemacht, wenn er sich Kartoffeln oder eine Suppe gekocht habe, er wolle zwar sterben, man solle aber sehen, was geschehen werde. Nach seinem Tod werde die Welt untergehen, und die ihn richteten würden gestraft werden, aber zu ihm würde Gott sagen: »Komm her, mein lieber Sohn, du bist unschuldig, dir ist zu viel geschehen.« Dabei kam er so in Eifer, daß er den Geistlichen nicht wieder zu Wort kommen ließ, der darüber erstaunte und die Andacht schloß.

Nachmittag drei Uhr wurde Weißmantel vor das Gericht gefordert und gefragt: ob er noch bei seiner Aussage beharre, worauf Weißmantel antwortete: Er wolle sterben. Als ihm das Gericht vorstellte, daß er nicht sterben könne, wenn er die Tat nicht begangen, die er hoch in den Akten gestanden habe, antwortete er: Der Mensch könne etwas anderes sagen, ohne es getan zu haben. Man könne mit ihm machen, was man wolle, er bleibe dabei, er müsse die Wahrheit sagen.

Er wurde hierauf wieder entlassen. Nach dem kam ein Mitgefangener einige Minuten zu Weißmantel und ermahnte ihn recht ernst, die Wahrheit zu sagen. Als er hörte wie Weißmantel leugnete, sprach er zu ihm, er solle doch nicht leugnen, Gott wisse ja ohnehin alles, was er getan habe, worauf aber Weißmantel ganz zornig die Antwort gab, man solle ihn zufrieden lassen, er werde ganz verwirrt und würde nicht mehr mit uns sprechen. Nachdem wir Wächter allein waren, sagte er zu uns, er sei bezaubert worden von seiner Frau, die er nicht habe heiraten wollen. Er hätte sie vorher beschwängert, und habe kaum für 50 Reichstaler Wert mit seinem Bruder gestohlen, welcher im Zuchthaus sitze, und er solle sterben. Er schlief aber dennoch auf christliche Vorstellung wieder ruhig. Indessen wurde die Vollstreckung des Urteils, wozu der 13. bestimmt war, wieder aufgehoben bis auf weitere Ordre *(Anweisungen)*.

Sonnabend, den 10. Januar, kam der Geistliche wegen Amtsgeschäften nicht. Indessen blieb Weißmantel bei seiner Aussage, daß er nicht angesteckt habe, er wollte aber doch sterben. Sprach viel von Geistern, wollte auch behaupten, daß die Welt bald unterginge, beteuerte es auch, daß er einmal mit seinem Vater dürren Zaun geholt, er sei mit seinem Bündel fort gekommen, der Vater aber nicht, dem habe ein Licht im Weg gestanden, daß er sein Holz habe liegen lassen müssen. Er sei auch selber bezaubert worden von einer Frau Namens Hülden, mit der er sehr vertraulich lebte und ihr manches zugetragen habe, was er seinen Eltern entwendete. Und so erzählte er mehrere dergleichen Sachen, bis er abends einschlief.

Sonntag, den 11., Nachmittag, vier Uhr kam der Geistliche und erinnerte Weißmantel an seinen Zustand, worauf Weißmantel wie vorher antwortete, er wolle sterben, ob er die Tat begangen habe oder nicht. Auf fernere Fragen, ob er seine Eltern oder seinen Bruder sprechen wolle, meinte er, seine Eltern müßten zu weit her kommen und seinen Bruder wolle er nicht sprechen.

Auf Ermahnung des Geistlichen, daß er keine Schuld mit aus der Welt nehmen, sondern sein Herz reinigen solle, antwortete er: Ja, Schuld habe er noch, denn er habe einmal Obst gekauft und nicht bezahlt. Da ihm der Geistliche erklärte, daß von der Sündenschuld die Rede sei, so lachte Weißmantel darüber und sprach, von der Schuld sei sein Herz rein, und gab dem Geistlichen die Hand. Auch wurde ihm gesagt, daß er noch einige Tage länger leben solle, um sich gut vorzubereiten. Das war ihm nicht lieb, er wolle lieber morgen sterben.

Montag, den 12. Januar, kam der Geistliche nicht. Als wir Wächter ihm vorstellten, daß er es doch sagen solle, wenn er vielleicht mit seinem Bruder oder mit seiner Frau sprechen wolle, so wünschte er, mit seinem Bruder zu sprechen, dem er zu viel getan, und seine Frau die lebe ja nicht mehr. Er bekenne noch mehrere Diebstähle, die er nicht alle vor dem Gericht bekannt hatte. Daß er junge Bäume und das Geld in der Kirche gestohlen hatte, hielt er für seine größte Sünde, und versprach uns, das der vorige gerichtete Planer (den er gekannt hatte) eine Rede gehalten habe, er dasselbe auch tun wolle, daß alle Menschen weinen sollten. Damit wünschte er uns viel Glück und beschäftige sich mit Lieder lesen, und schlief ruhig.

Dienstag, den 13. Januar, erzählte mir Weißmantel, als ich allein bei ihm war, ihn habe die Nacht geträumt von einer Braut, welche ihm die Hand gereicht habe. Er habe aber die seinige nicht gegeben. Ich erklärte ihm, daß es seine Frau bedeuten könne, die noch lebe und ihn sprechen wolle, worauf er ganz leichenblaß wurde und zornig auffuhr, ich solle aufhören, von seiner Frau zu reden, es würde ihm allemal schlimm, wenn er von ihr höre, er wolle sie nicht mehr sprechen. Dabei zeigte er viel Ängstlichkeit. Kaum eine Stunde danach fing er wieder an zu erzählen, daß sein Vater mehrmals mit gestohlen habe, aber nur Nahrungsmittel, zu keinem großen Gelddiebstahl habe er gelangen können. Er leugnete aber jedes Mal, angesteckt zu haben.

Gegen fünf Uhr kam der Geistliche und ermahnte ihn, daß er nunmehr der Ewigkeit näher streite, deshalb er sich vorzubereiten habe, die reine Wahrheit zu bekennen. Er habe in den Akten gefunden, daß Weißmantel nicht nur die Tat bekannte, sondern auch alles genau angab, wie er es gemacht habe, und zeigte auch den Topf, in welchem er die brennenden Materialien hatte. Auch müsse er ihm bekannt machen, daß ihn seine Frau sprechen werde, da er nun derselben die Tat größtenteils zugeschoben, so müsse er ihr Abbitte tun für die Beleidigung. Er selber werde zugegen sein, und bat ihn nun, um Gottes Willen die Wahrheit zu sagen, damit er seine traurige Lage nicht erschwere.

Weißmantel antwortete, er glaube nicht, daß seine Frau noch lebe. Er habe gehört, daß sie auf dem Hof von Hunden zerrissen worden sei. Es hätten auch viele Menschen Ähnlichkeit miteinander, da könnte man wohl sehr leicht ihm eine andere statt der seinen vorstellen. Auf Widerlegung des Geistlichen, daß seine Frau noch lebe und gewiß kommen werde, (während der Betstunde kam dessen Frau von Jena an, ohne daß es Weißmantel wußte) erwiderte er, wenn ihm seine Frau ins Gesicht sagen werde, daß er angesteckt habe, so wolle er sie verfluchen und zur Hölle verdammen, denn er könne sie so nicht leiden. Sie habe ihn öfters belogen und ihre Treue gebrochen. Es hätte ja auch das Weib die erste Sünde auf die Welt gebracht, und müsse sie auch wieder mitnehmen.

Auf Erklären des Geistlichen, daß der erste Mann auch mit gegessen habe von dem verbotenen Baum, sprach er: Gott habe ja das erste Weib verflucht, indem er sagte, mit Schmerzen sollst du Kinder gebären, doch wolle er sie sehen, und sodann solle man ihn des anderen Tages hinrichten. Der Ton seiner Stimme war so schreckhaft dabei, daß sich der Geistliche darüber entsetzte und die Andacht schloß mit dem Gebet: Herr gehe nicht ins Gericht mit deinem Knecht.

Nachdem ihn der Geistliche verließ, sagten wir Wächter, daß er den Geistlichen sehr beleidigt habe und ermahnten ihn, er solle doch sein Gewissen bedenken, wenn ihm seine Frau unter die Augen gestellt werde. Sein Schicksal werde nicht verbessert sondern verschlimmert.

Er wisse doch wohl, was er getan habe. Worauf er seufzend antwortete: Wir hätten wohl recht, er wolle daher auch, ehe er seine Leiden noch mehr erschwere, lieber alles zugestehen, wenn auch nicht alles so wahr sei. Hingegen seine Frau wolle er nicht sehen. Es habe ihm schon der Gefangene Meier gesagt, welcher eine Zeitlang bei ihm saß, man werde ihm allerhand Marter antun, ehe er zum Tode verurteilt werde.

Wir endigten das Gespräch, und er schlief die Nacht recht ruhig, sagte aber noch vorher, er kenne seine Frau noch genau, sie habe sehr kleine Finger.

Mittwoch, den 14. Januar, früh sagte Weißmantel, er brauche ja keinen Geistlichen, denn er lese alles in dem Gesangbuch, und sang und betete einige Lieder. Um neun Uhr wurde er vor das Gericht gefordert. Als er um zehn Uhr wieder zurückkam, sagte er ängstlich: »Nun ist es aus, denn ich habe alles gesagt, was ich getan habe, nun mag mein Ende kommen, wenn es wolle.« Um zwölf Uhr wurde er wieder vor das Gericht gefordert, wo er mit seiner Frau konfrontiert wurde.

Nach der Zurückkehr fragten wir Wächter, ob er seine Frau gesehen hatte, und ob sie es gewesen sei? Worauf er lachte und sagte, er habe sie freigesprochen und wolle sie nicht wieder sehen. Als ich ihm sagte, es sei recht, daß er die Wahrheit gesagt habe, denn ich hätte ja gewußt, wie er zu seiner Schwester gesagt habe, sie solle ihre Sachen weg tun, denn er würde die Nacht Feuer anlegen, leugnete er dies und sagte, er habe es in der Schenke gehört, daß seine Schwester ausräume. Ich erzählte ihm, da ich eben eine Geschichte von einer Räuberbande gelesen hatte, daß zu Anhalt-Köthen mehrere zum Tode verurteilt worden waren, und einer Namens Richter zuletzt alles geleugnet habe. Da aber sein Bekenntnis von Zeugen beschworen wurde, sei die Exekution auch an ihm vollzogen worden. Als er sich auf den Stuhl setzte, habe ihm der Geistliche noch einmal mit den Worten zugerufen: »Richter! Richter! Wohin wird deine Seele fahren, wenn du dich nicht bekehren willst?« Worauf er weinte und alles bekannte. Weißmantel gab hierauf zur Antwort, es wären Zeugen dort vorhanden gewesen, das sei bei ihm nicht der Fall.

Desselben Tages kam der Geistliche nicht, indessen war Weißmantel sehr beschäftigt mit Lieder lesen, und auch zum Teil auswendig herzusagen. Die Bibel verlangte er aber nicht, und gab an, die Offenbahrung

Johannis träfe nicht zu. Führte ferner an, er habe gehört, daß Planer, der vor zwei Jahren gerichtet wurde, eine Rede gehalten habe, desgleichen wolle er auch tun, daß alle Menschen weinen sollten. Auch gereue es ihm, daß er seine Frau verdammt habe, obgleich sie nichts tauge, so wolle er ihr doch die Hölle nicht wünschen.

Donnerstag, den 15. Januar, Vormittag kam der Herr Kriminalrat zu Weißmantel, welcher sich abermals für unschuldig hielt, und auf den Befehl, daß er ihm ins Gesicht sehen solle, wenn er sich nichts bewußt sei, das Lied aufschlug zu beten: *Nach Wahrheit will ich streben*, worauf ihn der Richter verließ. Nachmittag erzählte er uns Wächtern, er wisse es gar wohl, daß ihn der Großherzog begnadigen wolle, aber er nehme es nicht an. Doch dauere ihn seine Frau, wenn es ihr schlecht gehen sollte, obgleich sie schlecht an ihm gehandelt habe. Nach Befragen, ob sie mit Anteil an der Tat genommen habe, sprach er: Es möge nun sein, wie es wolle, er wolle sterben.

Da an diesem Tag der Geistliche nicht kam, stellte er sich traurig, und sagte: wenn ihm nur seine Frau nicht wieder unter die Augen gestellt würde. Auf die Antwort, das könne er nicht ändern, fing er an sehr bösartig zu werden, verachtete das Essen, brachte allerhand schlechte Reden vor, und blieb so bis zum Freitag, wo er ebenfalls das Essen und alles ausschlug, auch mit niemandem sprach, aber immer seufzte, als wenn ihn sein Gewissen nicht ruhen ließ, bis abends fünf Uhr der Geistliche zu ihm kam.

Dessen erste Frage war, ob sich Weißmantel besser bereitet habe? Statt der Antwort las er das Lied: *Kein Lehrer ist dir Jesu gleich*, worauf der Geistliche ihm das Lied auslegte, und ihn ermahnte, sein Gewissen zu reinigen, ohne das er schwerlich zu Gott kommen könne, worauf Weißmantel antwortete: Er wäre ja schon bei Gott, er habe ja keine grobe Sünde auf sich. Wie man ihn verdammen könne?

War aber immer ängstlich, worauf ich ihm zurief, daß er doch seinem Seelsorger die Wahrheit sagen solle. Da er immer so ängstlich sei, so scheine sein Herz nicht rein zu sein, und da könne Gott nicht in seinem Herzen wohnen. Darauf rief ihm der Geistliche wieder zu, daß er doch nicht verhalten solle, und fragte ihn, ob er das Hirtenhaus angesteckt habe, ob er den Topf hatte, ob er wisse, wo die Ziege stand usw., wie er in den Akten schon bekannt habe. Er solle ja oder nein sagen! Worauf Weißmantel erklärte: Wenn er es sage, so solle er hernach alles getan haben, es werde ihm sonst nicht geglaubt.

Der Christliche versicherte ihm, daß es nur darauf ankomme, wenn er das bekenne, was er schon nach den Akten getan habe. Dieses willigte er ein, und wollte alles zugestehen, wie er es nach den Akten getan hatte, gab dem Geistlichen zweimal die Hand, und rief uns Wächter zum Zeugen dazu an, und fing an zu weinen. Der Christliche tröstete ihn, und schloß die Andacht mit einem dazu passenden Gebet. Am Abend aber sang Weißmantel wieder Scherzlieder, und schlief ruhig bis des Morgens drei Uhr, wo er beim Erwachen sprach: er wolle doch auch sehen, was er nach seinem Bekenntnis für ein Lied aufschlage, welches sich anfing: *Treuer Gott ich muß dir klagen,* welches er las, und dann das Vaterunser betete, und wieder ruhig schlief.

Sonnabend, den 17. Januar, früh zehn Uhr kam der Geistliche, und suchte Weißmantel durch Gebet auf die Ewigkeit vorzubereiten, worauf er weinte, und sich von Sinnen stellte. Als er vom Geistlichen gefragt wurde, ob er noch etwas gegen seine Frau habe, antwortete er ängstlich, er wolle sie noch einmal vor das Gericht haben, ihr noch etwas sagen, und dann sei er bereit zu sterben. Nachmittag, als ich allein bei ihm war, sagte er zu mir, wenn er nur ein Messer hätte, so wolle er sich gleich eine Ader aufschneiden, damit er sich tot blute. Er habe es schon mehrmals gesagt, daß auf dem Fleck noch eine Mordtat geschehen solle, ehe er sterbe, man wolle ihm mehr Brände schuld geben, als er verübte, der eine nur sei wahr. Sonntag, den 18. Januar, in der Mittagsstunde kamen zwei Assessoren, denen er auf Befragen, was er mache, gleich das Lied aufschlug: *Herr Jesu Christ ich weiß gar wohl, daß ich einmal muß sterben.* Weißmantel gab ihnen auf weitere Fragen zu erkennen, er esse gerne Hering, Wurst, Kraut und Schweinefleisch, welche Bitte ihm auch gewährt wurde.

Nachmittag fragte er, ob wohl der Geistliche heute kommen würde. Wir stellten ihm vor, daß er bei dem Regenwetter schwerlich kommen werde. Da meine er, es wäre auch nicht nötig, denn zu viel mal verlange er ihn nicht. Nun stellte er sich, als ob er Gott sei, und den Menschen helfen könnte, und blieb so unsinnig bis zum Montag.

Dienstag, den 20. Januar, mittags hatte Weißmantel Kalk von der Mauer gerissen, und ihn verschluckt, welches ich aber sogleich gewahr wurde, und ihn wegnahm. Um zwei Uhr kam der Geistliche und leitete sein Gebet dahin, daß er sich nun auf jene bessere Welt vorbereiten müsse. Da gab er die Antwort, er glaube nicht, daß Gott zwei Welten habe, denn in die andere werde er niemand hineinlassen. Er habe noch nie gehört, daß, wenn sich einer erhenkt, erschossen oder ersäuft habe, er wieder gekommen, oder von jener Welt etwas gesagt worden sei.

Man wolle ihn nur hier plagen, und 100 Klafter tief in die Erde verbannen, das habe er nicht verdient. Indessen wurde ich gewahr, daß er etwas im Mund hatte, und drang auf ihn, es heraus zu geben, es war Kalk. Auf ernstes Anreden, er solle alles herausgeben, sagte er: Nein! Er werde es verschlucken, was auch geschah. Es war ein hölzerner Stift. Als ich aber gewahr wurde, daß er noch etwas hatte, und ihn nötigte, es herauszugeben, weigerte er sich und sagte, es wäre Gott, den gebe er nicht her. Als ich ihm aber die Hand öffnete, war es ein eiserner Stift, anderthalb Zoll lang, welchen er ebenfalls im Mund hatte.

Der Geistliche gab ihm einen Verweis, wobei sich Weißmantel entschuldigte, und angab, sein Blut müsse Ursache sein, wenn er bisweilen üble Laune habe. Er wolle lieber kein Bier mehr trinken, man solle ihm Kofent *(Dünnbier)* geben. Nach mehreren Untersuchungen ergab sich, daß er drei Stifte aus seinen sehr alten Schuhen mit den Zähnen ausgezogen hatte, die man ihm sogleich abnahm. Während der Andacht widersprach er dem Geistlichen, und lachte über alles, erklärte sodann mit Lachen, daß er sich kein Leid zufügen werde, es sei nur Spaß gewesen. Als aber abends der Diener die Nachricht erteilte, daß er, bei wieder vorkommendem Falle, gefesselt werde, so war er die ganze Nacht ganz ruhig.

Mittwoch, den 21. Januar, sprach er wenig, nahm von uns Wächtern nichts an, was er zuvor tat, und da er den Geistlichen nur noch einmal verlangte, der aber diesen Tag nicht kam, so blieb er bösartig, bis Donnerstag, den 22. Januar. Er gab niemandem Antwort, sprach immer ängstlich: »Ach Gott! Ach Gott!« Verachtete auch das Essen, welches früh und abends aus Butter und Käse oder Wurst, mittags Gemüse und Fleisch, und täglich 2 Bouteillen Bier bestand.

Nachmittags, als ich eben allein bei ihm war, wurde ich wieder gewahr, daß er etwas im Mund hatte. Auf mein Zurufen brachte er einen Kröps *(Kriebsch)* von einem Apfel aus dem Mund. Ich sah aber, daß in demselben ein hölzerner Schuhstift steckte. Als ich ihm denselben nehmen wollte, warf er beides in den Mund und verschluckte es. Ich meldete dies sogleich dem Diener, welcher ihn wiederholt warnte, es nicht zu tun, indem er sonst gefesselt werde. Er aber lachte, und sagte, die Knackwurst, welche er zum Frühstück bekommen habe, könne er nicht essen, sie rieche nicht gut. Überdies ließe er sich nicht mehr zum Narren halten, er solle immer gebannt werden, denn den Teufel habe er schon zweimal gesehen.

Um vier Uhr kam ein Assessor und fragte, wie es gehe. Weißmantel antwortete: Nicht gut, er könne nicht schlafen, denn es sei ihm kundgetan worden, er solle nicht zu Gott kommen. Als er gefragt wurde, ob er Vater, Mutter, Kind, Bruder, Schwester, oder sonst noch jemanden sprechen wolle, antwortete er: Nein, seine Mutter dauere ihn, aber er wolle gar keine Weibsperson mehr sprechen, und fing an zu weinen, worauf ihn der Assessor verließ. Nach dessen Abgang war er wieder wie zuvor, denn alles war bei ihm Verstellung. Da er merkte, daß der Geistliche nicht kommen würde, sang er am Abend allerlei Scherzlieder.

Freitag, den 23. Januar, erwähnte er gegen den Diener, er sei es nun überdrüssig, und wolle, daß sein Ende bestimmt wäre, worauf ihm der Diener eröffnete, der Geistliche welcher heute komme, werde ihm sein Ende ankündigen, worüber er sich ganz gelassen zeigte.

Nachmittag drei Uhr kam der Geistliche und kündigte ihm an, daß der Dienstag als der 27. Januar sein Sterbetag sei. Nach geschehener Vorbereitung dazu zeigte er sich ebenfalls gelassen, und schickte sich in Gott ergeben dazu. Nach dem Abgang des Geistlichen las und sang er einige Lieder, war aber gleich darauf so lustig, daß er an der Kette tanzte, und wieder Scherzlieder sang, gab auch an, was er nun noch essen möchte.

Um neun Uhr brachte ihm der Diener Wein, den er ausschlug. Er hielt es für Branntwein, und glaubte auch, daß mit ihm etwas anderes vorginge, nämlich Zauberei. Auf Zureden von uns Wächtern trank er drei Gläser, und um zehn Uhr verlangte er noch ein Glas, wobei er uns Abbitte tat und Glück und Segen wünschte, führte aber dabei immer die Worte: »Gott verlaß mich nicht!« Sang wieder gute Lieder und schlief bis vier Uhr. Zur Morgenstunde war er sehr vergnügt. Bei dieser Gelegenheit fragte ich ihn, was ihn bewogen habe, Feuer anzustecken, da er doch keine Absicht zum Stehlen dabei hatte und in dem Hirtenhaus auch nichts zu stehlen gewesen sei. Er antwortete: Er habe nicht gestohlen, es sollte aber gestohlen werden, er wisse zwei Personen, allein er sage nichts.

Sonnabend, den 24. Januar, früh neun Uhr kam der Geistliche und machte ihm die Pflichten bekannt, welche vor dem Abendmahl nötig wären. Hier zeigte er Geistesanwesenheit, denn bald kniete er nieder, halb sprach er etwas anderes, was nicht zu der Handlung passend war, dann fing er an zu weinen, bis ihn der Geistliche verlassen mußte. Gleich darauf war er wieder so lustig wie zuvor, sang und sprang den ganzen Tag über. Abends war er wieder ängstlich, trank aber auf Zureden zwei Gläser Wein, und Sonntag den 25. Januar früh trank er den letzten.

Als in der Mittagsstunde der Assessor mit noch zwei Herren erschien, zeigte er wieder Geistesanwesenheit. An eine Vorbereitung zum Abendmahl oder an einen Vers zur Beichte war nicht zu denken.

Aus meinem Gesangbuch hat er sogar ein Blatt von vier Liedern herausgerissen und gegessen, von Nummer 444 bis 447. Keine Ermahnung fruchtete mehr. Um halb vier Uhr kam der Geistliche, und machte ihn aufmerksam auf die Pflichten beim Heiligen Abendmahl. Auch da stellte er sich, als wäre ihm alles nur ein Traum, und antwortete immer mit Reden, welche gar nicht zu der Handlung stimmten. Als ihn der Geistliche nochmals ermahnte, alles zu bekennen, was er etwa noch auf seinem Gewissen habe, fragte er mit Lachen, wer das schöne Paradies gewonnen habe (unter dem Paradies meinte er seine Frau, die er immer den Paradiesvogel nannte), welches er gehabt hatte?

Man habe ihn damit verbannen wollen, aber er bliebe bei Gott und stellte sich so, als ob er von dem Geistlichen nichts wissen wollte. Kaum war der Geistliche zur Tür hinaus, fing er an zu singen: *Trauter lieber Bruder, ich weiß ein Vogelnest* und lärmte so, daß man ihm zureden mußte, etwas ruhig zu sein. Als ihm aber abends die Schuhe zur Anprobe gebracht wurden, da ließ er den Mut sinken, und sprach im Zorn: »Ich werde nicht eher sterben, als es Gott will, denn er war schon bei mir!« Gegen elf Uhr abends fing er wieder an mit Pfeifen, Singen und Lärmen, daß ich ihm mehrmals zurufen mußte, ruhig zu sein.

Kurz, alles was er tat, war Bosheit, und wenn er sah, daß wir böse waren, lachte er herzlich. Ich ermahnte ihn, einige Verse zu lernen, zu seiner Beichte, da sprach er: »Ich kann Lieder genug auswendig!« und betete das Lied: *Auf Gott und nicht auf meinen Rat.* Als ich ihm zur Antwort gab, das wäre ein schönes Lied, allein auf seinen Zustand sei es nicht passend, so antwortete er mit hellem Lachen, er könne dergleichen Lieder mehr, und fing an zu singen: »Hänschen und Christinchen gingen beide hinter den Bach.« Auf mein Zurufen: »Das sind deine Bußlieder?« fing er an die ganze Nacht hindurch zu lärmen.

Am Morgen des 26. Januars nahm er nichts an, weder Essen noch Trinken. An ein Gebet war nicht zu denken, noch weniger ihn dazu zu bewegen. Als er Schuhe und Strümpfe anziehen sollte, stellte er sich ganz wahnsinnig. In dieser Stube waren eben zwei Scharfrichter zugegen. Als nun um neun Uhr der Geistliche kam und ihn nochmals zu der Heiligen Handlung vorbereiten wollte, gab er keine Antwort und fing an zu weinen bis in die erste Verhörstube, wo er das Abendmahl genoß.

Der Geistliche hielt zuvor eine schöne Rede, welche ganz zu dem Zweck passend war. Sodann las er die Beichte vor, erteilte ihm die Absolution und das Abendmahl, wobei Weißmantel nichts redete, als die Worte: »Ach Gott! Du willst nicht, daß ich sterben soll, den Kopf gebe ich nicht her.«

Nach dem Abendmahl antwortete er niemandem, man konnte ihn fragen, was man wollte, aß und trank nichts, kurz, alle Bemühungen waren vergebens. Es schien ihm alles noch kein Ernst zu sein, daß er sterben sollte. Nachmittag kamen ein Assessor und ein Arzt, wo er durch vieles Zureden wieder ein Glas Wein trank, nachdem ihn die Herren erst gekostet hatten. Dabei redete er aber kein Wort, und blieb so verstellt, bis abends sechs Uhr, wo ihn der Herr Kriminalrat noch einmal sprach, und ihm sagte, daß sein Bruder der Sträfling, ihn noch einmal sprechen wolle, welches der Delinquent annahm.

Der Sträfling sagte zu seinem Bruder: »Ich höre, daß Morgen dein Sterbetag erscheint. Bereite dich fein dazu vor, denn hier ist nichts, und ewig in Ketten und Banden zu sein, wünsche ich dir nicht. Ob du mir gleich zu viel getan hast, so will ich dir dennoch verzeihen.« Der Delinquent entgegnete: »Ja, Bruder, ich weiß, in einer Art habe ich dir zu viel getan!« Bekannte es aber nicht, worin, legte ihm die Hand auf seine Stirn, und sagte: »Bruder! Was ich da habe, das hast du nicht, Gott will es noch nicht zulassen, daß ich sterben soll. Es wird ein großes Unglück kommen durch mich. Sie werden es sehen.« Das sprach er ebenfalls zu dem Herrn Kriminalrat, welcher ihm aber antwortete: Er solle diese Sachen lassen, und sich mit Gott bekannt machen, zu dem morgenden Tag, und verließ den Delinquenten.

Sodann ging der Sträfling von dem Delinquenten mit einem Kuß, und beide ohne eine Träne vergossen zu haben. Nachdem er wieder allein war, fing er an mit singen, tanzte an seiner Kette herum, und sprach mit uns Wächtern. Er trank auch wieder Wein, erzählte uns dabei, daß er noch manchen kleinen Diebstahl begangen hatte, der nicht in den Akten stünde, aber dennoch geschehe ihm zu viel. Wenn er sterben solle, müsse die Welt untergehen.

Indessen war es neun Uhr, wo ein Assessor noch einmal kam, und ihn fragte: ob er noch einen Wunsch, oder ob er noch zu etwas Appetit habe? Der Delinquent sagte: nein, und blieb ohne Essen, nahm auch nichts von uns an, was er vorher getan hatte und legte sich schlafen bis früh zwei Uhr. Da erwachte er, und redete mit uns. Von da schlief er wieder bis gegen vier Uhr. Als ich ihn aber anredete, sprach er kein Wort mehr. Den Kaffee ließ er sich einfüllen wie ein Kind, den Zucker nahm er in den Mund und wusch das Gesicht damit. Drei Gläser Wein ließ er sich ebenfalls einfüllen, ohne ein Wort zu sprechen.

Gegen sechs Uhr sollte er sich anziehen. Da schüttelte er sich, dieses zu tun, aber durch ernstes Zureden, von mehreren Dienern und Boten, welche zugegen waren, zog er sich selbst an. Ich selbst bot ihm von meinem Frühstück an, erhielt aber keine Antwort. Um acht Uhr kam der Geistliche, betete mit ihm bis neun Uhr, aber er antwortete ihm kein Wort, auch wir Wächter nahmen Abschied von ihm mit dem Vers:

Gottes Stimme ruft zum Scheiden,
Armer Sünder, wandre fort;
Dort erwart' man dich mit Freuden,
In dem schönen Himmelsport.
Da bist du frei von allem Bande,
Und gewinnst ein schönes Loos;

Denn in jenem bessern Lande
Trägt man dich in Abrahams Schoß.

Auch wir erhielten weder die Hand noch Antwort von ihm, er blieb stumm. Um neun Uhr wurde er ausgeführt, auf einen Rollwagen neben den Geistlichen gesetzt, und vorne zwei Kriminalboten. Die Pferde wurden von Knechten geführt. Vor dem Zug ritt das Husarencorps, 400 Mann Infanterie dienten der Bedeckung. Bauern waren dazu nicht kommandiert. Auf der Hälfte des Weges wurde ihm ein Glas Wein gereicht. Dieses reichte er dem Geistlichen, welcher ihn auch kostete. Alsdann reichte er uns Wächtern das Glas, aber ehe ich trank rief ich ihm zu, daß er uns die Hand reichen und auch reden sollte. Er reichte uns die Hand und mehreren, die nahe standen.

Beim Fortfahren war seine erste Rede: Wohin wird mich mein Gott noch leiten usw. Als der Zug dem Halsgericht näher kam, welches zum ersten Mal von Weimar aus rechts auf dem Acker gebaut war, etwa noch 600 Schritte von dem Gericht, und 50 Schritte von der Chaussee ab, weigerte sich der Delinquent, abzusteigen, und rief aus: »Ich bin Gott, ich kann nicht sterben.«

Als er aber sah, daß er ergriffen und getragen werden sollte, so bequemte er sich endlich abzusteigen. Vor dem Halsgericht rief er noch: »Ich bin unschuldig! Es soll kein Tod mehr sein, und soll auch kein Kind mehr gezeugt werden, ich bin Gott, die Welt soll untergehen.« Als ihm der Geistliche zurief, er solle die Gedanken aus seinem Herzen räumen, und sich mit Gott bekannt machen, wurde er von dem Herrn Kriminalrat vor das Blutgericht gerufen, und als derselbe ihm die Fragen vorlas, ob er in dem Hirtenhaus Feuer angelegt, auch die Materialien dazu in den Topf getan, daß dadurch Feuer entstanden sei, antwortete er auf fünf Fragen mit einer lauten Stimme: »Nein!«

Bloß die Frage, daß Feuer entstanden sei, beantwortete er mit »Ja.« Allein bei dieser Antwort, die er mit nein bekannte, wurden die Schöffen gefragt, ob sie gehört hätten, wie der Delinquent das beim Verhör eingestand. Diese beantworteten jede Frage mit Ja. Hierauf wurde von dem Aktuar das Urteil verlesen. Indem nunmehr der Stab gebrochen wurde, wedelte er mit der Hand über dem Kopf, und rief laut: »Gott will nicht, daß ich sterben soll!« Aber er wurde dem Nachrichter übergeben. Jetzt betete er noch das Vaterunser.

Als er nun bis in die Straße geführt wurde, und die etwa 600 Schritte bis an das Gericht zu Fuß gehen sollte, rief er mit lauter Stimme: »Ich will gefahren sein!«, was denn auch geschah. Als nun der Wagen vor dem Gericht still hielt, und der Delinquent absteigen sollte, rief er mit heller Stimme: »Fahret fort, immer fort gefahren, ich kann nicht sterben. Gott will es nicht!« Aber durch Zureden ließ er sich bewegen, stieg ab und ging zum Richtstuhl, wo er aber an keine Rede dachte, sondern bloß noch einmal ausrief: »Ich bin unschuldig!« Indessen ging es so geschwind, daß binnen weniger Sekunden der Kopf herunter war.

Nachdem die Exekution geschehen war, wurde der Körper sogleich abgegeben und nach Jena *(in die Anatomie)* gebracht.

Der Vater und die Schwester mit seinem Kind, waren den Tag in Weimar, aber den Delinquenten hatten sie nicht gesprochen. Sein Charakter war sehr roh, und von Jugend auf fehlte es an der Erziehung, was sich auch in seiner Geschichtserzählung ergibt. Er erzählte uns, daß er mit dem Vater Diebstähle begangen habe, und auch, wenn er bisweilen einen Diebstahl allein begangen habe, ihm, dem Vater die Hälfte davon gegeben habe. Seine Frau, welche er freisprach, wurde befreit und am 31. Januar nach Riethnordhausen gefahren.

Hierauf wurde am 20. April desselben Jahres das Hochgericht auf höchsten Befehl wieder abgerissen, daß bloß eine Brustwehrhöhe, mit Erde beschüttet, noch zu sehen ist. Der Platz hat jetzt ein besseres Ansehen erhalten.

Der Fallknecht Karl Wilhelm Oertel (1830–1833)

Im Fürstentum Reuß-Greiz, unweit des romantisch über der Saale thronenden Schlosses Burgk, liegt das Dörfchen Möschlitz, meist von Webern bewohnt. Abseits von den freundlichen Häusern dieses freundlichen Völkchens stehen schon seit alters her die Gebäude einer Fallmeisterei, welche in der Zeit von 1790 bis 1820 Johann Friedrich Oertel besaß. Trotz aller Aufklärung über seine Unentbehrlichkeit ist dieses Gewerbe bis auf unsere Tage ein verachtetes geblieben und wird es bleiben, solange Sitte und Gefühl das menschliche Urteil regieren.

Die Abscheu vor dem Scharfrichter und Schinder wurzelt so tief im Volk und äußert sich oft so grell, daß es erklärlich wird, wenn diejenigen, welche diese Hantierung betreiben und deshalb von ihren Mitbürgern gemieden werden, auch ihrerseits mit der Menschheit grollen und roh werden wie ihr anrüchiger Beruf. So geschah es auch mit Johann Friedrich Oertel.

In den ersten Jahren nach Übernahme der Fallmeisterei verwaltete er sein Geschäft sehr ordentlich. Später wurde er nachlässig, ergab sich dem Trunk und kam oft viele Tage lang nicht nach Hause, so daß die Wirtschaft trotz aller Aufopferung seiner tüchtigen Ehefrau, Johanna Katharina Fischer aus Schleiz, immer mehr zurückging. Die letztere hatte ihm am 28. Mai 1803 einen Sohn, den oben genannten Karl Wilhelm, und später noch einen zweiten, Namens Friedrich August, geboren.

An beiden hing ihr Mutterherz mit der größten Liebe. Gegen den harten Sinn ihres Mannes, der durch die wachsende Not immer unmutiger und zorniger gestimmt wurde, vermochten aber ihre Bitten und Tränen nichts auszurichten, und so kam es, daß beide Söhne schon im kindlichen Lebensalter (Karl Wilhelm stand erst im zehnten Jahr) den Arbeiten des Fallwesens trotz alles Widerwillens sich mit unterziehen und darüber sehr häufig den Schulbesuch versäumen mußten.

Ja, das Gemüt des Vaters war so verwildert, daß er die beiden Knaben zwang, Leichname von Selbstmördern mit wegzuschaffen und ihnen, weil sie sich davor ekelten und kläglich zu weinen anfingen, Branntwein aufzwang, um ihnen Courage zu machen. Kein Wunder, daß Karl Wilhelm Oertel, der nach der Flucht seines jüngeren Bruders den Knechtsdienst allein versehen mußte, bei einer solchen Erziehung, obschon er äußerlich zu einem kräftigen, wohlgestalteten Jüngling heranwuchs, in seiner inneren Ausbildung doch sehr zurückblieb und nur die notdürftigsten Kenntnisse vom Christentum erlangte.

Noch vor seinem dreizehnten Lebensjahr wurde er im evangelisch-lutherischen Glaubensbekenntnis konfirmiert. Kurz darauf fing er an, sich dem Trunk zu ergeben. Er machte die Entdeckung, daß der Branntwein ihn nicht bloß erwärmte, sondern ihm auch dazu verhalf, sein verachtetes Gewerbe und die häuslichen Verhältnisse zu vergessen. Gar gern hätte er die Abdeckerei aufgegeben und wäre seiner Neigung zum Forstwesen gefolgt, zumal ihn ein benachbarter Förster in die Lehre nehmen wollte, allein sein Vater ließ ihn nicht los. Er mußte nach der Konfirmation im väterlichen Haus bleiben und dort bis zum Tod des Vaters, der im Jahre 1830 erfolgte, mit ihm zusammen arbeiten.

Der junge Oertel war von Natur weder gefühllos noch boshaft, eher weichherzig und gutmütig, aber die unvernünftige Strenge seines Vaters, welche ihm den gewünschten Lebensberuf versperrte und statt dessen an ein verhaßtes Geschäft fesselte, hatte schon frühzeitig einen verderblichen Keim in seine Seele gepflanzt, der bald eine weitere Nahrung erhielt. Seine Eltern widersetzten sich nämlich beharrlich der Verheiratung mit seiner Geliebten, Friederike Wolfram aus Frössen, weil sie ein armes Mädchen war. Trotz aller Vorstellungen seiner Eltern ließ Oertel doch nicht von der Geliebten, sondern unterstützte sie fortwährend nach Kräften, aber der Gram, das Mädchen, das er wirklich liebte und mit dem er ein glücklicher, ordentlicher Mensch zu werden hoffte, nicht heiraten zu können, verleitete ihn mehr und mehr zum Branntweintrinken, und da sein Verdienst hierzu und der Wolfram unzureichend wurde, so fing er in seiner grollenden, desperaten Stimmung an, sich an fremdem Eigentum zu vergreifen.

Im Jahre 1825 entwendete er eine Taschenuhr und erlitt dafür eine Strafe von zehn Hieben. Im Jahre 1826 kam er beim Fürstlichen Justizamt Schleiz wegen mehrerer Diebstähle und Betrügereien in Untersuchung und wurde zu dreijähriger Zuchthausstrafe verurteilt, betrug sich jedoch im Zuchthaus zu Gera so gut, daß ihm der Landesfürst das letzte Strafjahr erließ. So erlangte er im Mai 1828 seine Freiheit wieder, aber seine Besserung war keine gründliche, denn bald darauf wurde er in Schleiz wegen Diebstahls wieder mit zehn Hieben, ferner in Leipzig wegen betrügerischen Erborgens von Geld und wegen Unzucht mit sechs Wochen Arbeitshaus bestraft. Später geriet er in Pausa wegen Verdachts eines Pferdediebstahls erneut in Untersuchung.

Er arbeitete nun noch eine Zeitlang in mehreren Scharfrichtereien, bis er am 17. Oktober 1830 vom Scharfrichter Mai in Schleiz des Dienstes entlassen wurde. Von diesem Tag an trieb er sich unstet in der Heimat umher, ergab sich dem Trunk noch mehr und machte sich wiederum verschiedener Vergehen schuldig. Er borgte schon in Schleiz auf Mais Namen Geld, entwendete und verkaufte einen Sack mit Weizen, brachte durch Betrug eine Doppelflinte an sich und versetzte dieselbe, erpreßte von den Bauern, deren Hunde ohne Beißkörbe herumliefen, Anzeigegebühren und vertrank alles Geld mit Branntwein.

Welche Wirkung der Genuß des Branntweins auf Oertel ausübte, hat er später selbst geschildert.

»Hatte ich«, sagte er, »einmal Branntwein getrunken, dann wußte ich selbst nicht, wie mir wurde. Es war, als wenn ich das Fieber bekäme. Dann wurde mir nichts zu stark, nichts zu fest, und jede Furcht verlor sich. Ich habe in solchen Zuständen Arbeiten verrichtet, worüber andere Menschen erstaunt sind, und dennoch wurde mir selbst solche Arbeit zum Spiel. Ebendeswegen trank ich, wenn ich schwere Arbeiten hatte, vorher oft Schnaps, um mich zu kräftigen. Zuweilen konnte ich eine Kanne Branntwein vertragen, zuweilen wurde ich aber schon von einem halben Nössel *(0,2 l)* berauscht.«

Am 2. November 1830, nachmittags zwischen zwei und drei Uhr, wurde im fürstlich reuß-greizischen Dorf Märien die hochschwangere Maria Rosine, verehelichte Wetzel, im Flur ihres Hauses von ihren Nachbarsleuten leblos liegend gefunden. Sie lag über und über mit Blut befleckt auf dem Rücken, mit den Beinen nach der Tür der Wohnstube zu und den linken Arm aufwärts dem Kopf zu ausgereckt, so als sei am Arm der Leichnam fortgeschleift worden. Am Kopf sowie am Hals waren bedeutende Schlag- und Schnittwunden ersichtlich, namentlich zeigte sich die Kehle durchschnitten.

In der Stube auf der Ofenbank lagen ein Beil und ein Meißel, beide blutig, und in einem Wandschrank fand sich ebenfalls ein blutiges Tischmesser. Der alsbald zur Stelle gekommene Arzt überzeugte sich, daß der Tod bereits eingetreten sei. Kurze Zeit später erschien auch das Personal des Stadtvogteigerichts Zeulenroda unter Hinzuziehung der erforderlichen Sachverständigen, welche vor allen Dingen, um wenigstens die Leibesfrucht der Wetzel zu retten, den Kaiserschnitt ausführten. Das ausgetragene lebensfähige Kind wurde jedoch tot vorgefunden, und die angestellten Belebungsversuche blieben fruchtlos.

Die hierauf vorgenommene Besichtigung und Sektion der Leiche ergab nicht nur mehrere bedeutende Verletzungen des Kopfes, durch welche das Stirn- und Schläfenbein zertrümmert wurde, sondern bestätigte auch, daß am Hals der Kehlkopf ganz durch- und abgeschnitten, ferner der Schlund zu zwei Dritteln und außerdem noch verschiedene Muskeln und Adern zerschnitten waren. Das gerichtsärztliche Gutachten lautete dahin, daß die vorgefundenen Kopf- und Halswunden, und zwar jede für sich allein, absolut tödlich und als die physisch wirkende Ursache des erfolgten Todes anzusehen seien.

Als am 4. November 1830 die Ehefrau des Schenkwirts Johann Kahlert, Marie Rosine Werner, zu Börthen bei Neustadt an der Orla, von einem Gang in die Stadt mittags zwölf Uhr heimkehrte, fand sie in der Wohnstube ihre zwölfjährige Tochter, Christiane Wilhelmine, in einem Strom Bluts am Boden hingestreckt. Der Körper zeigte mehrere äußere Verletzungen, namentlich eine Schnittwunde am Hals. Auch im Haus bemerkte sie mehrere Blutspuren. Im oberen Stockwerk waren außerdem etliche Schränke und Laden geöffnet, die darin aufbewahrten Kleidungs- und Wäschestücke herausgerissen und zum Teil mit Blut besudelt. Vermißt wurden jedoch nur zwei Tücher, sechs bis acht Groschen Kupfergeld aus einer Sparbüchse im Gewölbe, ein Taler zwölf Groschen bis zwei Taler aus einem Schrank, ein Viergroschenstück aus einer Rocktasche und etwas Branntwein.

Bei der unter der Leitung des Kriminalgerichts Weida vorgenommenen Obduktion und Sektion des Leichnams fanden sich nicht allein bedeutende Kontusionen *(Quetschungen)* am Kopf, welche ein großes Extravasat *(Erguß von Blut in eine innere Höhle)* auf dem Epikranium

(Schädelhaube) und daneben eine Blutanfüllung der Gefäße der harten Hirnhaut und der Windungen des Gehirns erzeugt hatten, sondern auch eine tiefe Schnittwunde am Hals, welche den Kehlkopf und die Speiseröhre sowie die anliegenden Muskeln und Venen völlig trennte. Auf Grund dieses Befundes gaben die Physikatspersonen folgendes Gutachten ab: Da ein Bruch der Knochen der Calva nicht entstand, sind die erwähnten Kontusionen nicht für unheilbar und tödlich zu erachten. Dagegen seien die Verletzungen der Halsorgane von solcher Beschaffenheit, daß dadurch der Tod der Kahlertschen Tochter einzig und allein herbeigeführt worden sei und schnell habe herbeigeführt werden müssen.

Diese beiden Tötungen, man kann sagen diese Abschlachtungen wehrloser Frauenzimmer, hatte der mit Schindermesser und Beil vertraute Karl Wilhelm Oertel verübt, wie seine nachmaligen, mit allen erheblichen Zeugenaussagen und sonstigen Ermittlungen übereinstimmenden Geständnisse das Nähere dartun. Danach kam er am 2. November gegen Mittag in die sogenannte Steinschenke unweit des Dorfes Märien und genoß dort drei Gläser Branntwein, für zusammen 18 Pfennig. Er bezahlte jedoch die Zeche nicht, lieh vom Wirt unter der Vorgabe, daß er ihm Kammfett *(Pferdefett)* mitbringen wolle, ein Fäßchen und begab sich damit in die Kittelschenke *(einfache, volksnahe Gastwirschaft)* zu Märjen, verzehrte etwas Essen und zwei Flaschen Bier, bezahlte aber auch hier nicht, sondern ließ dem Wirt das angeblich mit Kammfett gefüllte Fäßchen zurück.

Er wartete nun im Freien auf die Rückkehr des Pferdehändlers Metzner, von dem er zu dem Geld, was er noch besaß, einige Groschen dazuborgen wollte, um dann in Zeulenroda seine reparierten Stiefel abholen und sein Glück weiter in der Welt versuchen zu können. Er befand sich in der Nähe des wetzelschen Hauses, dessen Besitzer er von früher oberflächlich kannte, und entschloß sich plötzlich, in dasselbe einzutreten.

Über seine Absicht beim Eintreten variiert Oertel zuerst zwischen Borgen und Stehlen, und behauptet schließlich, er wisse selbst nicht, warum er hineingegangen sei. Er habe, wenn er auch nicht betrunken war, doch etwas im Kopf gehabt. Das aber hat er bestimmt zugestanden, daß er, nachdem er niemanden im Haus wahrgenommen hatte, den Entschluß faßte, sich nach Geld umzusehen. Er durchsuchte zu diesem Zweck im Erdgeschoß mehrere Behältnisse, stieg dann auf den Boden des Hauses und war eben beschäftigt, eine dort stehende Lade mit einem herbeigeholten Beil zu erbrechen, als er die Haustür knarren hörte. Da trat er den Rückweg an, das Beil unabsichtlich, er meint aus Angst, in der Hand haltend, ist aber noch nicht an das Ende der Treppe gelangt, als ihm die Wetzelsche Ehefrau heftig scheltend aus der Stube entgegenkommt und ihn einen Spitzbuben nennt.

Er sucht sie zu beruhigen und stellt ihr vor, daß sie ihn ja kenne und wisse, wer er sei. Sie aber macht Miene, zum Fenster hinaus nach Hilfe zu rufen. Oertel zieht die zur unglücklichen Stunde heimgekehrte Frau zurück und schlägt sie mit dem Rücken des Beils vorn auf den Kopf. Sie stürzt lautlos zur Erde. Er gibt ihr mit dem Beil einen zweiten Schlag auf den Vorderkopf, kehrt dann auf den Boden zurück, um die Lade vollends zu öffnen, kommt jedoch damit nicht zu Stande und wird von großer Angst fortgetrieben.

Die Treppe wieder herabsteigend, hört er die Wetzel stark röcheln. Er denkt, du willst sie sich nicht lange quälen lassen, sie wird nun doch nicht wieder und schneidet ihr mit einem auf der Stubenbank liegenden Messer die Kehle durch. Dann schleift er sie, damit sie nicht durch die niedrigen Fenster bemerkt werde, am Arm hinaus in den Hausehren *(Flur)*. Hierauf entfernte er sich, nachdem er ein rotes Halstuch zu sich steckte, aus dem Haus.

Auf die Frage des Gerichts, warum er die Wetzel mit dem Beil schlug, antwortete er: »Weil ich nicht verraten werden wollte. Ich wollte ihr den Mund stopfen.« Und auf den Vorhalt, daß er demnach die Absicht gehabt zu haben scheine, sie durch die Schläge zu töten, gestand er geradezu: »Die habe ich gehabt, das leugne ich nicht, und bloß weil sie nicht ganz dadurch getötet worden war, schnitt ich ihr dann die Kehle ab, um ihre Leiden zu enden.«

Daß die Getötete schwanger war, will er erst bemerkt haben, als er sie in den Hausflur schleppte.

Vom Haus der Wetzel aus ging Oertel nach Thierbach, wo er sich die Nacht über in einer Scheune versteckt hielt. Früh beim Erwachen hörte er, wie die Hausfrau ihren in der Scheune dreschenden Kindern erzählte, daß der Schinderknecht, der früher in Mühltroff diente, in

Märjen eine schwangere Frau ermordet habe und gesucht werde. Diese Nachricht regte ihn fürchterlich auf. Er verließ, sobald die Drescher zum Frühstück weggingen, sein Versteck mit dem Entschluß, sich zu ersäufen, lief durch die Gärten bis an einen Teich, setzte zum Hineinspringen an und – ging seines Weges weiter, weil, wie er sich ausdrückte, es ihn nicht ließ und es ihm war, als wenn ihn jemand mit Gewalt zurückhalte.

Er schlug die Richtung nach Neustadt ein, um von da nach Roda und Jena zu gehen, gelangte am Abend des 3. November bis zum Dorf Börthen, an der Straße von Neustadt nach Roda, und fand dort, ein Nachtlager suchend, einen Mooshaufen hinter einer Scheune, in welchen er sich einscharrte. Die Nacht war schaurig und kalt. Vom Frost erstarrt wollte sich Oertel am anderen Morgen seine Schnapsflasche füllen lassen und dann weiter ziehen. Er wurde in das Kahlertsche Haus gewiesen und fand dort Mutter und Tochter in der Stube an. Die Wärme behagte ihm so sehr, daß er sitzen blieb und zwei kleine Gläser Branntwein nebst etwas Brot genoß. Die Zeche bezahlte er an die Mutter. Diese ging kurz darauf nach Neustadt. Ihre Tochter blieb mit Oertel allein.

Er ließ sich von der jungen Kahlert noch drei Gläser Schnaps und zwei Gläser Bier einschenken und bat dieselbe, als er um halb neun Uhr fortgehen wollte, sie möge ihm bis zur Rückkehr kreditieren. Er wolle in Neustadt Flechsen verkaufen und dann bezahlen. Das Mädchen schlug ihm die Bitte jedoch ab, weil sie schon einmal wegen Borgens von ihren Eltern Schläge bekommen hatte, und überdies noch Geld in seiner Tasche klappern hörte. Gleichzeitig nahm sie seine Mütze als Pfand an sich. Oertel zog nun sein weniges Geld samt dem in derselben Tasche befindlichen Taschenmesser hervor und hielt es ihr hin, damit sie sich von der Unzulänglichkeit seiner Barschaft überzeugen sollte. Sie beharrte jedoch dabei, daß er noch mehr Geld habe, und hielt die Mütze mit beiden Händen fest.

Hierdurch in Wut versetzt, schlägt sie Oertel sofort mit der Faust, worin er sein Messer und Geld hielt, gegen das linke Schläfenbein, so daß sie ohne Laut zu Boden stürzt. Er versetzt ihr noch einige Schläge auf den Kopf, infolge deren das Blut aus Mund und Nase quillt, und schneidet ihr zuletzt mit dem Taschenmesser den Hals ab. Gleich nach der Tat verschließt er furchtsam die Haustür, trinkt noch einige Gläschen Schnaps, nimmt aus einem Schränkchen sechs bis acht Groschen Geld an sich und sucht dann nach Kleidungsstücken, um seine Flucht zu sichern.

Auf dem Boden findet er in einem offenen Schrank mehrere männliche Kleidungsstücke, nimmt sie an sich, wirft sie jedoch bald wieder weg, weil er denkt: »Du willst sie nicht mitnehmen, mag es gehen, wie Gott will.« Und behält schließlich nur zwei Halstücher, mit denen er sich durch die Hintertür auf den Weg nach Roda entfernt.

In Roda bleibt er nur für kurze Zeit, übernachtet an der Straße nach Jena in einem Gebüsch und trifft am anderen Morgen, nachdem er seine Tabakspfeife für fünf Groschen und sechs Pfennige an einen Bauern verkaufte, in Jena fast gleichzeitig mit den ihn verfolgenden Steckbriefen ein. Er wendet sich zunächst in eine Branntweinschenke am Markt, kommt dann auf den Gedanken, bei einem englischen Bereiter, der eben in Jena anwesend ist, Dienste zu suchen, schreibt sich, weil man ihn nach seiner Legitimation fragt, im Gasthof zwei Attestate *(Bescheinigungen)*, wird jedoch am Abend von der Polizeibehörde erkannt und zu Arrest gebracht.

Im Bezug auf seine Verhaftung erzählt er: »Nachmittags gegen vier Uhr kam ein Polizeidiener in den Gasthof und fragte mich, wer ich sei. Ich sagte, ich sei aus Neustadt, sei mit meinem Herrn nach Jena gereist und vorausgegangen. Der Mann entschuldigte sich und ging seiner Wege. Auch der Hausknecht sagte mir, ich sei verkannt worden. Ich fühlte wohl, daß ich nicht verkannt worden war, aber es war mein fester Vorsatz, nicht weiter zu flüchten, es möge auch gehen, wie es wolle. Da kam gegen sieben Uhr der Polizeidiener mit einem anderen Mann wieder und befahl mir, ihm zu folgen. Ich dachte: Nun erhältst du deinen Herrn auf immer! Ging ruhig mit, ließ mich einkerkern und bekannte gleich im ersten Verhör, was ich in Börthen getan hatte. Ich konnte in Jena dem Tod, der mir bevorstand, recht gut entgehen, denn ich wußte ja, warum man mich suchte.«

Am 8. November 1830 wurde Oertel an das zu Neustadt anwesende Kriminalgericht von Weida abgeliefert. Er wiederholte nicht allein sein Geständnis hinsichtlich des Verbrechens in Börtehn, sondern räumte auch die Tötung der verehelichten Wetzel in Märien ein. Oertel wurde am folgenden Tag unter militärischer Bedeckung, weil das zahlreich versammelte Volk ihn zu mißhandeln begann, nach Börthen abgeführt. Dort erkannte er die Kahlertsche Wohnstube als den Verbrechensort und den Leichnam der Kahlertschen Tochter, welcher zuvor mit den am 4. November getragenen Kleidungsstücken bekleidet war, für das von ihm getötete Mädchen an.

Er zeigte alle Orte im Haus, an welchen er nach der Tat war, den Weg, den er aus dem Haus genommen hatte, den Mooshaufen, in welchem er die Nacht vorher zugebracht hatte, und die Stelle auf der nach Roda führenden Straße, an welcher er das bei der Tat gebrauchte Taschenmesser weggeworfen haben wollte.

Ganz im Gegensatz zu der Rohheit seiner Taten, die er nun mit tiefster Rührung beweinte, offenbarte Oertel während seines Gefängnislebens einen Schatz weicher Empfindungen und sanfter Gefühle. So ergriff ihn beim ersten Verhör nach einer längeren Krankheit im Frühjahr 1831, als sich ihm von der Verhörstube auf der Osterburg bei Weida die Aussicht auf das anmutige, im Frühlingsschmuck prangende Weidatal darbot, dieser Anblick so innig, daß er mit Tränen in den Augen, unverwandt aus dem Fenster schauend, plötzlich ausrief: »Ach, wie schön ist es doch geworden!«

Auf die Bemerkung, daß Gott aus der Natur zu ihm spreche, daß dieselbe bei seiner Verhaftung erstorben, jetzt aber in ihrer ganzen Schönheit wieder ins Leben getreten sei, und daß auch der Mensch etwas Ähnliches zu erwarten habe, wenn er hienieden vom Tod abgerufen werde, murmelte er mit tiefer Zerknirschung: »So steht es in der Schrift geschrieben. Ich aber darf mir wohl keine Rechnung auf ein künftiges Leben machen, denn ich bin ein Verdammter, weil ich so böse Taten getan habe.«

Für die gute Behandlung während der Haft gab er fortwährend die größte Dankbarkeit kund, und als ihm das Gericht die Gesellschaft eines Sperlings und dann zweier Tauben gestattete, pflegte er diese Tierchen mit der größten Liebe. Er schrieb dem Umgang mit dem Sperling seine Wiedergenesung zu und war kaum zu trösten, als zwei von den Tierchen starben.

Seine Lebensbeschreibung verfaßte er eigenhändig. Um sie dem Gericht vorzulesen, brauchte er fast zwei Stunden, weil ihm heftiges Weinen oft die Stimme benahm. Zu einer ungestörten Gemütsruhe ließen ihn die Qualen seines Gewissens natürlich nicht gelangen. Seine aufgeregte Phantasie führte ihm die schrecklichsten Bilder vor Augen und peinigte ihn zur Nachtzeit mit grauenhaften Träumen. Bald erschien ihm sein verstorbener Vater und überhäufte ihn mit den gröbsten Schmähworten. Es entstand dann ein gräßlicher Zank, wobei der Sohn den Vater als den Urheber seines Unglücks verfluchte.

Bald traten die Gestalten der zwei Ermordeten mit den klaffenden, blutigen Halswunden, die Wetzel mit dem Gerippe ihres Kindleins auf dem Arm, an sein Lager, sangen und tanzten um ihn herum und legten sich dann eiskalt an seine Seite nieder. Ein anderes Mal träumte ihm der Hergang seiner künftigen Hinrichtung mit allen Einzelheiten. Wie er später dem Untersuchungsrichter versicherte, hat ihn jedoch dieser Traum durchaus nicht erschüttert, vielmehr hat er beim Erwachen ruhig nach seiner Dose gegriffen und eine Prise genommen.

Er sehnte sich überhaupt von Anfang an nach dem Tod, als nach dem verdienten Lohn für seine Taten, wünschte aber bei jeder Gelegenheit, daß seine Hinrichtung öffentlich geschehen möge. Fast bei jedem Verhör sprach Oertel den Glauben aus, daß seine Taten und sein Schicksal auf Vorherbestimmung beruhten. Alle Einwürfe gegen diese Anschauung blieben fruchtlos, und als sich auch der Geistliche ihn davon abzubringen bemühte, erklärte er: »Ich kann es mir doch nicht anders denken, als daß es Bestimmung war. Und das lasse ich mir auch von keinem Geistlichen ausreden, denn es ist mir nie der Gedanke eingefallen, so etwas Böses zu tun. So oft ich früher wieder auf freien Fuß kam, gelobte ich, nichts Böses wieder zu tun, aber immer geriet ich, obgleich ich oft und viel gebetet, von neuem wieder in das Malheur. Darum bleibe ich dabei, daß es meine Bestimmung war.«

Nur ein einziges Mal, als ihm das Gericht vorstellig machte, daß ihm Gott Verstand, Gewissen und Willensfreiheit gegeben habe, um das Böse vom Guten zu unterscheiden, das erstere zu meiden und das letztere zu wählen, daß er also nicht zum Bösen vorherbestimmt gewesen sein könne, daß überhaupt Gott keines Menschen Verdammnis wolle, erklärte er: »Ja, das ist wahr. Ich will lieber sagen, ich habe der Versuchung nicht widerstehen können.«

Diese Antwort entschleiert uns momentan sein Inneres und läßt erkennen, daß seine fatalistischen Begriffe wohl nichts weiter waren als eine Selbsttäuschung, um die Gewissensbisse über seine ruchlosen Taten, wenn sie zur unerträglichen Pein sich steigerten, zeitweise zu beschwichtigen und sich damit zu trösten, er habe nicht anders gekonnt.

Aus der ganzen Handlungsweise, dem geistigen und körperlichen Zustand Oertels glaubte dessen Verteidiger hinlänglichen Stoff schöpfen zu können, um eine sogenannte Mordmonomanie zu deduzieren, welche denselben zur Zeit der fraglichen Verbrechen, namentlich bei der Tötung der Kahlert, in momentane Willensunfreiheit versetzt habe. Dieser partielle Wahnsinn, so führte der Anwalt aus, entstehe nach übereinstimmender Ansicht mehrerer Schriftsteller besonders durch übermäßigen Genuß geistiger Getränke und äußere sich durch einen mehr oder minder heftigen Trieb zum Mord. Der davon Befallene zeige nicht immer bedeutende Störungen des Verstandes oder Gefühls, sondern werde durch einen blinden Instinkt, durch eine Idee, ein unerklärliches Etwas hingerissen, welches ihn zu töten antreibe, und selbst dann, wenn sein Gewissen ihn an das Abscheuliche der Tat, die er zu begehen im Begriff ist, erinnere, den Willen durch die Gewalt des Antriebs besiege.

Unter diesen Umständen wurde nach zwei Gutachten, die die These von der Mordmonomanie ablehnten, vom Medizinalkollegium zu Weimar ein Obergutachten eingefordert, welches aussagte, daß die Mordmonomanie ebenfalls nicht zutreffe.

Am 25. Mai 1832 fällte die Großherzogliche Landesregierung zu Weimar, als damals zuständige Spruchbehörde, das Urteil: *Karl Wilhelm Oertel ist wegen der geständigermaßen der elfjährigen Christiane Wilhelmine Kahlert in der Absicht, sie zu töten, beigebrachten tödlichen Verletzungen, wenn er auf seinem Bekenntnis vor öffentlich gehegtem Halsgericht nochmals freiwillig verharrt, oder dessen wie recht überführt wird, mit dem Schwert vom Leben zum Tod zu richten und zu strafen und es werden durch diese Strafe die übrigen von dem Inquisiten in den hiesigen Landen verübten geringen Vergehungen mit verbüßt.*

Als Oertel am 6. Juni 1832 das Todesurteil eröffnet und er wegen der gesetzlichen Notwendigkeit zu einer zweiten Verteidigung gezwungen wurde, jammerte er über den nochmaligen Aufschub, da er lieber heute als morgen stürbe, und bat um Gottes Willen, die Sache zu beschleunigen.

»Ich sterbe gern«, sagte er, »denn ich habe den Tod verdient und danke nur Gott, daß mein Leichnam nicht auf das Rad geflochten wird. Vor dieser Schärfung hatte ich von Anfang meiner Gefangenschaft an den größten Abscheu. Ich freue mich, daß meine Mutter, die Gott jüngst zu sich genommen hat, meine Hinrichtung nicht erlebt, und spreche noch die inständige Bitte aus, daß vorher kein Scharfrichter ins Gefängnis zu mir gelassen wird, denn es schaudert mich, wenn ich nur an solche Menschen denke, und es soll mich keiner angreifen, bis ich auf dem Richtstuhl sitze.« Als ihn sein Verteidiger darauf hinwies, daß er von einer auswärtigen Spruchbehörde vielleicht ein milderes Urteil als vom Oberappellationsgericht zu Jena erwarten könne, und dies bei Ausübung seines Wahlrechts beherzigen möge, erklärte er, der Tod sei ihm weit lieber als lebenslängliche Gefangenschaft, und die Akten möchten nach Jena gesandt werden.

Indes wäre beinahe das letzte Stündlein des so würdig zum Tode bereiteten Delinquenten hinausgeschoben worden, und zwar seltsamerweise aus Anlaß eines Jahrmarktes in dem vier Stunden entfernten Triptis. Kaum hatte nämlich der dortige wohlweise Magistrat in Erfahrung gebracht, daß Oertels Hinrichtung auf den 19. Februar festgesetzt sei, als er sich erschrocken die Verluste ausmalte, welche, abgesehen von den auswärtigen Verkäufern, namentlich die Handel und Wandel, Speise- und Schankwirtschaft treibende Bürgerschaft Triptis erleiden würde, wenn der auf jenen Tag fallende Jahrmarkt mit seinen sonst so voll gedrückten Budenreihen durch den voraussichtlich massenhaften Zulauf zur erwähnten Hinrichtung entvölkert werden sollte. Schleunigst wurden daher expresse Boten nach Weida und Weimar mit Vorstellungen und Bitten abgesandt, die getreue Stadt Triptis mit der drohenden Kalamität zu verschonen, allein die klägliche Petition wurde mit einem einfachen »Zu spät!« abgewiesen, und siehe da, die ehrbare Bürgerschaft hat den Schlag ohne Verarmung und Bankrotte überstanden.

Es war am Dienstag den 19. Februar 1833, um zehn Uhr vormittags, als Karl Wilhelm Oertel nach mit ihm abgehaltenem Hochnotpeinlichen Halsgericht und nachdem er sich mit dem innigsten Dank für alle ihm erzeigten Wohltaten beim Personal des Gerichts, dem Geistlichen und seinem Verteidiger verabschiedet hatte, das auf einer Hochebene bei Weida errichtete Schaffot bestieg. Oben angelangt zog er seine Pikesche, in der er die Mordtaten begangen und welche man ihn auf dringendes Bitten über das Armesünderkleid hatte ziehen lassen, mit den Worten aus: »Hier lege ich mein Sündenkleid ab!« Er entblößte sich selbst bis auf die Schultern, setzte sich auf den Richtstuhl und empfing, umgeben von einer zahllosen Menschenmenge, die zum Teil aus weiter Ferne herbeigekommen war, ruhig und gefaßt den Todesstreich.

Der Raub- und Kindermörder Bernhard Stempner (1858)

Es war an einem Freitag, den 13. August 1858. Mancher von unseren Lesern saß wohl damals in einem der dicht besetzten Eisenbahnzüge, welche von Osten und von Westen her die Hunderten von Festgenossen bis zu den Stationen Weimar oder Apolda führten, denn es begannen ja die unvergeßlichen Tage der Jubelfeier der Universität Jena.

Wer damals aus Norddeutschland, Preußen oder Sachsen herbeieilte, die Sorgen des Lebens hinter sich lassend, das Herz erfüllt und geschwollen von den immer lebendiger auftauchenden Erinnerungen aus der schönsten Jünglingszeit, ungeduldig erwartungsvoll die traute Talstadt in prangendem Festschmuck und liebe Jugendfreunde, von denen die auseinander laufenden Lebenspfade ihn trennten, wiederzusehen, der wünschte wohl die Schnelligkeit des dahinbrausenden Zuges verdoppeln zu können, der tauschte wohl mit seinen gleichgesinnten Reisegefährten beim Anblick des heiteren Kösen, der grauen Rudelsburg auf hohem Felsen über dem Saalestrom die Erzählungen von manchen lustigen Studentenfahrten aus, während der Dampfwagen in das engere, doch nicht minder freundliche, selbst mit Reben noch geschmückte Ilmtal einbog und, in den ersten Nachmittagsstunden, an dem anmutigen kleinen Badeort Sulza, mit seinem Schloß auf waldiger Höhe und seinen Gradierwerken, vorüber fuhr.

Obwohl der eine oder andere der freudig aufgeregten Reisenden, wenn er dann aus dem Wagen hinausschaute, einen Blick auf die liebliche Gegend zu werfen und die Beständigkeit des schönen sommerlichen Wetters zu prüfen, zufällig auch auf ein Dörfchen das Auge gerichtet hat, das, eine halbe Stunde oberhalb von Sulza, gleichfalls am Ufer der Ilm liegt?

Wer es getan, hatte sicher keine Ahnung davon, daß zu dieser Stunde, vielleicht in der gleichen Minute, das friedliche Dörfchen der Schauplatz einer schauderhaften, in ihrer Ausführung unerhörten Verbrechenstat war. Hunderte fahren heiteren Sinns den Freuden eines herrlichen, hochbedeutungsvollen Festes entgegen, und nebenan am Wege im hellen Sonnenschein, der die Landleute hinausruft, den Erntesegen von ihren Feldern unter das sichere Dach heimzuführen, vollzieht der Mörder an einem schuldlosen Kindeshaupt sein blutiges Werk!

Das Dörfchen heißt Darnstedt. Es zählt kaum mehr als zwanzig Häuser, und diese liegen am südlichen Ufer des Flusses zu beiden Seiten einer ziemlich breiten Dorfstraße. Die Felder der Flur laufen ebenso an der südlichen wie nördlichen Abdachung des Tales hinauf. Eine überdeckte hölzerne Brücke, die man in Thüringen hier und da findet, verbindet die Ufer miteinander. Die Eisenbahn, wie die Fahr- und Fußwege zwischen Apolda und Sulza, ziehen sich an der nördlichen Talwand hin.

Verläßt man diese und überschreitet man die Brücke, den Weg verfolgend, der nach Darnstedt hineingeht, so schließt sich zuerst an die Brücke zu rechter Hand eine mit Steinplatten und darauf geschütteter Erde bedeckte Mauer an, welche den Garten der Lißkerschen Besitzung vom Weg trennt und nur dreieinhalb Fuß hoch ist. Etwas weiter mündet der Weg in die mit dem Fluß ziemlich parallel laufende Dorfstraße ein. In dieser ist das erste Haus zur rechten das des Einwohners Lißker. Daran stößt das Gehöft des Einwohners Jährling.

Letzteres bedarf einer näheren Beschreibung. Es bildet ein Parallelogramm. An der einen schmalen Seite der Dorfstraße zu steht zuerst das Hoftor, daneben die Front des Wohngebäudes, alles in einer Flucht mit den Nachbarhäusern.

Auf der entgegengesetzten Seite ist das Besitztum durch die Ilm abgegrenzt. Elf Stufen führen aus dem Grasgarten bis zum Wasserspiegel hinunter. Der Fluß hat hier eine beträchtliche Tiefe. Die langen Seiten des Parallelogramms bilden Mauern und Zäune, nach den Lißkerschen und Volkschen benachbarten Höfen und Gärten zu. Eine Art von schmalem Fußpfad, nicht erlaubt und gefährlich, doch mitunter benutzt, führt auf dem steilen Rand des Ufers, um die Grenzzäune herum, an den Gärten hin bis zu der Brücke, zu welcher man über die niedrige Lißkersche Mauer leicht hinwegsteigen kann.

Das Jährlingsche Haus besitzt außer der Tordurchfahrt noch eine Haustür zur Dorfstraße zu. Durch sie gelangt man zuerst in den Hausflur. Rechts und links sind Stuben, rechts die Wohnstube mit zwei Fenstern nach Süden zur Straße und einem nach Norden auf den Hof zu. An das Wohngebäude sind zuerst, nach der Volkschen Besitzung zu, ein Kellerhaus, dann ein Stall und ein Schuppen angebaut. Quer davor verlaufend schließt eine Scheune den Hofraum ab, läßt jedoch zur Seite einen schmalen überbauten Durchgang zum Garten hin. Die Tür vor diesem Durchgang bleibt regelmäßig offen, so daß es möglich ist, von der Brücke aus über die Lißkersche Mauer hinweg am Fluß bis in den Jährlingschen Garten und, durch den verdeckten Gang, in den Hof zu gelangen.

Der Eigentümer des Gehöftes, Karl Friedrich Jährling, verfügt außerdem noch über Grundbesitz an Feldern und betreibt Landwirtschaft. Er ist verheiratet und war zu damaliger Zeit Vater von fünf Kindern. Mit den drei ältesten von ihnen begab er sich am 13. August nachmittags ein Uhr auf ein ihm gehöriges, jenseits der Ilm liegendes Feldgrundstück, um Getreide zu binden. Die Frau bereitete erst noch zu Hause Kaffee und trug diesen halb drei nachmittags auf das Feld nach.

Im Gehöft blieben nur drei Personen zurück: der vierundsechzigjährige, stockblinde und etwas schwerhörige Karl Friedrich Fleck aus Tultewitz, ein unbescholtener Mann, der sich seit langer Zeit bei den ihm nahe verwandten Jährlings in Pflege befindet und ihnen sein Vermögen abgetreten hat, ferner die beiden jüngsten Kinder Jährlings, ein Knabe namens Ernst, fünfeinhalb Jahre alt, geistig sehr befähigt und fast über sein zartes Alter entwickelt, auch körperlich wohlgebildet, der Liebling der Familie, und ein erst eineinhalb Jahre altes Kind, das in einem Wagen lag und von Ernst beaufsichtigt wurde. Der Kinderwagen stand während der Tat im Hof. Der alte Fleck saß in der Nähe auf einer Bank.

Um halb drei kehrte Karl Friedrich Jährling in sein Haus zurück, um den Wagen zum Einfahren des Getreides zu holen. Beim Anschirren ging der kleine Ernst seinem Vater an die Hand und trug ihm auch eine Reichgabel *(Rechen)* bis auf die Straße nach, als Jährling nach Verlauf von etwa einer Viertelstunde mit dem Wagen aus dem Tor fuhr. Der eine Torflügel blieb offen stehen, so daß man von der Straße aus einen Teil des Hofes übersehen konnte. Die Straße war jedoch öde. Fast alle Bewohner des Ortes befanden sich draußen auf ihren Feldern, um das günstige Erntewetter zu nutzen. Nur wenige Leute blieben in ihren Häusern zurück und waren dort mit anderen Arbeiten beschäftigt.

Der Einwohner Baier, der die Tagewache zu besorgen hatte, saß nicht sehr weit vom Haus der Familie Jährling entfernt. Er sah, wie Jährling kam und gegen dreiviertel drei wieder wegfuhr. Später ging niemand ein oder aus, bis Jährling selbst ungefähr nach zwei Stunden mit dem beladenen Erntewagen wieder anlangte. Die Haustür zur Straßenseite zu blieb am ganzen Nachmittag von innen verschlossen.

Als Jährling mit seinem leeren Geschirr noch nicht lange fort war – es konnte kaum drei Uhr vorüber sein – da hörte der blinde Fleck Schritte, welche von dem bedeckten Scheunengang her, über den gepflasterten Hof, gerade auf ihn zukamen. Seines Anrufes: »Wer ist denn da?« beachtete der Unbekannte nicht, sondern fragte den kleinen Ernst: »Ist denn dein Vater zu Hause?«

Der Knabe antwortete: »Nein, er fährt mit Robert (dem ältesten Sohn) ein.«

Der Unbekannte fuhr fort: »Ist denn deine Mutter da?«

Ernst erwiderte: »Die ist auch auf dem Feld.«

Darauf fragte der Unbekannte noch: »Wo ist denn der Hausschlüssel?«

Eine Antwort des kleinen Ernst vernahm Fleck nicht mehr. Es war ihm, als ginge der Fremde durch die innere Tür in das Haus. Darüber beunruhigt, stand Fleck von seiner Bank auf, rief nach Ernst, jedoch vergeblich, trat in den Flur und sagte: »Was ist das für eine Wirtschaft, in der Ernte so ohne weiteres in die Häuser zu gehen?«

Darauf vernahm er, daß die Schritte sich wieder über den Hof, nach dem verdeckten Gang wandten und dort verschwanden. Er verschloß die Haustür, ohne jedoch den Schlüssel abzuziehen. Dann rief er wiederholt nach Ernst, erhielt aber keine Antwort. Nun ging er zu seiner Bank und nahm das kleine Kind, das zu schreien begonnen hatte, aus dem Wagen auf den Arm.

So vergingen etwa zehn Minuten. Da wurden abermals Schritte hörbar, welche aus dem verdeckten Gang über den Hof gingen. Die Tür wurde aufgeschlossen, und es ging jemand erst in den Hausflur und dann in die Wohnstube.

Der Blinde erhob sich, ging dem Unbekannten bis an die nur angelehnte Tür der Wohnstube nach und rief hinein: »Was hat Er denn in der Stube zu machen? Jährling kommt zurück mit dem Wagen. Wer ihn sprechen will, mag draußen warten, bis er kommt!«

Abermals keine Antwort. Fleck klinkte die Tür ein, drehte den Schlüssel von außen herum, glaubte den Eindringling auf diese Weise sicher eingeschlossen zu haben und ging zur offenen Torfahrt, um zu horchen, ob Jährling noch nicht zurückkomme.

Nachdem er eine Zeit lang vergeblich harrte, ging er in den Hausflur zurück. Er untersuchte wieder die Wohnstubentür, fand aber, daß der Schlüssel nicht mehr daran steckte. Die Tür hatte nämlich – was der Blinde wahrscheinlich gar nicht wußte – ein kleines Schiebfensterchen, und wenn man dieses öffnet, ist es, wie angestellte Proben später ergaben, für jemanden, der lange Arme hat, durchaus möglich, von innen heraus bis an das Schloß zu greifen und den Schlüssel abzuziehen.

Jetzt blieb dem alten blinden Mann nichts weiter übrig, als sich in den Hof und an das Tor zurückzubegeben und zu warten, bis Jährling käme.

Von hohem Interesse für die ganze Entwicklung der Untersuchung ist, daß Fleck bei seiner ersten Vernehmung am 15. August über die Stimme des Unbekannten sagte: »An der Stimme erkannte ich, daß es eine Mannsperson war. Der Kerl sprach nicht laut. Es war so eine Mittelstimme und mir nicht bekannt.«

Ferner: »Ich habe gar keine Vermutung, wer der Kerl war.«

Dabei ist zu bemerken, daß Fleck schon in seiner Kindheit erblindete und, trotz seiner im höheren Alter eingetretenen Schwerhörigkeit, noch die Gabe dieser Blinden besitzt, an der Stimme ihm einigermaßen bekannte Personen sicher zu erkennen.

Gegen fünf Uhr nachmittags kam Jährling mit Frau und Kindern und mit dem beladenen Erntewagen heim. Sie machten sich alle alsbald an die Arbeit, das Getreide abzuladen und in der Scheune unterzubringen.

Auffällig und weder in der Voruntersuchung noch in der Hauptverhandlung aufgeklärt ist es, daß Fleck bei der Ankunft der Jährlingschen Familie nicht sogleich von dem seltsamen Erlebnis Mitteilung machte. War er vielleicht besorgt, man könnte ihn schelten, daß er nicht wirksamere Mittel ergriffen habe, den Eindringling abzuhalten? Hoffte er, der Unbekannte werde sich, wenn er auch wirklich etwas Böses im Sinne gehabt hätte, ohne es zu verüben, heimlich wieder entfernt haben? Oder ahnte er Schlimmes und hatte nicht den Mut, selbst die Entdeckung herbeizuführen? Diese Fragen blieben ungelöst.

Den mit der Arbeit beschäftigten Familienmitgliedern fiel die Abwesenheit des kleinen Ernst vorerst noch nicht auf.

Nachdem die Arbeit vollendet war, ging Jährlings elfjährige Tochter Emma in das Haus, um einmal zu trinken und nachzusehen, wie spät es war. Es war gerade dreiviertel fünf. Sie fand die Wohnstubentür eingeklinkt, aber unverschlossen. Der Schlüssel steckte inwendig. Das Türfensterchen stand offen, ebenso die Klappe des Schreibpults. Eine Rodehacke, deren Platz sonst am Eingang des Kellerhauses war, lehnte daneben.

Diese auffälligen Umstände teilte Emma sogleich ihrem Vater mit. Er eilte in die Stube und fand, daß sein Pult mit der Rodehacke gewaltsam aufgesprengt worden war. Das bewiesen die Eindrücke im Holz, wie die Schmutzspuren und die losgezwängten Nägel des Riegelschlosses. Es fehlte auch ein Schubfach rechter Hand im Pult, samt dem Geldinhalt im Betrag von mindestens 45 Talern, bestehend aus einem meiningschen eintälerigen Kassenbillet. Das Übrige in Drittel-, Sechstel- und Zwölftelstücken. Dieses Geld hatte Jährling kurz zuvor für verkauftes Getreide eingenommen.

Jetzt teilte Fleck Jährling mit, was er in der letzten Stunde erlebt hatte. Wenn nun auch der gewaltsame Diebstahl, den jedenfalls der unbekannte Eindringling verübt hatte, unzweifelhaft war und nunmehr die Abwesenheit des kleinen Ernst auffiel, so glaubte man anfangs doch, das Kind habe sich aus Furcht vor dem Dieb irgendwo versteckt oder sei aus dem Haus gegangen, um mit Kameraden zu spielen. Der Knabe kam jedoch nicht wieder. Man suchte nach ihm, fand ihn aber nicht. Hingegen wurde der Vater in dem überdeckten dunklen Gang neben der Scheune zweier Blutflecken auf dem Boden gewahr.

Nunmehr ahnten die bekümmerten Eltern, daß sie ein schweres Unheil betroffen hatte. Sie machten Anzeige, schickten nach Sulza und ließen den dort stationierten Gendarmen herbeiholen.

Die am gleichen Tag angestellten Nachforschungen ergaben nichts weiter, als daß man ein paar Fußspuren fand. Da, wo der Gartenzaun dicht über dem Wasserspiegel des Flusses zwischen dem Jährlingschen und Lißkerschen Besitztum die Grenze bildet, sah man in der feuchten

Erde sehr deutlich den Abdruck eines Stiefelabsatzes und eines Teils der Stiefelsohle bis zur Fußspitze. Nur die Längenseite hatte sich nicht vollständig angedrückt. Der Stiefel war ein für den rechten Fuß bestimmter, einbälliger gewesen. Die Länge betrug zwölfeinhalb Zoll, die des Absatzes zweieinviertel Zoll. Der Absatz war mit einem Hufeisen beschlagen. An der Kante, dem hohlen Fuße zu, mußte aber eine einzelne kleine Zwecke etwa von der Größe eines Stecknadelkopfes sich befunden und hervorgeragt haben. Die Sohle war ringsum mit großköpfigen Zwecken versehen. Nicht minder deutlich zeigte sich dieselbe Absatzspur mit allen obigen Merkmalen in der Erdlage auf der Lißkerschen Gartenmauer neben der Brücke.

Diese Spur ging von außen herein. Außerdem nahm man auf dem schmalen Pfad an den Gärten noch mehrere hin- und herführende Spuren von beiden Füßen wahr, die jedoch bei weitem nicht so deutlich, obschon ebenso frisch waren. Nur so viel konnte man mit Gewißheit annehmen, daß diese Spuren von einem und demselben Menschen herrührten. Eine Vergleichung und Ergänzung der verschiedenen fragmentarischen Abdrücke ergab das weitere Resultat, daß die Zahl der um die Sohle herumlaufenden großen Zwecken 23 betrug und in dieser Reihe auf der äußeren Seite des Stiefels die neunte und auf der inneren die sechste Zwecke fehlte. Ferner waren hier und da in den Abdrücken kleine Teile von Pferdemist bemerkbar. Solcher lag aber in dem überdeckten Gang neben der Jährlingschen Scheune reichlich umher.

Das eifrige Suchen nach dem vermißten Knaben hatte an diesem Tag keinen Erfolg.

Am nächsten Tag, Sonnabend, dem 14. August, begann man es von neuem und fuhr auch in einem Kahn von Sulza her den Fluß herauf. Dabei fand man in der Nähe von Darnstedt auf einer Sandbank des Ufers den vom Wasser angetriebenen Leichnam des Kindes Ernst Jährling.

Bei der am folgenden Morgen vorgenommenen gerichtlichen Leichenschau zeigte sich an der mittleren Halsgegend zwischen Zungenbein und Kehlkopf eine mit scharfen Rändern versehene, wenig klaffende, einen Zoll zwei Linien lange Stichschnittwunde mit einem abgerundeten Wundwinkel nach links. In horizontaler Richtung unter der vorigen Wunde befanden sich noch zwei ähnliche Wunden in der gegenseitigen Entfernung von je zwei Linien. Die obere dieser Wunden hatte eine Länge von fünf Linien, die untere eine Länge von vier Linien. Beide Wunden ließen in noch höherem Grad als die zuerst beschriebene ein keilförmiges klaffendes Ansehen mit dem breiteren Wundwinkel nach links erkennen.

Wir übergehen die für uns nicht wesentlichen Resultate der Leichenöffnung und erwähnen nur, daß von den Physikatspersonen auf Grund ihres Befundes versichert wurde, der Knabe sei noch lebend ins Wasser gekommen. Er habe den Tod durch Ertränken gefunden und etwa zwölf bis 24 Stunden im Wasser gelegen. Die mit einem einschneidigen spitzen Instrument hervorgebrachten Halswunden seien dem unglücklichen Kind im Leben zugefügt worden, aber keine derselben sei tödlich gewesen.

So war es denn nunmehr zweifellos: ein Mord war an einem unschuldigen, schutzlosen Kind verübt worden, und zwar – wenn man der Aussage des Blinden Glauben schenken durfte – verübt, um den Zeugen des beabsichtigten Diebstahls aus dem Weg zu schaffen – ein Raubmord. Und welch eine verstockte Verruchtheit, die des Anrufens und Fragens des Blinden, seiner schwachen Widerstandsversuche nicht achtet, keine zehn Schritt von ihm die blutige Tat vollbringt und dann, ohne sich irre machen zu lassen, ohne vor dem auf die Erde vergossenen Blut zu scheuen, den Fuß zurückwendet, an dem mahnenden und drohenden Greis abermals vorüberschreitet und in das Haus der Eltern des gemordeten Kindes eintritt, den vorher überlegten Diebstahl nunmehr sicher auszuführen?

Wo war aber dieser Mörder zu suchen? Unter der kleinen Zahl der Bewohner des Dörfchens? Manches sprach dafür. Man hatte an dem ganzen Tag keinen Fremden, wenigstens keinen, der irgend verdächtig gewesen war, bemerkt. Der Mörder war nicht von der Straße aus in den Hof getreten. Dafür hatte man das Zeugnis des Tagewächters Baier und die Fußspuren am Fluß hin.

Wer aber kannte diesen verborgenen und gefährlichen Pfad außer den Darnstedtern? Ja, selbst das Benehmen und die Antworten des Ernst Jährling würden einem Fremden gegenüber anders gewesen sein. Er würde nicht so unbefangen auf die Fragen Auskunft erteilt, sich gewiß schon instinktmäßig in die unmittelbare Nähe und den Schutz Flecks begeben haben. Dennoch war keiner unter den Bewohnern, dem Jährling, der Bürgermeister oder irgendjemand eine solche Tat zutrauen konnte. Überdies hatte Fleck trotz seines Unterscheidungsvermögens die Stimme nicht erkannt.

Man riet hin und her, auf den und jenen aus den benachbarten Orten, der hier und da nach Darnstedt und in Jährlings Haus gekommen und sich keines sonderlichen Rufes erfreute. Die Gendarmerie wurde angewiesen, dem Aufenthalt aller dieser irgend in Frage kommenden Personen während der kritischen Zeit nachzuforschen, doch überall erwies sich der unbestimmte Verdacht als grundlos.

Am Sonnabend, den 14. August, trat eine untrügliche Spur zu Tage. Der Landwirt Friedrich Schröter hatte abends vorher von dem Diebstahl bei Jährlings und dem Verschwinden des Knaben gehört. Der Gendarm hatte ihm die Fußspuren im Garten und auf der Mauer genau beschrieben und auch die davon abgenommenen Maße gezeigt. Schröter glaubte zwar noch nicht, daß an dem Kind ein Verbrechen verübt worden sein könne – denn der Leichnam wurde erst später am Sonnabend gefunden – aber er empfand wahres Mitleid mit den armen geängstigten und bekümmerten Eltern. Er versicherte, die ganze Nacht von Freitag auf den Sonnabend habe er mit Gedanken an das Kind und wohin es wohl gekommen sein könne, sich beschäftigt.

Am Sonnabend ging er mit seinem Knecht nach einem ihm gehörigen, auf dem jenseitigen nördlichen Ufer der Ilm liegenden Grundstück, um zu hauen. Der Weg dorthin führte ihn zuerst über die Brücke, von da aus zur linken Hand auf Wiesen, dicht am Wasser hin. Neben diesem Fußpfad, 315 Schritt von der Brücke entfernt, steht ein Erlenbusch hart an dem damals angeschwollenen und fast volluferigen Strom. Man muß, wenn man zu diesem Busch gelangen will, vom Weg ab ein paar Schritte hinuntergehen. Schröters Augen richteten sich zufällig da hinab, und er wurde dort ein paar vollkommen deutlicher Spuren von Tritten gewahr. Als er, in Erinnerung an den gestrigen Vorfall, hinunterging und sich die Spuren genau ansah, überzeugte er sich, daß die Absatzeisen, der kleine Stift und die großköpfigen Zwecken sich hier ganz in der Weise abgedrückt hatten, wie nach der

Erzählung des Gendarmen Knabe im Jährlingschen Garten und auf der Lißker'schen Mauer. Auch die Längen- und Breitenmaße schienen vollkommen übereinzustimmen.

Schröter lief augenblicklich nach Darnstedt zurück und holte Jährling herbei. Auch dieser überzeugte sich von der vollkommenen Übereinstimmung der Fußtrittspuren diesseits und jenseits der Ilm. Er bemerkte sogar, daß sich in den Spuren am Erlenstock gleichfalls Teilchen von Pferdemist vorfanden.

Dieselbe Wahrnehmung wurde drei Tage später von dem Gendarmen Knabe und mehreren anderen Personen gemacht. Auch die Zahl der 23 Zwecken am rechten Fuß, das Fehlen der neunten und der sechsten traf zu.

Man konnte das am 17. August noch deutlich wahrnehmen, denn es war in den Zwischentagen kein Regen gefallen.

Weiter verdächtig erschien, daß der Landwirt Valentin Putze ebenfalls am Morgen des 17. August noch welke, von einem benachbarten Grundstück abgerissene Kohlblätter in der Nähe des Erlenstocks, an anderen Büschen fand, und daß einige von diesen Blättern, wie schon der Anschein vermuten ließ, mit Blut aneinander geklebt waren.

So durfte man also mit Recht darauf schließen, daß der Mörder, nach Verübung seiner Tat, hierher an den Erlenstock seinen Weg genommen, am Fluß sich gewaschen und seine Hände an den Kohlblättern abgetrocknet hatte.

Wohin aber hatte er sich dann gewandt? Dem Auge des Vaters des gemordeten Kindes gelang es, die weitere Spur zu entdecken, so unmerkbar und verborgen sie auch war.

Auf dem Wiesenfußpfad oberhalb des Erlenstocks konnte man begreiflicherweise derartige Spuren nicht wahrnehmen. Dazu hätte der Pfad nicht so trocken und weniger begangen gewesen sein müssen. Aber 346 Schritte weiter stromaufwärts, in der Richtung westlich nach Apolda zu, an den Weinbergen herab, führt der sogenannte Flutgraben, kein gangbarer und benutzter Weg. Diesen Flutgraben hinauf zeigten sich schwache und unvollständige, dennoch aber, wenn man einmal aufmerksam geworden war, ganz zweifellose Spuren derselben Tritte. Bei genauer Beobachtung fand man sogar, daß dieselben Füße diesen Weg nicht nur hinauf, sondern auch herunter genommen hatten.

Oberhalb dieses Grabens war also der Punkt zu suchen, von wo aus, aller Wahrscheinlichkeit nach, der Mörder zur Tat ging und wohin er nach vollbrachter Tat zurückgekehrt war. Und diese Erwartung täuschte nicht. In einer Entfernung von 95 Schritten, von den Weinbergen an gerechnet, liegt seitwärts zu rechter Hand am Flutgraben ein dem Einwohner Gottfried Treuter gehöriges Feldgrundstück, welches am 13. August zum Teil noch mit Gerste bestanden gewesen war. Zum Teil hatte aber die Gerste an jenem Tag schon gemäht gelegen. Auf der anderen Seite dieses Grundstücks führt der regelmäßige, sogenannte Schleifweg hin.

Auf diesem Gerstenstück, in den Stoppeln sichtbar, fand Jährling am Morgen des 17. August, als er der von ihm im Flutgraben gemachten Entdeckung nachging, ganz dieselben Spuren und zwar so deutlich wie in seinem Garten, wie auf der Lißkerschen Mauer und wie am Erlenbusch. Die Absatzeisen, die großen Zwecken, den kleinen Stift, alles genau abgedrückt.

Der Gendarm Knabe wurde rasch herbeigeholt. Auch er überzeugte sich vollständig von der Richtigkeit der Jährlingschen Wahrnehmungen. Er hatte zudem die am 13. August genommenen Maße bei sich, und sie stimmten sowohl am Erlenstock als auch auf dem Gerstenstück vollkommen.

Hiermit war der leitende Faden gefunden.

Der Einwohner und Landwirt Johann Gottfried Treuter zu Darnstedt verheiratete sich vor sechzehn Jahren mit einer gewissen Stempner aus seinem Ort. Die Ehe blieb kinderlos, die Frau starb nach wenigen Jahren. Einige Zeit darauf heiratete Treuter seine Schwägerin, die ledige Rosine Stempner, die bereits Mutter eines Knaben, Johann Bernhard, war. Auch diese zweite Treutersche Ehe blieb kinderlos. Bernhard Stempner wurde von seinem Stiefvater wie ein eigenes Kind gehalten. Er besuchte die Schule bis zur Konfirmation, und der Lehrer wie der Geistliche gaben ihm das Zeugnis, daß er ein fähiger, fleißiger und gutgearteter Schüler gewesen sei. Namentlich zeichnete er sich im Religionsunterricht aus und ging gut vorbereitet zum Heiligen Abendmahl.

Nach dieser Zeit verrichtete Bernhard Stempner da und dort

Tagelöhnerarbeiten. Den geringen Verdienst ließ ihm sein Stiefvater als Taschengeld. Übrigens stand er seinem Stiefvater auch bei der Bewirtschaftung von dessen unbedeutendem Feldbesitz bei.

Am 11. Januar 1858 vollendete Bernhard Stempner sein neunzehntes Lebensjahr. Er war ein nur mittelgroßer, aber kräftiger, untersetzter, vollblütiger Bursche. Seine Gesichtsbildung konnte man nicht unangenehm nennen, doch deuteten die vorwiegend entwickelten Mund- und Kinnpartien auf Sinnlichkeit und Genußsucht hin.

Im Frühjahr 1858 fand Stempner als Arbeiter bei der Eisenbahn eine regelmäßige Beschäftigung und einen für seine Verhältnisse nicht unansehnlichen Verdienst. Diesen sollte er regelmäßig an seinen Stiefvater abliefern, von dem er nicht nur in Kost und Wohnung, sondern auch in der Kleidung erhalten wurde. Stempner lieferte aber weder regelmäßig noch vollständig ab, sondern behielt manchen Wochenlohn teilweise oder ganz für sich zurück. Treuter nahm es damit nicht genau, ließ solche Unregelmäßigkeiten stillschweigend hingehen, gab sogar dem Bernhard von dem, was er wirklich ablieferte, wöchentlich zehn bis zwölf Groschen als Taschengeld zurück. Treuter sagt hierüber, Bernhard sei ja sein einziges Kind gewesen. Junge Burschen machten mitunter Schulden, und da habe er ihm die Möglichkeit gewähren wollen, solche Schulden wieder zu decken.

Diese Nachsicht war jedoch sehr übel angebracht. Bernhards Leichtsinn hatte, wie die Untersuchung ermittelte, auf eine bedenkliche Weise überhand genommen und war namentlich seit Frühjahr 1858 bis zum Verbrecherischen ausgeartet.

Es wurde nachgewiesen, daß Stempner bei verschiedenen Personen Darlehen aufgenommen und aufzunehmen versuchte, daß er bei Gastwirten, Kaufleuten und Gewerbetreibenden Schulden gemacht, auf den Namen seines Stiefvaters Gelder geborgt, kleine Betrügereien begangen und sich sogar an der Kasse seiner Eltern mehr als einmal vergriffen hatte. Zieht man alle diese kleinen Summen zusammen, so ergibt sich, daß die Treuterschen Eheleute mehr als vier Taler Schulden für Bernhard bezahlt haben. Außerdem schuldete er noch fast sieben Taler, zum Teil in ganz geringen Posten, ohne Wissen seiner Eltern anderen Leuten, die er trotz wiederholter Mahnungen nicht bezahlte.

Stempner hatte sich, mit einem Wort gesagt, daran gewöhnt, lustig und flott zu leben. Seine Mittel reichten dazu nicht hin. Er war deshalb beständig in Geldverlegenheit.

Über die innere Charakterentwicklung Bernhard Stempners und die darauf wirkenden äußeren Veranlassungen finden wir in den Akten und den uns sonst zu Gebote stehenden Quellen keinen sicheren Aufschluß. Wie wäre das auch möglich? Die Eltern waren nachsichtig und schwach gegen das einzige Kind. Es ging ihnen auch die Fähigkeit ganz und gar ab, in der überhand nehmenden Genußsucht und den sich stark entwickelnden sinnlichen Neigungen Bernhards eine drohende Gefahr zu erblicken. Vieles blieb ihnen verborgen, anderes suchte die Mutter wenigstens vor ihrem Mann geheim zu halten und still abzumachen – wobei sie freilich seufzte! Das Übrige verzieh die Nachsicht des Vaters. Er tröstete sich mit dem alten Spruch: »Jugend hat keine Tugend.«

Außer den Eltern achtete aber niemand sonderlich auf Stempner. Er hatte keine einzigen näheren Bekannten in Darnstedt oder unter seinen Kameraden bei der Eisenbahn, mit dem er freundschaftlichen Umgang gepflogen hätte, keine Geschwister. Viel besser für ihn wäre es gewesen, wäre er als Knecht in den Dienst eines Landwirts und damit zugleich in eine häusliche Gemeinschaft mit diesem und seiner Familie getreten. So tagelöhnerte er aber nur.

Seine Beschäftigung an der Eisenbahn scheint ihn in schlimme Gesellschaft gebracht zu haben und von der schädlichsten Einwirkung auf ihn gewesen zu sein. Zwischen dem fleißigen, fähigen und gesitteten Schüler, der sich das bevorzugende Wohlwollen des Lehrers und des Geistlichen zu erwerben wußte, und dem neunzehnjährigen Burschen, der erst überall ohne alle Not leichtsinnig Schulden macht, dann ohne Scham und Scheu an die Türen ihm fast fremder Menschen anklopft, um größere Summen zu borgen, die er weder wiederbezahlen konnte noch wollte, der, um nur zu seinem Zweck zu gelangen, hier unerhörte wucherische Zinsen verspricht, dort zu plumpen Lügen und sogar frechen, betrügerischen Vorspiegelungen seine Zuflucht nimmt, überall abgewiesen immer wieder kommt und dazwischen sein Glück an anderen Orten in ähnlicher Weise versucht, der seinem Vater erst Geld vorenthält, ihn dann sogar zu verschiedenen Malen bestiehlt und mit der Beute auf den Tanzboden läuft, zwischen diesen beiden ist ein gewaltiger Unterschied und erschreckender Abstand.

Über Stempners sonstiges Wesen gebricht es ebenfalls an eingehenden Mitteilungen. Seine Eltern sagen, er sei stets gutmütig gewesen, habe sogar, wenn er vom Vater Züchtigungen erlitten, niemals dies nachgetragen oder Erbitterung darüber an den Tag gelegt. Der Bürgermeister weiß ihm, außer seinem leichtsinnigen Schuldenmachen, nichts Übles nachzureden und hält ihn gleichfalls für gutmütig. Ein Arbeiter an der Eisenbahn sagt, er habe sich von Stempner wegen des *polterigen Wesens,* das dieser hatte, immer fern gehalten. Jährling erklärt, er habe Stempner niemals leiden können, ist jedoch nicht im Stand, einen tatsächlichen Grund für diese bereits früher bestehende Abneigung anzugeben.

Noch ein Vorfall wird uns erzählt, der allerdings das grellste Licht auf des jungen Mannes sittliche Zerrüttung zu werfen geeignet ist.

Früher, bis zu seiner Konfirmation, war Bernhard Stempner viel mit dem ältesten Sohn Karl Friedrich Jährlings, dem um etwa vier Jahre jüngeren Robert Jährling, umgegangen und infolge davon auch häufig in dessen elterliches Haus gekommen. Später fand dies nur noch ein oder das andere Mal statt. Der Umgang der beiden jungen Leute hörte fast ganz auf. Nur am Weihnachtsheiligabend fand sich Stempner mit mehreren Burschen und Mädchen ungeladen – wie dies bräuchlich ist – im Jährlingschen Hause wieder ein. Um seinen Gästen Unterhaltung zu bieten, holte Jährling (der Vater) damals auch aus dem Schreibpult und der uns bekannten Schublade rechter Hand ein Spiel Karten hervor. Er meint, er habe dabei wohl zufällig mit dem dort liegenden Geld gerasselt.

Auf diesen einen Besuch beschränkte sich in neuester Zeit der Umgang Stempners mit der Jährlingschen Familie. Gegen Ende Juli, eines Sonntagnachmittags nach dem Gottesdienst, als Karl Friedrich Jährling mit seinem Sohn Robert nach Sulza gegangen war, stand Frau Renate Jährling in der Küche. Ihre jüngeren Kinder waren im Hof. Da kam Bernhard Stempner vom Garten her, durch den Gang neben der Scheune, in den Hof, fragte erst die Kinder nach Robert und begab sich dann in die Küche. Dort machte er der vierzigjährigen, unbescholtenen Frau Jährling ohne weiteres den Antrag, sie möge mit ihm auf den Heuboden gehen und ihm dort zu Willen sein. Ebenso erstaunt als entrüstet fragte Frau Jährling, wie er nur so etwas von ihr verlangen könne? In diesem Augenblick kam die elfjährige Tochter Emma, und Stempner entfernte sich schleunigst wieder über den Hof durch den Scheunengang.

Emma ging einige Zeit später ins Dorf. Frau Jährling glaubte nichts anderes, als das Stempner längst fort sei. Plötzlich kam er aber auf demselben Weg wieder vor und in die Küche und wiederholte, Frau Jährling möge mit ihm auf den Heuboden gehen. Auf die Frage: »Ob er denn dort Bescheid wisse?« erwiderte er, er sei schon mehrmals dort gewesen! Danach bot er der Frau ein Fünfgroschenstück, wenn sie seinem Gelüste willfahre, achtete nicht auf die Drohung: »Robert ist hinten im Hof!« sondern erwiderte: »Nein, Robert ist in Sulza!« und wurde so zudringlich, daß Frau Jährling sich seiner gewaltsam erwehren mußte.

Die schamlose Frechheit eines neunzehnjährigen Burschen, einer vierzigjährigen, im Dorf angesehenen Frau, der er bisher ganz fern gestanden hatte, plötzlich und geradezu solch einen Antrag zu machen, zu wiederholen und sich nur gewaltsam zurückweisen zu lassen, ist fast unglaublich. Man kommt unwillkürlich auf die Vermutung, es trete in einem solchen Unterfangen nicht nur der Ausbruch eines durch die Gelegenheit aufgeregten, zügellosen Triebes zu Tage.

Persönlichkeit und Alter der Frau Jährling waren nicht geeignet, dem Stempner eine unwiderstehliche Begierde zu erregen. Wohl aber konnte er, bei der Kleinheit des Dörfchens, wissen, daß Jährling mit seinem ältesten Sohn nach Sulza gegangen war. Der Weg, den Stempner durch die Gärten an der Ilm hin und von hinten aus in das Gehöft nahm, spricht dafür, daß die an die jüngeren Kinder nach Robert gerichtete Frage nur ein Vorwand, der Antrag in der Küche aber der eigentliche Zweck war.

Wir wissen, daß Stempner damals finanziell in großer Bedrängnis war. Sollte er auch vielleicht bei dieser Gelegenheit mehr gerechnet, als aus sinnlichem Antrieb gehandelt haben? Wenn es ihm gelang, die Frau zu verführen, so stand ihm auch die Kasse des wohlhabenden Mannes offen.

Kehren wir nun zu der unterbrochenen Erzählung des Ganges der Ereignisse nach dem Raubmord zurück.

Die unzweifelhaften Fußspuren leiteten den Vater des ermordeten

Kindes bis auf das Treutersche Feldgrundstück zwischen dem Flutgraben und dem Schleifweg. Es war vielen Bewohnern von Darnstedt bekannt und leicht zu erkunden, daß am Vor- und Nachmittag des 13. August Bernhard Stempner dort Gerste gehauen hatte. Von diesem Grundstück konnte man genau dasjenige überschauen, auf welchem damals die Jährlingsche Familie mit Aufladen der Ernte beschäftigt gewesen war. Diese Gründe erregten alsbald Verdacht gegen Stempner, dessen Schuhwerk auch, soweit Jährling nach dem Äußeren sich zu erinnern vermochte, mit den Fußtrittspuren übereinstimmen konnte.

Es kam noch einiges hinzu, was den Verdacht verstärkte. Jährling erfuhr, daß Stempner am Sonnabend, den 14. August, in Sulza gewesen sei und dem Handelskonzessionisten Kritzmann die Schuld von einem Taler und zehn Groschen für Zigarren unaufgefordert bezahlt habe. Er hatte Zehn- und Fünfgroschenstücke, von letzteren sogar aus Versehen eins zuviel hingelegt und dabei noch mehr Geld blicken lassen. An demselben Tag berichtigte er ferner bei dem Kaufmann Stock zu Sulza seine Schuld von zwölf Groschen und neun Pfennig, indem er drei Fünfgroschenstücke zahlte und sich für den Überschuß Zigarren und Schwamm verabreichen ließ.

Am 15. August ging er zu dem in seiner Hoftür stehenden Zimmergesellen Putze in Darnstedt und bezahlte diesem ein Fünfgroschenstück zur Tilgung einer früheren Schuld mit der Bemerkung, daß das Geld vom Verdienst bei der Eisenbahn herrühre. Er hatte bei dieser Gelegenheit noch mehr Geld in der Hand, steckte es aber sogleich wieder ein.

Am 16. August rief Stempner den Landwirt Grebehahn zu Darnstedt auf dem Feld an und händigte ihm sechs Groschen in Zweigroschenstücken und Sechsern aus, die er demselben seit Pfingsten schuldete, aber, vielfacher Erinnerungen ungeachtet, bis dahin noch nicht erstattet hatte. Er wollte sogar einen Groschen als Zins darauf legen und spottete über Grebehahns Dummheit, als dieser es nicht annahm.

Als Jährling dies alles in Erfahrung gebracht hatte, wurde seine Vermutung zur Überzeugung, denn er wußte, daß es niemals Stempners Sache war, Schulden freiwillig zu bezahlen.

Er teilte seinen Verdacht am Morgen des 17. August dem

Gendarmen Knabe mit und zeigte diesem, wie oben erwähnt, die Fußspuren bis auf das Treutersche Grundstück.

Nachdem Knabe sich hinsichtlich der Fußspuren von der Richtigkeit der Jährlingschen Beobachtung überzeugt hatte, begab er sich mit Jährling, dem herbeigerufenen Bürgermeister von Darnstedt und noch einem Zeugen auf ein anderes, in der Nähe liegendes Treutersches Grundstück, auf welchem Stempner gerade mit Erntearbeiten beschäftigt war.

Stempner wurde befragt, wo er am Nachmittag des letzten Freitags gewesen sei. Er erwiderte, er habe auf dem Grundstück seines Stiefvaters zwischen dem Schleifweg und dem Flutgraben Gerste gehauen.

Darauf befahl Knabe dem Stempner, die Stiefeln auszuziehen. Der Gendarm sowie die Mitanwesenden überzeugten sich, daß die Absätze mit Hufeisen beschlagen waren, die Sohlen mit großköpfigen Zwecken, daß von diesen letzteren, am Stiefel des rechten Fußes, auswendig die neunte und inwendig die sechste fehlte, und daß ebenda, ziemlich an der inneren Kante des Absatzes, ein kleiner Stift eingeschlagen war.

Mit Stempner und den Zeugen begab sich Knabe sofort auf das Grundstück am Schleifweg, an den Erlenstock, die Lißkersche Mauer und in den Jährlingschen Garten, verglich die Stiefel genau mit seinen abgenommenen Maßen und den noch deutlichen Fußspuren, und sogar Stempner mußte die vollkommene Übereinstimmung anerkennen.

Anfangs war Stempner bei der Ankunft Knabes und der Befragung sehr verlegen. Allmählich wurde er immer dreister und sogar frech.

Knabe brachte den Stempner in Gewahrsam, forschte weiter im Treuterschen Haus nach und fand an der Hose von ihm, die er am vergangenen Freitag getragen hatte, unter dem Schlitz einen kleinen, bräunlichroten Fleck.

Knabe hatte den Stempner vorher nach seinen Geldausgaben und seinem Geldbesitz gefragt und von ihm erfahren, daß er am Sonnabend einen Taler, 27 Groschen und neun Pfennig auf dem Bahnhof in Sulza durch den Telegraphisten Bergner ausgezahlt erhalten hatte. Davon gab er einen Taler, zwölf Groschen an seinen Stiefvater, sechs Groschen an Grebehahn. Außerdem wollte er nur noch zwei Groschen und zehn Pfennige besitzen, die er vorzeigte.

Bei einer Durchsuchung fand Knabe in der Tasche von Stempners Jacke noch zwei Taler in Sechstel- und Zwölftelstücken, eingewickelt in ein Läppchen und das Schnupftuch. Stempner konnte über dieses Geld nichts weiter angeben. Er sagte, er habe es auf ehrliche Weise und sei unschuldig.

Die sofort angestellten Nachforschungen brachten zu Tage, daß Stempner auch in anderen Stücken gelogen hatte.

Treuter teilte mit, daß er am Sonnabend nicht einen Taler, zwölf Groschen, sondern drei Taler von seinem Stiefsohn erhalten habe. Daraufhin übergab er das erwähnte Geld. Es bestand aus einem eintälerigen meiningenschen Kassenbillet, im Übrigen aus Fünfgroschenstücken.

Als Knabe dem Stempner darüber Vorhalt tat, versetzte dieser, er habe allerdings nicht einen Taler, 27 Groschen und neun Pfennige, sondern drei Taler von dem Telegraphisten Bergner erhalten.

Auch dies war eine Lüge, wie sich durch die Vernehmung der betreffenden Eisenbahnbeamten herausstellte. Stempner hatte für seine Arbeit an der Eisenbahn vom 28. Juli bis zum 10. August nicht einen Taler, 27 Groschen und neun Pfennige oder drei Taler, sondern einen Taler, 22 Groschen und drei Pfennige zu fordern. Der nächste Zahltag war Sonnabend, der 14. August. Während der dazu bestimmten Stunden stellte sich jedoch Stempner nicht mit ein. Er kam erst am späten Abend auf den Bahnhof. Dort sagte ihm Bergner, für heute sei die Kasse geschlossen, er möge sich am nächsten Morgen wieder einfinden. Stempner erschien aber weder am 15. noch am 16. auf dem Bahnhof. Sein letzter Lohn blieb überhaupt von ihm unerhoben und wurde erst während seiner Untersuchungshaft an das Gericht ausgezahlt.

Nachdem Knabe alle diese Umstände in Erfahrung gebracht hatte, hielt er dem Stempner seine Lügen vor und gab ihm geradezu an der Verübung des Mordes Schuld. Stempner schwieg. Doch seine Miene drückte Verlegenheit aus. Er wußte nicht, wohin er die Augen richten sollte.

Unter Beihilfe eines Darnstedter Einwohners transportierte Knabe am 17. August den Stempner nach Weimar, um ihn dem Großherzoglichen Kreisgericht vorzuführen. Unterwegs, zwischen Darnstedt und Niedertrebra, begegnete die alte Mutter Karl Friedrich Jährlings, welche am letztgenannten Ort bei einer verheirateten Tochter wohnt, dem Transport. Die siebzigjährige Frau, erregt von dem Anblick, stolperte über eine Wurzel auf dem Weg, fiel zu Boden und brach in Jammern und Wehklagen über den Verlust ihres Enkelkindes aus. Dabei überzog eine flammende Röte das Gesicht des Gefangenen.

Am 18. August fand die erste verantwortliche Vernehmung des Angeschuldigten statt. Stempner wurde eröffnet, er liege ein Verdacht gegen ihn vor, daß er am vergangenen Freitag bei dem Einwohner Jährling zu Darnstedt einen Diebstahl begangen habe.

Stempner erwiderte: »Ich stehe hier mit gutem Gewissen. Ich habe den Diebstahl nicht begangen. Ich bin am Freitagnachmittag gar nicht zu Hause, sondern auf dem Feld hauen gewesen. Das Stück liegt jenseits der Ilm, etwa eine kleine Viertelstunde von dieser entfernt, am Schleifweg. Ich bin auf diesem Stück ohne Unterbrechung bis abends nach sieben Uhr beschäftigt gewesen und dann wieder nach Hause gegangen. Ich bin kein einziges Mal von dem Stück weggegangen. Nicht weit von mir band unser Wirt Zeitschel. Ich weiß aber nicht, ob er mich gesehen hat. Dagegen hat ein Vetter desselben, namens Friedrich Zeitschel, abends nach sieben Uhr mich noch auf dem Stück gesehen. Über die Tat bei Jährling weiß ich nichts anzugeben, als was gesprochen worden ist. Den ersten Tag hieß es, es sei bei den Jährlings Geld gestohlen worden und das Kind sei weg. Am anderen Tag bin ich selbst dazugekommen, als das Kind in der Ilm gefunden worden war. Es hatte am Hals Wunden, ich weiß nicht, ob zwei oder drei. Ich bin am Freitagnachmittag nicht in das Jährlingsche Gehöft gekommen.«

Hier mag gleich folgendes eingeschaltet werden. Als die Leiche des ermordeten Kindes ausgestellt wurde, fand sich auch Stempner ein, betrachtete das Kind und sagte: »Es hat sich gar nicht verändert.« Stempner ist auch zu Grabe gefolgt und hat seine Verwunderung darüber ausgesprochen, daß man ihn nicht als Leichenträger mit ausgewählt habe.

Auf Vorhalt, daß die Fußtrittspuren mit seinen Stiefeln genau übereinstimmten, erwiderte Stempner: »Das habe ich selbst gesehen.« Auf weiteren Vorhalt, daß die Spur vom Gerstenstück herunter zur Ilm zu gegangen sei, erwiderte er: »Wenn die Fußtrittspur am Freitag entstanden ist, so kann sie nicht von mir herrühren, denn ich bin am Freitag von der Brücke aus gleich den Schleifweg hinaus- und abends auch wieder den Schleifweg hereingegangen. Den Donnerstagmittag bin ich mit Friedrich Wiegand vom Gerstenstück aus hinunter auf dem Fußweg, welcher bis an die Ilm hinführt, gegangen. Ob davon die Spur herrührt, weiß ich nicht.«

Das Gericht: »Dieselbe Fußtrittspur ist am Freitag gegen Abend im Jährlingschen Garten gefunden worden.«

Stempner: »Ich bin dahin nicht gekommen, ich habe auch dort nichts zu tun gehabt. Es hat am Ende jeder so lange Stiefel und auch Zwecken darin.«

Das Gericht machte ihn auf die Beschaffenheit und die besonderen Merkmale seines rechten Stiefels aufmerksam und auf die Übereinstimmung derselben in den Spuren diesseits wie jenseits der Ilm.

Stempner: »Das kann ja wohl sein. Ich bin aber unschuldig. Ich bin mir nichts bewußt.«

Das Gericht zeigte ihm den Flecken unterhalb des Hosenschlitzes, der rötlich und blutähnlich sei.

Stempner: »Ich habe diese Hose die ganze vorige Woche angehabt. Ich bin sehr zu Nasenbluten geneigt. Ich glaube, ich habe auch am Freitag oder dem Tag zuvor welches gehabt, und da kann es wohl sein, daß davon etwas Blut an die Hose gekommen ist. Ich hatte das Nasenbluten auf dem Felde. Dabei war niemand.«

Das Gericht tat ihm nunmehr weiteren Vorhalt und wies ihm nach, daß er hinsichtlich des Erwerbs des bei ihm gefundenen und des von ihm an seinen Stiefvater abgelieferten Geldes verschiedene Unwahrheiten gesagt habe. Stempner mußte seine Lügen gegen Knabe zugestehen und sagte, als man ihn nach dem Beweggrund fragte: »Ich habe es aus Unvorsichtigkeit getan. Ich habe nicht gedacht, daß es auf eine solche Art hinaus will!«

Woher nun wirklich das Geld kam, welches er vom 14. bis zum 17. August besessen und zum Teil ausgab – eine Gesamtsumme von sieben Talern und mehreren Groschen – darüber hat Stempner im Lauf der Untersuchung mancherlei verschiedene Angaben gemacht. Fassen wir gleich hier dasjenige zusammen, bei dem er zuletzt stehen geblieben ist. Er sagt, er habe sich von seinem Eisenbahnverdienst nach und nach Geld zurückgelegt, so unter anderem auch das meiningensche Kassenbillet, welches er etwa im Mai von dem Hilfstelegraphisten Bergner ausgezahlt erhalten habe. Außerdem habe er seinem Stiefvater ein paar Mal Geld entwendet und dieses, nebst jenen Ersparnissen, auf einem Balken in seiner Kammer aufbewahrt, in der Absicht, sich so viel zu sammeln, um sich einen Winterrock anschaffen zu können, den ihm sein Vater nicht habe kaufen wollen. Auf diese Weise habe er bis gegen Ende Juli vier Taler, vierzehn Groschen und fünf Pfennige zusammengebracht, dann aber die letzten Ausgaben davon bestritten und namentlich seinem Stiefvater die drei Taler bezahlt. Die bei ihm in der Jacke gefundenen zwei Taler wären noch um Fastnacht beim Tuchhändler Selditz geborgtes Geld gewesen, welches er zu seinem übrigen Ersparten legte.

Diese ganze Erklärung ist ein Gewebe von Lügen. Stempner hat niemals davon gesprochen, daß er sich einen Winterrock wünsche, sonst würden ihm seine Eltern einen solchen angeschafft haben. Stempner hat niemals gespart. Was er seinem Vater heimlich vorenthalten, hat er verbraucht, was er ihm entwendet, ist ihm wieder abgenommen worden. Wenn er Geld besessen hätte, würde er nicht allerorten um welches angesprochen haben und um die kleinsten Schuldposten sich so oft vergeblich habe mahnen lassen. Einen meiningenschen Talerschein hat er niemals von dem Telegraphisten Bergner ausgezahlt erhalten. Und warum endlich hätte Stempner, ohne alle Veranlassung, unter der falschen Vorspiegelung, es sei heute erhobener Arbeitslohn, von seinem Ersparten am 14. August drei Taler an seinen Stiefvater abgegeben?

Dieser meiningensche Talerschein, den Stempner am Sonnabend seinem Stiefvater in so auffälliger Weise gab, glich übrigens ganz und gar demjenigen, welcher dem Karl Friedrich Jährling am Freitag mit geraubt worden war. Die Nummer und ganz besondere Kennzeichen wußte Jährling freilich nicht zu nennen, weil er so genau seinen Schein vorher nicht angesehen hatte.

Als letzten wichtigen Punkt der ersten verantwortlichen Vernehmung haben wir noch zu erwähnen, daß Stempner auf die Frage, ob er im Jährlingschen Haus bekannt sei, zur Antwort gab: »Als Schulkind bin ich mehrmals dort gewesen. Nach meiner Konfirmation aber nicht wieder.« Davon unterrichtet gewesen zu sein, daß Jährling kurz zuvor Getreide verkauft und noch Geld vorrätig habe, leugnete Stempner ebenfalls.

So waren denn gegen Johann Bernhard Stempner, den jedermann in Darnstedt wohl für leichtsinnig, aber für gutmütig hielt, der wie alle anderen Dorfbewohner die Leiche des ermordeten Kindes sich betrachtet und an der Beerdigung teilgenommen hatte, ohne daß er jemandem durch sein Benehmen dabei aufgefallen wäre, auf den kein Mensch gekommen war, als der Untersuchungsrichter am 15. und 16. August in Darnstedt verweilte und alles Mögliche aufbot, irgendeine Spur zur Entdeckung des Täters zu finden, dem niemand zugetraut hätte, daß er – wie der Bürgermeister sich später ausdrückte – so verwegen sein könnte, eine solche schauderhafte Tat zu begehen, auf einmal höchst gewichtige Verdachtsgründe hervorgetreten. Bereits am nächsten Tag, dem 17. August, befand sich Stempner als mutmaßlicher Mörder Ernst Jährlings in der Haft des Großherzoglichen Kreisgerichts zu Weimar.

Doch Stempner leugnete die Tat beharrlich, suchte die gegen ihn sprechenden Verdachtsgründe nicht gerade mit besonderer Klugheit und Scharfsinn, aber stets mit Kaltblütigkeit und Entschlossenheit zu widerlegen oder mindestens zurückzuweisen. Diese Willenskraft verließ ihn bis zu seiner letzten Stunde nicht.

Wir haben bereits erfahren, wie er sich bemühte, seinen Geldbesitz nach dem 13. August erklärlich zu machen. Wenn ihm das auch nicht gelang, denn Zahlen und Rechenexempel sind die unerbittlichsten Feinde des Schuldigen, so kann man es doch nicht ungeschickt nennen, wie er dem Vorhalt, daß er den Gendarmen hier offenbar belogen habe, zu begegnen suchte: »Ich habe es aus Unvorsichtigkeit getan. Ich wußte nicht, daß es darauf hinaus sollte.«

Anders war es schon mit den Fußtrittspuren. Stempner leugnete nur, daß die auf Lißkers Mauer und in Jährlings Garten von ihm herrühren könnten. Von denen am Erlenbusch gab er es als möglich zu und berief sich auf einen Zeugen, mit dem er des Donnerstags auf dem Wiesenpfad gegangen sei. Der Zeuge, ein gewisser Wiegand, sagte aus, er sei allerdings, aber nicht am Donnerstag, sondern am Freitag gegen (das heißt hier: vor) Mittag, von seinem Acker zurückkehrend, mit Stempner zusammengetroffen, welcher vom Treuterschen Feld am Schleifweg herunterkam.

»Da, wo er herkam, ist gar kein Weg (wahrscheinlich der Flutgraben). Wir gingen dann zusammen den Fußweg, der an der Ilm zum Dorf zu führt, und kamen dabei an dem Erlenstock, jenseits der Ilm, vorüber. Wir sind bei diesem Stock nicht stehen geblieben und haben also auch Fußtrittspuren dort nicht zurückgelassen.«

Man erinnert sich, daß der Erlenbusch nicht unmittelbar am Wiesenpfad, sondern einige Schritte unterhalb desselben, hart am Wasser steht. Somit war auch die von Stempner versuchte Erklärung, wie es möglich sei, daß die Fußspuren am Erlenstock von ihm herrühren könnten, ohne den Verdacht des Verbrechens zu bestätigen, widerlegt.

Hinsichtlich des Flecks an der Hose blieb Stempner bei seine früheren Erklärung stehen. Seine Eltern bezeugten ihm, daß er allerdings oft an Nasenbluten litt und daß er dadurch mitunter während der Nacht sein Kopfkissen ganz und gar befleckt habe. Man kann dies wohl glauben, zumal bei der auffälligen Vollblütigkeit Stempners.

Eine genaue gerichtsärztliche und chemische Untersuchung ergab, daß sich im Inneren der Westentasche und an ein paar Stellen der Hose Stempners kleine Flecken befanden, welche man ihrer Farbe nach wohl für eingetrocknetes Blut halten konnte. Die chemischen Proben stellten jedoch heraus, daß diese Flecken nicht von Blut, sondern von Rost oder Schmutz herrühren mußten. Hingegen führten diese Untersuchungen zu einem anderen wichtigen Resultat.

Die Hose ist von baumwollenem, schwarz und weiß untermischtem Stoff. Das Physikat und der Chemiker machten übereinstimmend darauf aufmerksam, daß jene Farben am vorderen oberen Teil so ineinander geflossen waren, als ob man diesen Teil der Beinkleider ausgewaschen hätte. Stempner wollte dies dadurch erläutern, daß er einmal in Regen gekommen sei, als er die Beinkleider anhatte. Dann könnten sich aber die Flecken nicht auf den oberen und vorderen Teil beschränken.

Stempner hatte behauptet, seit seiner Konfirmation nicht wieder im Jährlingschen Haus gewesen zu sein. Als man ihn an den Weihnachtsheiligabend erinnerte, mußte er seinen damaligen Besuch eingestehen.

Er blieb jedoch dabei, daß er nicht darauf geachtet habe, von welchem Ort Jährling die Spielkarten geholt hatte, und daß er besonders das Öffnen des Pultes und das Rasseln der Geldstücke nicht gehört habe.

Ebenso mußte er eingestehen, daß er gegen Ende Juli an jenem Sonntagnachmittag abermals und wiederholt im Jährlingschen Haus war und daß er die Frau Jährling zweimal gedrängt und bestürmt hat, mit ihm auf den Heuboden zu gehen, ihm dort zu Willen zu sein, und daß er ihr dafür ein Fünfgroschenstück geboten hat. Hiergegen steht ihm nur die armselige Ausflucht zu Gebot, das alles sei nur Spaß gewesen. Mit Hartnäckigkeit blieb er aber dabei, er sei nicht von hinten durch den Garten, sondern durch das Hoftor hereingekommen. Frau Jährling und ihre Tochter Emma blieben bei ihren entgegengesetzten Aussagen.

Das Ableugnen dieses an und für sich gleichgültigen Umstandes ist sehr bedeutungsvoll. Stempner wollte um keine Preis zugestehen – wenn er auch die Fruchtlosigkeit seines Leugnens den Zeugenaussagen gegenüber selbst fühlen mußte – daß er damals denselben Pfad betrat, auf dem ein paar Wochen später der Mörder in das Haus eingedrungen ist. Er wollte überhaupt diesen Weg niemals gegangen sein, und doch behauptet der vierzehnjährige Robert Jährling, daß während ihrer Schulfreundschaft er und Stempner ihn oft zusammen benutzt hätten. Das wird jeder dem Robert Jährling glauben, denn man weiß ja, welchen unwiderstehlichen Reiz solch ein verstohlener, verbotener und gefährlicher Schleichweg für Knaben hat.

Einen Grund, warum er an dem Sonntagnachmittag überhaupt in das Jährlingsche Gehöft gekommen war, mußte Stempner natürlich angeben. Er begnügte sich nicht nur mit einem, er führte deren sogar zwei an.

Es habe damals geregnet. Er war nur in Hemdsärmeln, und um Schutz zu suchen, sei er in das Haus getreten. Frau Jährling und ihre Tochter bezeugen hingegen, daß zu jener Stunde wohl Regen drohte, daß es aber nicht schon geregnet habe und daß Stempner mit seinem Rock bekleidet war.

Als weiteren Grund gibt Stempner an, daß er den Robert habe abrufen wollen, um mit ihm zur Auerstädter Kirschallee zu gehen und dem Putzeschen Knecht Ziegler beim Abnehmen der Kirschen behilflich zu sein. Am Abend jenes Sonntags kam Stempner allerdings noch in die Auerstädter Kirschallee und traf dort den Knecht Ziegler und den Robert Jährling beim Pflücken der Früchte an. Er hat aber nichts davon erzählt, daß er zweimal im Jährlingschen Haus war, um Robert abzuholen, obwohl dies nichts Alltägliches war, da Stempner schon seit Jahren (mit Ausnahme des letzten Weihnachtsabends) den Robert nicht mehr besucht hatte. Er hat vielmehr damals nur erzählt, er habe zu Hause in der Schuppe geschlafen und sei eben erst von seiner Mutter geweckt worden.

Daß Stempner wirklich gewußt hat, Jährling besitze bares Geld und bewahre es im Schreibtisch in seiner Wohnstube auf, darf man als sicher annehmen. Jährling gilt überhaupt als wohlhabender Mann. Er hatte kurz vor dem 13. August Getreide verkauft und dies mehreren Personen in Darnstedt erzählt. An einem Markttag in Sulza war auch Treuter zugegen, als Jährling sich mit einem Sulzaer Bäcker über jenen Getreidehandel unterhielt.

Wie bereits oben erwähnt, konnte Stempner am 13. August, als er nachmittags am Schleifweg Gerste hieb, dasjenige Grundstück überschauen, auf welchem die Jährlingsche Familie mit der Erntearbeit beschäftigt war. Stempner behauptete anfangs, er habe niemanden gesehen, er wisse gar nicht, auf welchem Grundstück Jährling, der da und dort Felder besitze, gebunden und eingefahren habe.

Als die Voruntersuchung bereits geschlossen war, ließ sich Stempner beim Untersuchungsrichter melden und brachte an: »Sie haben bei dem letzten Verhör mich gefragt, ob ich an jenem Freitag Jährlings auf dem Feld gesehen hätte. Ich konnte mich nicht gleich besinnen, dann aber fiel es mir bei und ich hoffte immer auf ein neues Verhör. Da aber ein solches bis jetzt nicht erfolgt ist, habe ich mich melden lassen, um Ihnen zu sagen, daß ich allerdings zu der fraglichen Zeit Jährlings auf dem Feld gesehen habe. Erst sah ich die Frau und zwei Kinder. Nachher kam auch Jährling mit seinem Geschirr. Die Jährling war mit Binden noch nicht fertig, da halfen der Mann und Robert mit. Dann wurde aufgeladen und Jährling fuhr mit dem Getreide wieder da hinein, wo er herauf gefahren war. Die Frau aber ging schräg herüber zum Eckelstedter Weg zu, und ich sah, daß sie Weizen schnitt. Ich hieb erst hinaufwärts. Da konnte ich die angegebenen Beobachtungen weniger machen. Herunterwärts aber hatte ich die Gegend, wo Jährlings waren, gerade vor Augen.«

Das Treutersche Grundstück liegt an der nördlichen, das Jährlingsche jenseits des Flusses an der südlichen Talwand. Bei der Enge des Tals ist aber die Entfernung zwischen beiden Feldern nicht beträchtlich.

»Ich war noch nicht gar lange auf dem Gerstenstück, als Jährling mit dem Geschirr kam, und es war noch nicht um vier Uhr, als er wieder wegfuhr.«

Man sieht, Stempner war kein flüchtiger, sondern ein sehr aufmerksamer Beobachter, und namentlich die Vorgänge bei der Abfahrt des beladenen Wagens und der Heimkehr Jährlings haben sich ihm auf das Kleinste eingeprägt. Da wußte er sogar, daß es noch nicht ganz vier Uhr war. Warum hat er wohl auf das alles so genau geachtet? Wenn man die Sense handhabt, kann man auf nichts anderes als auf seine Arbeit sehen, sonst haut man ungleich, zu hoch oder in die Erde hinein. Stempner hielt also inne mit der Arbeit und zwar öfters kurz nacheinander oder während einer längeren Zeit, als man sich zu einer augenblicklichen Rast gönnt.

Sein Vesperbrot hat er damals nicht verzehrt, denn er sagt bei einer späteren Gelegenheit, worauf wir noch zurückkommen werden: »Sonst pflege ich um vier Uhr zu vespern. An jenem Nachmittag hatte ich aber solchen Durst, daß ich es nicht konnte und erst um sieben Uhr abends mein Vesperbrot verzehrte.«

Er hat also zur Zeit, als der Wagen aufgeladen wurde, das war zu der Zeit, als die Tat im Haus bereits verübt, aber noch niemandem bekannt war, oft und lange mit seiner Arbeit innegehalten, um zu sehen, was die Familie Jährling auf ihrem Feld trieb und wann sie nach Hause zurückkehren würde. Welchen Grund kann er dazu gehabt haben?

Unmöglich aber ist es, daß alle diese genauen Beobachtungen bei den darauf gerichteten Fragen des Untersuchungsrichters ihm gänzlich aus dem Gedächtnis entschwunden gewesen sein sollten, während er sich ihrer kurz darauf wieder so lebhaft erinnerte. Er hatte also Grund, das, was er wußte, anfangs zu verschweigen, und später für ratsam gehalten, noch Anzeige davon zu machen.

Vor allen Dingen mußte es Stempner, mochte er schuldig oder

unschuldig sein, darauf ankommen, zu beweisen, daß er in der kritischen Zeit zwischen dreiviertel drei und dreiviertel fünf, am Nachmittag des 13. August, vom Grundstück am Schleifweg nicht weggekommen sei oder wenigstens den Beweis des Gegenteils zu erwarten und möglichst zu entkräften.

Das sah auch Stempner sehr wohl ein. Darum behauptete er gleich bei seiner ersten Vernehmung, er sei von nachmittags zwei Uhr bis abends sieben Uhr unausgesetzt auf jenem Treuterschen Feld geblieben und mit keinem Schritt davon weggekommen. Zum Beweis dafür berief er sich auf einen Feldnachbar, den Landwirt Valentin Putze. Dieser hat in den ersten Nachmittagsstunden des Freitags allerdings ein paar Mal Getreide von seinen dort gelegenen Grundstücken eingefahren.

Als er dies gegen ein Uhr tat, bemerkte er den Stempner am Schleifweg beim Gerstehauen. Als er aber zurückkam, um eine zweite Fuhre zu holen, und dies war zwischen zwei und drei Uhr, befand sich Stempner nicht mehr auf dem Treuterschen Grundstück. Putze hatte dann in seiner Scheune zu tun und kam erst gegen sechs Uhr abends auf ein anderes benachbartes Grundstück zurück, um dort zu binden. Auch zu dieser Stunde war Stempner nicht bei seiner früheren Arbeit und überhaupt nicht dort anwesend. Wie lange Putze gegen Abend mit Binden beschäftigt war, wissen wir nicht.

Der Musikus Kober aus Bergsulza ging am Freitagnachmittag Schlag zwei Uhr vom Bahnhof Apolda weg, nach Hause zu. Er nahm seinen Weg am nördlichen, linken Ilmufer zuvörderst auf der Fahrstraße bis Eberstedt. Dort verließ er diese Straße, welche nun über die Ilm und auf dem südlichen Ufer erst durch Darnstedt und dann nach Sulza führt, und schlug einen Fußpfad ein, welcher auf der nördlichen Seite des Flusses bleibt.

Auf diesem Fußpfad erreicht man, Darnstedt gegenüber, zuletzt den Schleifweg und geht auf diesem bis an die Darnstedter Brücke, überschreitet sie aber nicht, sondern gewinnt nun eine zweite Fahrstraße, welche auch auf diesem Ufer Darnstedt mit Sulza verbindet.

Kober kam also in der Nähe (wahrscheinlich oberhalb) des Treuterschen Gerstenstücks vorüber. Er folgte dem Schleifweg zur Brücke zu und näherte sich so immer mehr dem oft erwähnten

Wiesenpfad, neben welchem der Erlenstock steht, denn dieser Pfad und der Schleifweg stoßen bei der Brücke in einem spitzen Winkel aufeinander.

Als Kober etwa um vier Uhr des Nachmittags den Schleifweg hinunter zur Brücke zu ging, kam ihm, in der Richtung von der Brücke her, aber auf dem weiter unten an der Ilm sich hinziehenden Wiesenpfad, der ihm wohlbekannte Bernhard Stempner entgegen. Als die beiden einander gegenüber waren, befanden sie sich in einem Abstand von ungefähr zwanzig Schritt. So weit ist der obere Weg von dem unteren hier entfernt.

Koben rief den Stempner an: »Wohin willst du denn?«

Stempner erwiderte: »Ich will hauen!«

Dann fragte Kober weiter: »Gehst du auch nach Jena?«

Stempners Antwort lautete: »Ja, den Sonnabend.«

Nach diesem kurzen Zwiegespräch setzten beide ihren Weg fort.

Dem Musikus Kober fiel es auf, daß Stempner keine Sense bei sich trug. Er dachte jedoch, die könnte auf dem Feld liegen. Irgendetwas Ungewöhnliches hatte er außerdem nicht an ihm bemerkt.

Als dem Angeschuldigten angedeutet wurde, seine Behauptung, am Freitagnachmittag durchaus nicht vom Feld weggekommen zu sein, wurde durch Zeugenaussagen widerlegt, versetzte Stempner: »Ich bin nicht vom Stück weggekommen. Ausgenommen gleich nach fünf Uhr. Da hatte ich das Wasser in meinem Wetzsteinfasse verschüttet, und ich ging um deswillen von dem Gerstenstück in gerader Linie hinunter an die Ilm, schöpfte mir dort frisches Wasser und ging auf demselben Weg wieder auf das Gerstenstück zurück. Ich bin dabei nicht länger als sechs oder sieben Minuten von dem Stück weggewesen.«

Das Gericht: »An welcher Stelle schöpften Sie das Wasser?«

Stempner: »Es liegen große Steine dort und auf einen derselben kniete ich.«

Das Gericht: »Kennen Sie den Musikus Kober aus Bergsulza?«

Stempner: »Ja, den kenne ich. Kober begegnete mir, als ich das Wasser an der Ilm holte. Er kam, wie ich glaube, von Eberstedt. Weil er mich gut kennt, fragte er mich, ob ich auch den Sonntag nach Jena ginge.«

Das Gericht: »Das soll den Nachmittag um vier Uhr gewesen sein.«

Stempner: »Nein, es war gleich nach fünf Uhr. Ich hatte, ehe ich vom Stück wegging, den Seiger zu Stadtsulza fünf schlagen hören.«

Das Gericht: »Kober sagt, Sie wären von der Brücke her ihm entgegengekommen.«

Stempner: »Das ist nicht wahr. Ich hatte bereits das Wasser geschöpft und war wieder ein Stück auf dem Felde hinauf, als Kober von Eberstedt herkam. Ob er das Wetzsteinfaß gesehen hat, weiß ich nicht. Ich hatte es in der Hand.«

Kober hat damals kein Wetzsteinfaß bei Stempner bemerkt.

Seine Angaben sucht Stempner dadurch noch wahrscheinlicher zu machen, daß er bei einem späteren Verhör erklärte: „Mein Wetzsteinfaß hatte ich zu Hause vor meinem Weggang gefüllt. Auf dem Gerstenstück vergoß ich das Wasser. Wahrscheinlich hatte der Wetzstein zu fest darinnen gesteckt und ich hatte es zugleich mit dem Wetzstein aus dem Gürtel gezogen. Es passiert das anderen Hauern auch.«

Als er, wie oben erwähnt, um einen Vortritt bei seinem Untersuchungsrichter bitten ließ und seine Beobachtungen hinsichtlich der Jährlingschen Familie mitteilte, fügte er hinzu: »Es war noch nicht vier Uhr, als Karl Friedrich Jährling wegfuhr, und nachher erst holte ich in meinem Wetzsteinfaß das Wasser aus der Ilm.«

Jetzt leuchtet ein, warum es Stempner für geraten hielt, sich melden zu lassen und dasjenige, was er auf dem Jährlingschen Feld wirklich beobachtet hatte, mitzuteilen. Einmal wollte er dadurch dartun, daß er derjenige gar nicht gewesen sein könne, welcher den Ernst Jährling im Hof gefragt hatte, ob der Vater, die Mutter und Robert zu Hause seien. Er wußte ja aus eigener Anschauung, daß sie alle auf dem Feld waren. Zweitens wollte er einen feststehenden Tatumstand, daß nämlich Karl Friedrich Jährling erst kurz vor fünf Uhr nach Hause zurückgekehrt war, benutzen, um Kobers für ihn gefährliche Zeitangabe zu widerlegen.

Ja, es geht sogar aus anderen Behauptungen hervor, daß er überhaupt beflissen war, seinen Hinausgang auf das Feld und alles, was ihm dort begegnet ist, um eine Stunde später anzugeben, als es sich wirklich zugetragen hat. Darum widerspricht er dem Valentin Putze. Er will von diesem nicht zwischen ein und zwei Uhr, sondern zwischen zwei und drei Uhr auf dem Feld gesehen worden und erst gegen zwei Uhr hinausgegangen sein. Darum bietet er alles auf, glauben zu machen, daß Kober sich geirrt und seine Begegnung mit ihm nicht um vier, sondern um fünf Uhr stattgefunden habe.

Kober läßt sich jedoch nicht irre machen. Er weiß gewiß, nach der Bahnhofsuhr, auf die er eines Zugs wegen genau geachtet hat, daß er mit dem Schlag zwei Uhr vom Apoldaer Bahnhof weggegangen war. Der Weg, den er eingeschlagen hatte, wurde oben beschrieben. Auf ihm beträgt die Entfernung zwischen dem Bahnhof und Darnstedt zwei kleine Stunden. Bei sehr raschem Gehen kann man sie zur Not auch in anderthalb Stunden zurücklegen. Das wird nicht nur von Kober behauptet, sondern auch von mehreren anderen kundigen Leuten bestätigt. Der Nachmittag des 13. August war warm. Kober ging nicht außergewöhnlich rasch, aber auch nicht zu langsam. Er hat sich unterwegs nicht aufgehalten, und so schließt er denn mit vollem Recht, daß er kurz vor vier Uhr bei Darnstedt war und dem Stempner begegnete. Er hat noch eine andere Probe für die Richtigkeit seiner Zeitberechnung. Er weiß nämlich, daß er gegen fünf Uhr, das heißt hier noch vor fünf Uhr, in seiner Wohnung in Bergsulza angelangt ist.

Von Darnstedt bis nach Bergsulza – nicht zu verwechseln mit Stadtsulza, welches im Tale liegt – beträgt die Entfernung eine starke halbe Stunde. Rechnet man hinzu, daß Kober bei der warmen Witterung überhaupt nicht rasch gegangen ist, daß sich seine Wohnung nicht in einem der ersten Häuser seines Heimatdorfes befindet, daß er, dort angelangt, nicht augenblicklich nach der Uhr gesehen haben wird, und daß die Bahnhofsuhr in Apolda, nach welcher er die Zeit seines Ausgangs angibt, um mehrere Minuten nachgehen muß, wie dies bei allen Bahnhofsuhren der Fall ist, so ergibt sich, daß Kober nicht später als um vier Uhr mit Stempner bei Darnstedt zusammengetroffen sein kann.

Stempner freilich stellt die Behauptung auf, daß man in einer Viertelstunde von Darnstedt nach Bergsulza laufen könne. Wenn er selbst, um sein Leben zu retten, dies unternommen hätte, würde es ihm schwerlich geglückt sein. Kober hatte damals weder Veranlassung noch Lust, einen solchen Lauf zu versuchen.

Wir erinnern uns, daß der Raubmörder nach drei Uhr zuerst in das

Jährlingsche Gehöft eingedrungen ist, daß er den Knaben stumm machte und zurückging. Daß er eine ganze Weile ausblieb, dann zurückkehrte, die Rodehacke nahm, in das Haus und in die Wohnstube eintrat, von Fleck dort eingeschlossen wurde, sich von innen aus des Stubenschlüssels bemächtigte, jedenfalls die Zeit benutzte, während Fleck wieder vor dem Tor stand, um mit seinem Raub durch den Garten davonzueilen, dann über die Lißkersche Mauer und die Brücke hinweg geflohen ist, und bei dem Erlenstock sich von den Blutspuren der Tat gereinigt hat. Wir dürfen gewiß mit Recht schließen, daß der Mörder, um alles zu vollenden, mehr als eine halbe Stunde Zeit brauchte, und daß es fast vier Uhr war, als er vom Erlenstock aus seinen Weg weiter fortsetzte.

Das trifft genau den Zeitpunkt, zu welchem Stempner dem Kober begegnete.

So ist es denn dem Angeschuldigten, trotz aller Bemühungen, nicht gelungen, diese ihn schwer verdächtigenden Umstände, sowohl hinsichtlich der Zeit als hinsichtlich des Ortes, zu beseitigen. Der ganze Versuch, ein Alibi zu behaupten, ist mißlungen und in das Gegenteil umgeschlagen.

Die Wunden, welche man an dem Leichnam bemerkt hat, sind dem Ernst Jährling, nach dem Physikatsgutachten, mit einem spitzen, einschneidigen Instrument zugefügt worden. Dieses kann sehr wohl ein Taschenmesser gewesen sein, doch hat man ein solches weder im Jährlingschen Gehöft, noch in einem der Gärten, noch an einem sonstigen Ort, an welchem der Mörder Spuren hinterlassen hat, noch in Stempners Besitz gefunden. Freilich ist die Ilm an dortiger Stelle tief und wirft ein Messer nicht so aus, wie sie den Leichnam des Gemordeten an das Land gespült hat. Wir können nicht wissen, was auf dem Grund des Flusses liegt.

Als Stempner verhaftet wurde, fand man kein Taschenmesser bei ihm. Seine Eltern, in deren Haus danach gesucht wurde, gaben an, er habe hintereinander mehrere besessen, aber immer verloren. Da hätten sie ihm keins wieder angeschafft. Stempner selbst sagte zuerst aus, als er danach befragt wurde: »Ich hatte zwar eins, habe es aber schon vor längerer Zeit verloren.« Dann gab er mit Bezug auf den 13. August an: »Ich habe noch niemals zum Hauen ein Messer und ein Stück Holz mitgenommen. Es ist das bei einer Sense, wie ich sie hatte, auch nicht nötig, es wird daran nichts locker. An dem Messer, welches ich zuletzt hatte, war nur eine Schale. Wo ich es verloren habe, weiß ich nicht. Den Freitagnachmittag auf dem Feld konnte ich mir nicht anders helfen, bei dem Mangel eines Messers, ich mußte Brot und Wurst abbeißen. Friedrich Zeitschel hat mich damals essen sehen und hat mich gefragt, ob es mir schmecke.«

Zeitschel hat allerdings an jenem Nachmittag, gegen Abend, zwischen fünf und sieben Uhr, den Stempner zweimal auf dem Gerstenstück gesehen. Das erste Mal kauzte Stempner dort. Ob er da vielleicht gevespert hat, weiß Zeitschel nicht. Er hat ihm gar keine weitere Beachtung zugewendet und von einem Messer nichts gesehen. Auf die zweite Begegnung werden wir bald zurückkommen.

Mehrere Personen, die mit Stempner bei der Eisenbahn gearbeitet haben, versichern, daß er stets ein Taschenmesser bei sich führte und sich desselben beim Essen bedient habe. Es sei ein *kurzes, moppeliges, aber scharfes Einschlagmesser mit bräunlichem Stiel gewesen.*

Die Eltern Stempners beschreiben das Messer als ein kleines Einschlagmesser, nur noch an einer Seite mit einer Schale von Hirschhorn versehen. Treuter glaubt, sein Stiefsohn müsse auch dieses Messer schon früher wieder verloren haben, da er in den letzten Tagen bis zum Freitag dasselbe bei den Mahlzeiten nicht mehr gebraucht, sondern sich dazu eines langen Tischmessers bedient habe.

Als dem Physikat die Kleidungsstücke Stempners zu genauer Besichtigung vorgelegt wurden, fand es unter anderem Folgendes: »In dem grauen Futterkattun der rechten Tasche dieser Jacke ist ebenfalls ein Fleck, welcher eine dunklere Färbung hat, als ob er von Blut herrühre. Nimmt man an, daß Stempner der Mörder sei, so wollen wir darauf aufmerksam machen, daß der Fleck in der Tasche, seinen Umrissen nach, es wahrscheinlich macht, daß der blutige Stiel eines Messers in die Tasche gesteckt worden ist.«

Wir wissen, daß die chemische Untersuchung Blut an den Kleidungsstücken Stempners darzustellen nicht vermocht hat, wohl aber ist die zuletzt angeführte Physikatswahrnehmung von großer Wichtigkeit. Sie wird noch näher dahin erläutert, daß sich in der rechten Jackentasche die Schale eines Messers – aber nur auf einer Seite! –

abgedrückt habe. Das Messer müsse – ob von Blut, ob von einem anderen Stoff – feucht klebrig gewesen sein. Dies habe sich dem Futterkattun der Tasche mitgeteilt. An diese Stellen hängten sich Krümel von Brot und Tabak an und bildeten so die Form der einen Messerschale ziemlich deutlich nach.

Die Richtigkeit dieser Beobachtung wird dadurch bestätigt, daß die eine Schale des Stempnerschen Messers von Hirschhorn, also verhältnismäßig sehr erhöht und dabei doch ungleich, nicht glatt gewölbt gewesen ist.

Das Benehmen Stempners nach der Tat trägt dazu bei, ihn weiter zu belasten.

Wir erinnern an die Beobachtungen, welche der Gendarm Knabe über Stempners wechselnde Verlegenheit und Dreistigkeit, über sein Erröten bei der Begegnung mit der Großmutter des ermordeten Kindes gemacht hat.

Hierher gehören ferner die vielfachen Lügen, die Stempner sich zu Schulden gebracht hat und die auf sein Schuldbewußtsein schließen lassen. Weiter die aufmerksame Beobachtung des Tuns und Treibens der Jährlingschen Familie auf ihrem Feld. Ist es nicht, als könnte er den Blick von jenen nicht abwenden, welche noch nicht ahnten, was sie bei ihrer Heimkehr erwartete? Und dann sein späteres Benehmen auf dem Gerstenstück.

Sonst pflegte er um vier Uhr zu vespern, an jenem Tag tat er es, wie er selbst sagt, erst um sieben Uhr, *weil er vor Durst nicht essen konnte.* Er beruft sich darauf, daß Zeitschel ihn dann beim Essen gesehen habe. Zeitschel weiß nicht mehr, als daß Stempner damals auf dem Feld *gekauzt* hat.

Als Zeitschel zum zweiten Mal – und das mochte gegen sieben Uhr sein – in Stempners Nähe kam, stand dieser auf dem Gerstenstück, hatte die Sense über der Schulter und seine Jacke vorn am Sensenbaum hängen, sodaß sie den oberen Teil der Beinkleider bedeckte.

Stempner redete den Zeitschel an: »Du kommst erst und ich will Feierabend machen.«

Zeitschel erwiderte, er wolle noch ein Bündel Linsengerste abmachen, und erzählte dann dem Stempner, bei Jährlings sei eingebrochen und gestohlen worden und das Kind werde vermißt.

Darauf erwiderte Stempner nichts weiter als: »Nun ja! Nun da!« Sein ganzes Wesen zeigte eine seltsame Unruhe, während er eben noch im Begriff gewesen war, nach Hause zu gehen, erklärte er nun, er wolle auch noch ein bißchen hauen, warf seine Sachen ab und schickte sich zur Arbeit an. Plötzlich aber änderte er wieder den Sinn und ging doch vom Feld auf dem Schleifweg fort, indem er äußerte, er wolle auf einem anderen Stück Linsen binden.

Endlich kommen wir an das letzte Hauptglied der Reihe von Indizien, welche den Bernhard Stempner überführen, daß er den Raubmord an Ernst Jährling verübt hat. Ohne die merkwürdige Fußspur mit ihren zweifellosen Kennzeichen würde man nicht so rasch, vielleicht auch gar nicht zu dem Verdacht gegen Stempner gelangt sein; aber selbst dieser bündige Beweis seiner Anwesenheit im Jährlingschen Garten und alle anderen sich aufs engste anschließenden Beweise würden wesentlich entkräftet worden sein, wenn der blinde Fleck bei seinen ersten Aussagen geblieben wäre, *die Stimme des Mörders sei ihm nicht bekannt, er habe gar keine Mutmaßung.*

Der alte Fleck besitzt, wie wir schon erwähnten, trotz seiner Schwerhörigkeit die Gabe, Personen, welche ihm einigermaßen bekannt sind, an der Stimme sicher zu erkennen. Das bezeugen nicht nur viele Darnstedter Einwohner, davon hat sich auch der Untersuchungsrichter durch mehrfache Proben überzeugt. Bernhard Stempner war ihm aber bekannt, denn er war, allerdings als Knabe, oft im Jährlingschen Hause, auch in den letzten Jahren, namentlich am Weihnachtsabend. Bei manchen anderen Gelegenheiten außerhalb des Hauses hatte Fleck ihn sprechen hören. Und dennoch sagte er, die Stimme des Mörders sei ihm gänzlich unbekannt gewesen. Freilich, setzte er hinzu, der Kerl habe nur halblaut gesprochen.

Diese Aussagen hat Fleck bei seiner ersten Vernehmung am 15. August erstattet.

Als er am 20. August abermals vernommen und nach einer Reihe von Personen gefragt wurde, auf welche die verschiedenen Mutmaßungen sich gelenkt hatten, erwiderte er: »Die Stimmen des Ernst Hanf, Anton Hanf, Wagner aus Quirla, Gröschner und Siebmacher Bär kenne ich nicht. Dagegen sind mir die Stimmen des jetzt verhafteten Stempner und des Gottlieb Mölle (eines gutmütigen, in Sulza wohnhaften Mannes, auf den durch einen anonymen Brief der Verdacht gelenkt worden war, daß er der Mörder sei) von hier bekannt. Die Stimme des Mölle ist eine grobe, derbe. Ich glaube nicht, daß es die Stimme des Mölle war, welche die wenigen Worte zu dem Knaben Ernst sprach. Die Stimme war feiner, eine Mittelstimme. Der Mensch sprach freilich nicht gar zu laut, und um deswillen habe ich auch seine Stimme so ganz nicht deutlich vernehmen können. Der jetzt verhaftete Stempner spricht ähnlich, mit Bestimmtheit aber mag ich doch nicht behaupten, daß Stempner jener Mensch gewesen ist. Der Stimme nach war der Kerl kein alter, sondern ein junger.«

Zu einer späteren Stunde am gleichen Tag mußte Fleck sich wieder vor dem Untersuchungsrichter einfinden und wurde bedeutet, sich ganz ruhig zu verhalten, aber genau Obacht zu geben. Man werde hintereinander verschiedene Personen eintreten lassen, mit ihnen sprechen, und sobald eine solche Person sich wieder entfernt habe, ihn befragen, was er über die Stimme erkläre. So geschah es.

Nach der ersten Unterredung, mit einem jungen siebenundzwanzigjährigen, dem Fleck unbekannten Mann, den übrigens durchaus kein Verdacht wegen des Raubmordes treffen konnte, erklärte Fleck: »Die Stimme klingt etwas ähnlich, behaupten aber kann ich es nicht.«

Nach einer zweiten Vernehmung in seiner Gegenwart sagte Fleck: »Nein, die Stimme traf nicht.«

Nach einer dritten Vernehmung, und zwar Mölles, äußerte Fleck: »Die Stimme paßt gar nicht. Die Stimme des Mölle kenne ich. Er hat gar eine grobe Sprache.«

Nun wurde Bernhard Stempner vorgeführt. Der Untersuchungsrichter hielt ihm nur im allgemeinen vor, daß die Verhandlungen fast durchgängig zu seiner Belastung beigetragen hätten und daß man ihn ermahne, die Wahrheit zu gestehen.

Stempner erwiderte: »So wahr ich hier stehe, es ist mir so etwas nicht in die Gedanken gekommen!«

Als Stempner abgetreten war, erklärte Fleck: »Die Stimme traf. Das ist ganz die nämliche Stimme!«

So waren von dem Untersuchungsrichter alle Momente, welche zur Entdeckung und Überführung des Schuldigen dienen konnten, mit

Scharfsinn und Umsicht gesammelt und mit gewissenhafter Sorgfalt geprüft worden. So beharrlich Stempner auch leugnete, es sprach doch alles dafür, daß er und kein anderer die Tat begangen hatte. Darum wurde von dem Oberstaatsanwalt Anklage erhoben und Johann Bernhard Stempner aus Darnstedt angeklagt:

Am 13. August 1858, nachmittags gegen vier Uhr, in der Wohnung des Landwirts Karl Friedrich Jährling zu Darnstedt gegen den fünfeinhalbjährigen Knaben Ernst Jährling körperliche Gewalt ausgeübt zu haben, um sich eine, dem gedachten Karl Friedrich Jährling gehörige Summe Geldes, im Betrag von mindestens 44 Talern, zuzueignen und dadurch sich oder einem anderen einen unrechtmäßigen Gewinn zu verschaffen.

Dabei den gedachten Ernst Jährling vorsätzlich getötet zu haben.

In den Tagen vom 11. bis zum 13. November 1858 wurde der merkwürdige Fall vor dem Schwurgericht in Weimar verhandelt. Der große Sitzungssaal war in seinen Zuhörerräumen voll gedrängt. Nicht nur die Spannung, wie die Geschworenen urteilen würden, sondern mehr noch das hohe innere Interesse des rätselhaften Prozesses rief diese außerordentliche Teilnahme des Publikums hervor und erhielt, ja, steigerte sie bis zum Schluß.

Das Äußere Stempners machte einen ungünstigen Eindruck. Seine Züge trugen das Gepräge einer finsteren, trotzigen Entschlossenheit. Die unteren Partien des Gesichts erschienen auffallender angespannt und vorgeschoben, als durch ihre Bildung natürlich bedingt war. Sein Benehmen stimmte vollkommen damit überein. Er ging mit eiserner Stirn und unerschütterlicher Kaltblütigkeit in den Kampf um seinen Kopf. Nicht das Kreuzfeuer von Fragen und Vorhalten, das, nach Verlesung der Anklageschrift, der Präsident und der Staatsanwalt auf ihn richteten, nicht die Aussagen der Zeugen, welche, trotz der scharfsinnigen Einwürfe des Verteidigers, alles, was in der Voruntersuchung ermittelt war, nur um so klarer an den Tag brachten und den Angeklagten von Stunde zu Stunde mehr belasteten, vermochten ihn in Verwirrung zu bringen.

Nur zweimal verließ ihn sein starrer Trotz. Als seine gebeugte Mutter vor die Schranken trat und mit zitternder Stimme alles bestätigte, was nur irgend zu Gunsten ihres Sohnes sprechen konnte, und sein gutes Herz rühmte, und als sein Lehrer, wahrhaft ergriffen, von dem früher tadellosen Lieblingsschüler sprach, von dem er es nie für denkbar gehalten hätte, ihm an solcher Stelle, unter solchen Umständen zu begegnen. Da überzog glühende Röte das Gesicht des Angeklagten, da beugte er das Haupt und weinte bitterlich.

Außerdem aber setzte er sein in der Voruntersuchung befolgtes System des Leugnens dreist und unbeirrt fort. Hier und da, wenn er durch Zeugenaussagen entlarvt wurde, flammte eine jähe Zornesröte über sein sonst bleiches Gesicht. Ein leidenschaftlicher Grimm gab sich in seiner heftigen Gegenrede kund. Wenn ein Vorhalt ihn zu sehr in die Enge trieb, machte er von dem ihm zustehenden Recht Gebrauch und schwieg. Aber nichts verleitete ihn, irgendetwas einzuräumen, was er in der Voruntersuchung geleugnet hatte, seine Verteidigungslinie auch nur auf einem einzigen Punkt aufzugeben.

So blieb er bei allen seinen früheren lügenhaften Angaben über Gelderwerb und Geldbesitz. Nur auf die Frage, warum er eigentlich am Sonnabend seinem Stiefvater die drei Taler gegeben habe, da er doch weder bei der Eisenbahn Geld erhoben, noch irgendeine andere Veranlassung dazu gehabt hatte, blieb er jede Antwort schuldig. Den wahren Grund durfte er freilich nicht nennen. Er hatte so rasch als möglich diesen Teil des geraubten Geldes und darunter das auffallendste Stück – den Talerschein aus Meiningen – in Sicherheit bringen wollen. Dann konnte er in den nächsten Tagen seinen Eisenbahnlohn erheben und ungeschmälert für sich behalten.

Er ging aber noch weiter in seinem System. Er hatte sich jedenfalls aus der Anklageschrift überzeugt, wie gefährlich es um ihn stand, und daß er einige sehr folgenschwere Zugeständnisse gemacht hatte. Darum suchte er diesen Fehler zu verbessern.

Vor allen Dingen leugnete er jetzt auch das, was er früher als möglich zugegeben hatte, daß er nämlich am Tag vor der Tat, am 12. August, am Erlenstock gewesen sein könne, und behauptete nunmehr bestimmt, er sei weder am Donnerstag, noch am Freitag (beim Wasserschöpfen) dahin gekommen.

Auf einem Tisch in der Mitte des Saals standen die Stiefel, welche Stempner als seine anerkennen mußte und die er an jenem Nachmittag getragen hatte. Die Maße stimmten, die Hufeisen, die Zahl der großköpfigen Zwecken um die Sohle herum, in deren Reihe die neunte von außen, die sechste nach innen fehlte, vor allem aber das ganz ungewöhnliche kleine Stiftchen, das aus dem rechten Absatz hervorragte – alles paßte. Stempner konnte nichts leugnen.

Mit um so größerer Hartnäckigkeit behauptete er jetzt, daß er weder in den Fußtrittspuren am Erlenstock noch in denen auf der Mauer und im Jährlingschen Garten Abdrücke von Zwecken und von einem Stift wahrgenommen habe, obwohl er früher dieses und die völlige Übereinstimmung seiner Stiefel mit den Spuren eingeräumt und nur erwidert hatte: »Es hat am Ende jeder so lange Stiefel und auch Zwecken darin.«

Somit glaubte Stempner von dieser Fußspur, die, fortlaufend von dem Ort der blutigen Tat bis zum Ausgangspunkt des Mörders, ihn so eng verstrickt hatte, sich losgemacht zu haben, oder, wenn er dies auch nicht mehr zu glauben hoffte – denn die Zeugen bekundeten unbeirrt davon ihre übereinstimmenden, sicheren Beobachtungen – so war es doch wenigstens eine letzte verzweifelte Anstrengung seiner noch ungebrochenen Kraft, sich des Verderbens zu erwehren. Ebenso wandte er alles Erdenkliche an, den Musikus Kober wankend und ihn glauben zu machen, die Begegnung sei nicht schon um vier Uhr, sondern erst eine Stunde später erfolgt. Er sei nicht von der Brücke und von dem Erlenstock her, sondern geradewegs von der Ilm heraufgekommen. Alle Bemühungen blieben jedoch auch hier fruchtlos.

Der für Stempner gefährlichste Zeuge war jedenfalls der Blinde Fleck. Wir wissen, was dieser anfangs, was er später und was er, nachdem Stempner in seiner Gegenwart vernommen worden war, über die Stimme des Mörders ausgesagt hatte.

Als dem Angeklagten dies vorgehalten wurde, erwiderte er: »Das ist nicht war, was da zuletzt niedergeschrieben worden ist. Fleck hat nicht gesagt: Die Stimme traf. Das war ganz die nämliche Stimme, sondern als ich wieder hinausgegangen war, blieb ich mit dem Diener, der mich bewachte, in der Nähe der Tür auf dem Vorsaal, und da hörte ich ganz deutlich, daß der Herr Untersuchungsrichter den Fleck fragte, ob das die nämliche Stimme gewesen sei? Und Fleck erwiderte: Nein, die Stimme trifft nicht zu!«

Es wurden, als Stempner trotz eindringlichen Zuredens, auch von Seiten seines Verteidigers, fest dabei stehen blieb und somit dem Untersuchungsrichter wie dessen Protokollführer eine Fälschung des Protokolls vorwarf, auf Anordnung des Präsidenten der Untersuchungsrichter und der betreffende Kreisgerichtsbote als Zeugen in den Gerichtssaal beschieden.

Der Kreisgerichtsbote erzählte, das Untersuchungsgericht habe am 20. August in Darnstedt in einer Stube expediert, vor welcher sich ein großer Vorsaal befindet. Auf Befehl des Untersuchungsrichters hat der Bote die Vorgeladenen, einen nach dem anderen, in das Verhörzimmer eingelassen. Die Übrigen, welche noch warteten, haben sich im Vorsaal, aber so weit entfernt von der Tür aufgehalten, daß keiner ein Wort von dem verstehen konnte, was in der Stube gesprochen wurde. Später erst ist der bereits verhaftete Stempner in Begleitung eines Unteroffiziers angekommen. Auf Befehl des Untersuchungsrichters alsdann von dem Boten in das Verhörzimmer eingeführt und nach der Vernehmung (bei welcher Fleck gegenwärtig war) ebenso wieder hinausgeführt und dem Unteroffizier zur Bewachung übergeben worden. Letztere beiden haben an der entgegengesetzten Wand des geräumigen Vorsaals gesessen. Der Bote stand dicht vor der Tür, um, sobald geklingelt wurde, augenblicklich wieder eintreten zu können. Der Bote hat nicht das Geringste von dem, was der Untersuchungsrichter und Fleck nach Entfernung Stempners miteinander gesprochen haben, unterscheiden können. Noch viel weniger ist dies also dem bei weitem entfernteren Stempner möglich gewesen.

Der Angeklagte mußte die Richtigkeit dessen, was der Bote über die Örtlichkeit und den Hergang angab, zwar einräumen, beharrte aber dessen ungeachtet auf seiner Behauptung, er habe die Antwort Flecks auf die Frage des Untersuchungsrichters so vernommen, wie er sie, in direktem Widerspruch zu dem Protokoll, angegeben hatte.

Nunmehr erschien der Untersuchungsrichter vor den Schranken des Gerichtshofes und wurde befragt, wie es von ihm am 20. August in Darnstedt bei den Befragungen verschiedener Personen in Gegenwart des blinden Fleck gehalten worden sei und was er von dem Benehmen des letzteren, der Art und Weise und dem Inhalt seiner Aussagen noch im Gedächtnis habe.

Mit einer jeden Zweifel, der vielleicht bei einem Unkundigen entstanden sein konnte, beseitigenden Bestimmtheit und Wahrheitstreue erzählte der Untersuchungsrichter die Vorgänge bei den hier in Betracht kommenden Vernehmungen ganz übereinstimmend mit den aktlichen Aufzeichnungen, doch gewannen diese letzteren durch seine Schilderung eine alle Anwesenden ebenso sehr fesselnde als überzeugende Lebendigkeit.

Auch der ersten Vernehmung, welcher er beiwohnte, hatte der Blinde nicht etwa zweifelhaft und unsicher, sondern nach gewissenhafter Selbstprüfung, wohl eine gewisse Ähnlichkeit der Stimme mit der des Mörders anerkannt, aber sich schließlich gegen die Identität erklärt. Nach der zweiten Vernehmung hatte es gar keiner nochmaligen Prüfung bedurft. Diese vorher ihm unbekannte Stimme hatte nicht die mindeste Ähnlichkeit. Ebenso wenig die des Nächsten, in welcher er sofort die *gar grobe Sprache* des ihm wohlbekannten Mölle herausfand. Als nun viertens Bernhard Stempner eingeführt wurde, da tat sich schon bei dessen ersten Worten eine seltsame Aufregung des Blinden kund. Alle sein Gesichtsmuskeln zuckten. Er konnte kaum erwarten, bis Stempner das Zimmer wieder verlassen hatte. Dann rief er aus vollster Überzeugung: »Die Stimme traf. Das ist ganz die nämliche Stimme!«

Als dem Untersuchungsrichter die schwere Beschuldigung mitgeteilt wurde, die der Angeklagte gegen ihn erhoben hatte, richtete er den Blick fest auf Stempner und versicherte mit der vollen ruhigen Kraft der Wahrheit, daß es sich so und nicht anders zugetragen habe.

Der Angeklagte konnte diesem Blick nicht begegnen. So dreist er vorher war, so kleinlaut erwiderte er jetzt die charakteristischen Worte: »Beschwören kann ich es nicht. Ich wollte mich verteidigen!«

So waren alle Verteidigungsversuche des Angeklagten vollständig gescheitert, ja, sie hatten nur dazu gedient, ihn umso schwerer zu belasten. Der Beweggrund zu diesen Lügen und Verdächtigungen war nur in Stempners Schuldbewußtsein zu suchen.

Wir übergehen die Aussagen der Zeugen und Sachverständigen, soweit sie nur dasjenige wiederholen, was sie in der Voruntersuchung bekundet und was wir schon früher ausführlich angegeben haben. Es trat nirgends ein Widerspruch hervor, der dem Angeklagten hätte von Nutzen sein können.

Die höchste Aufmerksamkeit und Spannung ergab sich, als der Präsident befahl, den Zeugen Fleck einzuführen, und der blinde, vom Alter gebeugte Mann, zwischen den dichtgedrängten Reihen der Zuhörer hindurch, bis vor den Tisch des Gerichtshofes geleitet wurde.

Es war ihm von verschiedenen glaubwürdigen Personen das Lob der Biederkeit und Bravheit uneingeschränkt zu Teil geworden. Der gutmütige und dabei feste und intelligente Ausdruck seiner Gesichtszüge stimmte mit diesem Urteil überein. Er pflegte, so oft jemand ihn fragte, den Kopf nach ihm hinzuneigen. Übrigens war nur ein geringer Grad von Schwerhörigkeit an ihm zu bemerken. Man ließ mehrere Personen, ohne deren Namen zu nennen, ihn ansprechen, und er erkannte jede von ihnen an der Stimme.

Darauf wurde Fleck aufgefordert, dasjenige zu erzählen, was sich am 13. August im Gehöft der Familie Jährling in seiner Gegenwart zugetragen hatte. Er tat es klar und bestimmt, ganz so wie in der Voruntersuchung, nur mit der größeren Ausführlichkeit in allen Nebenumständen, welche wir bereits im Anfang dieser Schilderung mit benutzt haben.

Jetzt wurde die entscheidende Frage an Fleck gerichtet, ob er den Eindringling, den Mörder an der Stimme erkannt habe? Und er antwortete mit größter Bestimmtheit: »Ja, Bernhard Stempner ist es gewesen!«

Nach diesen verhängnisvollen Worten ging eine allgemeine Bewegung durch die vorher atemlos erwartungsvolle Versammlung.

Der Angeklagte hatte sich während der ganzen Hauptverhandlung, so oft ein Zeuge ihm besonders gefährlich wurde, keineswegs zurückhaltend benommen, sondern war solchen Aussagen geschickt, keck oder auch leidenschaftlich entgegengetreten. Bei der Vernehmung Flecks aber verhielt er sich ganz still, hütete sich offenbar, seine Stimme hören zu lassen. Nur als über die Behauptung Flecks, schon anfangs die Stimme des Mörders erkannt zu haben, eine lebhafte Erörterung begann, der Präsident, der Staatsanwalt und der Verteidiger Fragen und Vorhalte an Fleck richteten, andere bereits vernommene Zeugen, namentlich Karl Friedrich Jährling wieder vortreten ließen, um über Verschiedenes Aufschluß zu erhalten, da vergaß sich auch der Angeklagte einmal und sprach mit lauter Stimme ein paar Worte hinein.

Sofort richtete sich der Blinde in die Höhe, wandte den Kopf und die starren Augen zur Anklagebank und rief: »Das war Stempner! Verlassen Sie sich darauf, meine Herren, Sie haben keinen Unschuldigen dort!«

Der Eindruck, den diese Worte hervorbrachten, war ein erschütternder, überwältigender. Vor dieser Kraft der Wahrheit verstummte jeder Zweifel. In diesen Worten war das Urteil über Bernhard Stempner gleichsam vorausgekündigt.

Der 13. November 1858, der dritte Tag der Hauptverhandlung, begann mit dem Plädoyer.

Der Staatsanwalt faßte die sämtlichen Verdachtsgründe zusammen, welche gegen den Angeklagten sprachen und, so verschiedenartig, so geringfügig manche von ihnen auch waren, dennoch zu einem so schlüssigen Ganzen sich verbanden, daß kein Zweifel mehr an der Schuld des Angeklagten obwalten konnte.

Schließlich warf der Staatsanwalt die Frage auf, wie ein Mensch, der zwar leichtfertig, diebisch und sittenlos war, den seine Eltern aber doch als gutmütig schildern und in dessen Charakter bis dahin niemand eine Spur von Bosheit und Grausamkeit entdeckt hatte, plötzlich dazu kommen könne, ein so scheußliches Verbrechen zu verüben?

Dieses psychologische Rätsel suchte der Staatsanwalt zu lösen, indem er die Frage folgendermaßen beantwortete:

Der von Natur gutmütige, aber der Genußsucht und Sinnlichkeit hingegebene, dadurch immer mehr entsittlichte junge Mann gerät in Verlegenheiten, aus denen er sich nur durch Selbstüberwindung, verdoppelte Tätigkeit und Sparsamkeit hätte befreien können. Dazu fehlte es ihm aber bereits an Kraft und Lust. Die diebischen Eingriffe in die Kasse seines Vaters werden zeitig entdeckt und tragen ihm nur Züchtigung ein. Seine Versuche, Geld zu leihen, scheitern ebenso wie seine betrügerischen Unternehmungen. Überall schlug es ihm fehl.

Da richtet er seine Gedanken auf das Haus des wohlhabenden Jährling, das ihm aus den Knabenjahren her bekannt ist, zu dem er den versteckten Zugang weiß, das oft nur von dem blinden Greis gehütet ist. Er kennt sogar den Ort genau, an welchem Jährling sein Geld verwahrt. Um dazu zu gelangen, versucht er zuerst, mit einer Frechheit, die vielleicht nur im Drang einer verzweifelten Lage so schamlos hervorzutreten wagt, aber immerhin ein grelles Licht auf seine weit fortgeschrittene Entsittlichung wirft, mit der Frau einen Liebeshandel anzuknüpfen, doch er wird nach Gebühr abgewiesen. Darauf erfährt er, daß Jährling Getreide verkauft und eine nicht unbeträchtliche Summe eingenommen hat. Da wird er an jenem Freitagnachmittag gewahr, daß die Familie Jährling mit Ausnahme des Blinden und der beiden jüngsten Kinder auf dem Feld ist. Er beobachtet, wie der Mann fortgeht und nach kurzer Zeit mit dem Wagen zurückkehrt, um die Ernte aufzuladen. Jetzt sind alle für länger als eine Stunde vollauf beschäftigt. Die Ortsbewohner befinden sich fast sämtlich auf ihren Äckern, aber gerade niemand in der Nähe, der ihn hätte beobachten können.

Dieser Augenblick bringt Stempner zum Entschluß. Er will die günstige Gelegenheit benutzen, in dem unbewachten Haus den Diebstahl zu verüben. Er macht sich auf den Weg und bedenkt dabei nochmals die Ausführung. Der Blinde kann ihn nicht hindern. Aber der kluge Knabe Ernst? Diese Bedenken beschwichtigt er mit der Hoffnung, er brauche ja den Knaben gar nicht anzutreffen, der könne ja ausgegangen sein. So steigt er über die Mauer, schleicht an den Gärten hin, tritt aus dem dunklen Scheunengang in den Hof, und der erste, der seiner gewahr wird, der ihm zutraulich entgegenkommt – ist der kleine Ernst!

Stempner fragt, ohne daß ihm an der Antwort gelegen wäre, denn er weiß ja aus eigener Anschauung, wo die Eltern und Geschwister sind, er fragt nur mechanisch mit der Zunge. Sein Geist erwägt dabei, was jetzt zu tun sei. Von dem begonnenen Unternehmen abstehen? Dann ist ihm nicht geholfen, und die Gelegenheit kehrt schwerlich ein anderes Mal gleich günstig wieder. Er sieht das Ziel vor sich. Nur das Kind, das dicht vor ihm steht, das seinen Namen noch nicht ausgesprochen hat, aber jeden Augenblick nennen und so den ganzen Plan vereiteln kann, ist im Weg. Es bleibt nichts übrig, als den Knaben stumm zu machen. Entschluß und Ausführung sind das Werk einer Sekunde.

Er schließt dem Kind mit einem Griff den Mund, reißt es an sich, eilt mit ihm in den dunklen Gang zurück. Was aber nun? Jetzt ist er schon zu weit auf der abschüssigen Bahn des Verbrechens vorwärts geeilt, jetzt hält ihn keine Macht des Mitleids, irgendeines besseren Gefühls mehr zurück – Sprung oder Sturz!

Wenn er das wehrlose Kind lebendig entläßt, verdirbt es ihn mit einem Hilferuf. Mehr die Angst um seine eigene Sicherheit als Grausamkeit gibt ihm das Messer in die Hand. Selbst bebend führt er die wirkungslosen Stöße zum Hals des Knaben. Nun ist Blut vergossen, er selbst davon befleckt. Nun muß ein Ende gemacht, das Opfer beseitigt werden. Der Gedanke an die eigene Rettung gibt ihm Kraft, die angefachte, verbrecherische Wut verhärtet ihn. Dort fließt der tiefe Ilmstrom. Er schleudert das besinnungslose Kind hinein und kehrt mit wilder Entschlossenheit zurück, des elenden Preises seiner blutigen Tat sich zu bemächtigen. Jetzt schützte den schwachen Greis, der ihn anrief und ihm den Weg zu vertreten suchte, nur die Blindheit vor einem ähnlich gewaltsamen Ende.

Der Verteidiger bot allen Scharfsinn auf, das Zeugnis Flecks und die Identität der verschiedenen Fußspuren zu entkräften, darzutun, daß des Angeklagten Entferntsein von dem Gerstenstück zur Zeit der Verübung der Tat nicht erwiesen sei, der Möglichkeit Geltung zu verschaffen, daß nicht dieselbe Person den Diebstahl und den Mord verübt haben müsse.

Nach dem Abschluß des Plädoyers wurde der Angeklagte gefragt, ob er der Verteidigung noch etwas hinzuzufügen habe? Er beschränkte sich auf die lakonische, aber bestimmte Behauptung: »Ich habe niemand etwas getan!«

Nachdem der Präsident seinen Schlußvortrag gehalten hatte, zogen sich die Geschworenen zurück und verkündeten, als sie nach geraumer Zeit in den Gerichtssaal wieder eingetreten waren, ihren Spruch. Sie erkannten den Angeklagten der Tat einstimmig für schuldig.

Der Gerichtshof sprach die Todesstrafe über den Angeklagten aus, und der Delinquent nahm die Verkündigung des Urteils scheinbar ruhig hin. Als Stempner in das Kreisgericht zurückgebracht worden war, wurde er von dem Dirigenten gefragt, ob er nichts auf dem Herzen habe? Ob er nicht den Geistlichen sprechen wolle? Letztere Frage bejahte er, auf die erstere erwiderte er aber, er habe nichts auf dem Herzen, er sei unschuldig.

Noch am gleichen Tag besuchte ihn der Geistliche im Gefängnis und hielt eine Unterredung mit ihm, die von psychologischem

Interesse und deren Mitteilung uns nach den sorgfältigen und wertvollen Aufzeichnungen des Geistlichen vergönnt ist.

Stempner brach zu wiederholten Malen in Tränen aus, namentlich bei der Erwähnung seiner Eltern. Er rief: »Ach, meine arme Mutter! Sie ist immer so gut gegen mich gewesen. Ich hoffte, sie in ihrem Alter unterstützen zu können – nun kann ich's nicht! Auch mein Stiefvater ist immer gut gegen mich gewesen!« Den eindringlichsten Ermahnungen, seine Tat zu bekennen, setzte er aber die wiederholte Versicherung seiner Unschuld entgegen und sagte: »Wie sollte ich einem so unschuldigen Kind etwas tun?«

Ein zweiter Besuch des Geistlichen am nächsten Morgen hatte scheinbar keinen besseren Erfolg. Unmittelbar darauf kam der Verteidiger und führte eine Unterredung mit dem Verurteilten. Als letzterer in seine Zelle zurückgebracht wurde, eröffnete er dem Boten, er habe seinem Verteidiger soeben ein Geständnis der Tat abgelegt und wünsche es vor Gericht zu wiederholen. Dies geschah, und Stempner gab zu Protokoll:

»Ich bin am 13. August dieses Jahres, nachmittags zwischen drei und vier Uhr, in das Jährlingsche Haus eingedrungen und habe den Jährlingschen Knaben getötet. Desselben Tages ging ich nachmittags zwei Uhr aus dem Haus meines Vaters weg auf dessen Feld. Während ich dort Gerste hieb, kam es mir in den Sinn, daß wohl Jährling bei Geld sein möchte, da er als ein vermögender Mann bekannt war. Daß er Getreide verkauft habe, war mir nicht bekannt. Ich sah auf dem Feld jenseits der Ilm den Karl Friedrich Jährling mit seiner Frau und seinen beiden erwachsenen Kindern. Darum konnte nur der blinde Fleck mit den kleinen Kindern zu Hause geblieben sein, und diese waren nicht imstande, sich meinem Vorhaben zu widersetzen.

Ich hatte sechs bis sieben Taler Schulden. Meine Gläubiger drängten mich, und darum beschloß ich, des Geldes, das ich im Jährlingschen Haus finden würde, mich zu bemächtigen.«

Nachdem Stempner den Weg beschrieben, den er über die Brücke, die Lißkersche Mauer und durch die Gärten bis in den Jährlingschen Hof genommen hatte, fuhr er fort: »Der Hof ist teils mit Kies bedeckt, teils gepflastert. Ich hatte mit Zwecken besetzte Stiefel an, und darum tappten meine Fußtritte. Die hörte der Blinde, der in einer

Ecke des Hofs auf einer Bank saß, denn er fragte den Knaben: Wer war denn der Mann, der da von hinten hereinkam? Der Knabe trat in diesem Augenblick aus der hinteren Haustür.

Bevor er mich aber gesehen hatte, zog ich mich in den Scheunengang zurück. Der Knabe kam jedoch die mehreren Stufen, welche von der Hintertür des Hauses in den Hof führen, herab und ging gerade auf den Gang zu, wo ich mich eben befand. Er sah mich an und redete nicht. Ich fragte ihn, ob seine Eltern zu Hause wären? Er verneinte es und sagte, sie wären auf dem Feld. Ich fragte weiter, ob seine Eltern Geld hätten? Darauf antwortete er: Ja, in der Kommode *(Schreibpult)*. Mein Vater hat erst welches hineingetan! Dann fragte ich noch, ob der Schlüssel an der Kommode stecke, und erhielt eine verneinende Antwort.

Darauf trat ich weiter in den Scheunengang zurück und dachte mir, der Junge würde sich schon wieder entfernen und mich unbeachtet lassen. Er ging auch wirklich über den Hof weg.

Nachdem ich ziemlich eine Viertelstunde in dem dunklen Gang verweilt hatte, ging ich wieder in den Hof und bis an die hintere Haustür, fand diese zwar verschlossen, aber den Schlüssel außen ansteckend. Ich schloß auf, ging in den Hausflur und die unverschlossene Unterstube linkerhand. Dort fand ich eine Kommode. Sie war jedoch verschlossen. Ich begab mich deshalb wieder hinaus in den Hof an das Kellerhaus. Dort gleich hinter der Kellertür lehnte eine nicht gar große Rodehacke. Mit dieser ging ich wieder in die Stube und zwängte die Klappe der Kommode gewaltsam auf.

In einem Schubkästchen rechterhand befand sich eine Partie Silbergeld, Zehn-, Fünf- und Zweigroschenstücke, auch ein meiningenscher Talerschein war dabei. Ich sah auf einem Tisch ein dunkelrotes Halstuch liegen. Darein wollte ich anfangs das Geld wickeln, da ich aber jemand kommen hörte, schlug ich das Geld samt dem Kästchen in das Tuch und war im Begriff mich zu entfernen. Da machte der Blinde die Tür, welche nicht ganz eingeklinkt gewesen war, weiter auf, steckte den Kopf zur Stube herein und fragte, wer da sei.

Ich antwortete nicht und er fuhr fort: »Wenn nicht geantwortet wird, schließe ich die Tür ab!« Das tat er auch. Ich wußte mir nun nicht weiter zu helfen, als daß ich das von innen sich öffnende Glasfensterchen in der Stubentür aufmachte, hindurchgriff, mich des Stubenschlüssels bemächtigte und vermittels dessen die Tür von innen wieder aufschloß. Als ich eben heraustrat, kam mir der Jährlingsche Knabe vom Hof her im Hausflur entgegen, deutete auf das in das Tuch eingeschlagene Kästchen und sprach: »Was hast du denn da? Warte, ich sage es meinem Vater.« Ich erwiderte: »Sage nichts, komm mit! Packte den Knaben an der Kehle, zog ihn in die Höhe und drückte ihn mit der rechten Hand an mich und ihm die Kehle zusammen. So schleppte ich ihn am Hals bis in den überbauten Gang, wobei er keinen Laut von sich gab, jedoch noch schwach atmete und lebte.

Meine Absicht, als ich den Knaben faßte, war die, ihn zu töten, damit er mich nicht verrate. In dieser Absicht drückte ich ihm den Hals zusammen. In der gleichen Absicht legte ich ihn in dem überbauten Gang auf den Rücken, zog mein Taschenmesser und stach ihn dreimal in den Hals, damit er sterben sollte. Trotz der Stiche atmete er aber immer noch, wenn auch schwach, und in diesem Zustand trug ich ihn, um ihn vollends zu töten, in die hinter dem Haus fließende Ilm und schleuderte ihn bis in die Mitte des Flusses, wo der Körper fortschwamm. Mein Messer warf ich dann ebenfalls in die Ilm.

Dann holte ich das Kästchen mit dem Geld aus dem Gang, wo ich es während der Tat abgesetzt hatte und band das Geld in das Halstuch. Das Kästchen warf ich ins Wasser, ging dann auf demselben Weg, den ich herwärts gekommen war, wieder zurück, wusch am jenseitigen Flußufer meine blutigen Hände, begab mich auf das Gerstenstück meines Vaters und vergrub dort das Geld.«

Stempner erzählte nun weiter, daß er tags darauf das Geld wieder ausgegraben, sieben bis acht Taler, darunter den meiningenschen Talerschein, an sich genommen, den Rest aber im Putzeschen Steinbruch verborgen habe, wo es noch liege. Später fügte er hinzu, daß sich ein paar Taler davon auch in einem Haufen Lehmbacksteine im Hof seines Stiefvaters befänden.

Bei einer Nachsuchung fand man dort wirklich elf Taler in Zehn-, Fünf- und Zweigroschenstücken, im Steinbruch aber nichts. Letzteres wußte Stempner nicht zu erklären, blieb aber bei allen seinen Aussagen und namentlich auch dabei, daß er den Knaben erst nach Verübung des Diebstahls gemordet habe.

In gleicher Weise erzählte er jetzt seinem Seelsorger den Hergang der Tat, sprach mehrmals aus, daß er den Mord nicht begangen haben würde, wenn ihm nicht der Knabe nach Verübung des Diebstahls in den Weg getreten wäre, und versicherte, er würde schon früher ein Geständnis abgelegt haben, nur die Scham vor seinen Eltern und die Hoffnung, zu ihnen zurückzukehren, habe ihn davon abgehalten.

Im übrigen benahm sich Stempner ebenso reuig wie gefaßt, erklärte zu wiederholten Malen, die über ihn verhängte Strafe sei vollkommen gerecht und er wünsche nicht einmal, begnadigt zu werden.

Ohne eine weitere Veranlassung gestand Stempner vierzehn Tage nach der Hauptverhandlung, erst dem Gefangenenmeister und dann dem Untersuchungsrichter, er habe bis jetzt noch nicht die volle Wahrheit gesagt. Die Variante des Staatsanwalts sei die richtige.

Ernst Jährling ist über den Hof herüber dem Stempner entgegengekommen, als Fleck fragte, wer da sei? Stempner winkte dem Knaben still zu sein und ihm zu folgen. Der Knabe tat beides, und so kamen sie an das hintere Ende des Scheunenganges. Dort fand die Unterredung zwischen dem Knaben und Stempner in der oben angegebenen Weise statt. Dann faßte plötzlich Stempner den Knaben mit beiden Händen am Hals, nahm ihm die Luft, legte den Besinnungslosen hin, stach ihn dreimal in den Hals, trug dann den noch schwach Atmenden an den Fluß und schleuderte ihn hinein. Alsdann erst ging er an die Ausführung des Diebstahls.

Über den Zeitpunkt, zu welchem er den Entschluß faßte, das Kind zu töten, liegen zwei verschiedene Angaben Stempners vor. Dem Untersuchungsrichter gegenüber sagte er am 28. November: »Als ich vom Feld meines Vaters hereinging, um den Diebstahl zu begehen, stellte ich mir den Fall als möglich vor, daß der Knabe Ernst zu Hause sein könnte. Wäre dies nun der Fall, so wollte ich ihn vor dem Diebstahl töten, um nicht verraten zu werden. Meine Absicht war, den Jungen ins Wasser zu werfen. Kurz vor der Tat fiel es mir aber ein, daß er schreien könnte, und da bin ich denn so wie geschehen zu Werke gegangen.«

Am 29. November stattete der Geistliche dem Verurteilten seinen gewöhnlichen Besuch ab und fragte: »Wie steht es nun« (der Geistliche wußte bereits von dem wahren Geständnis) »in deinem Inneren?«

Stempner: »Ganz ruhig. Ich habe nun alles gestanden, daß ich das Kind nicht nach, sondern vor dem Diebstahl getötet habe. Nun habe ich nichts mehr auf dem Gewissen, nun ist es ganz rein. Es konnte mir doch alles nichts mehr helfen, und darum habe ich das Letzte auch gestanden.«

Der Geistliche: »Du warst also mit dem Vorsatz hingegangen, das Kind zu morden?«

Stempner: »Nein, ich wollte das Geld dort holen, weil ich in großer Verlegenheit war, um meine Schulden (etwa sieben Taler) zu bezahlen, und meinem Vater nichts sagen mochte. Da ging ich zu Jährlings, weil ich wußte, daß sie nicht zu Hause waren. Schon ging ich wieder zurück, aber es war mir, als ob mich der Teufel beim Kragen hätte, und ich ging wieder hin. Da traf ich das Kind, und als ich von ihm hörte, daß sein Vater Geld habe, riß mich das Verlangen nach dem Geld so fort, daß ich das Kind an der Gurgel packte, in den Hals stach, anfaßte und in das Wasser warf. Dann ging ich wieder hinein, fand aber die Kommode verschlossen. Ich holte nun die Hacke, brach auf und lief mit dem Geld weg. Das ging alles so schnell, daß ich gar nichts dachte.«

Der Geistliche: »Reute Dich's nicht gleich?«

Stempner: »Nein, da nicht. Es ging zu schnell, erst später. Mich hatte das Geld ganz toll gemacht.«

Der Geistliche: »Warum hast du das vor vierzehn Tagen nicht mit gestanden?«

Stempner: »Ich schämte mich der Tat zu sehr. Die Scham ist so groß, daß, wenn ich allein bin, ich mir manchmal den Kopf an der Wand einrennen möchte!«

Wir glauben, daß dieser Aufschluß über seinen Seelenzustand, welchen Stempner dem Geistlichen gab und der mit den psychologischen Erklärungen des Staatsanwalts in der Hauptverhandlung wesentlich übereinstimmte, der Wahrheit näher kam als das, was Stempner am Tag zuvor dem Untersuchungsrichter bekannt hat.

Einen festen, wohlüberlegten Mordplan hat sich Stempner ganz gewiß nicht im voraus gebildet, auch nicht für den Fall, daß ihm der Knabe hindernd in den Weg treten sollte. Das beweist die spätere Ausführung der Tat, welcher man die Eilfertigkeit, Planlosigkeit und

Unsicherheit des Mörders deutlich anmerkt. Wohl aber mögen Mordgedanken verschiedener Art dem jungen Mann durch den Kopf geschossen sein, während er auf seinem unheilvollen Weg vorwärts ging. Doch er hat sein Gewissen, das ihn zur Umkehr mahnte, mit der trügerischen Hoffnung beschwichtigt, es werde ihm das schwere Verbrechen erspart bleiben.

So hatte denn der Spruch der Geschworenen durch das reuige und rückhaltlose Geständnis des Verurteilten zweifellos Bestätigung gefunden, jedes Dunkel war gewichen vor dem Licht der Wahrheit.

Wer Stempner in der Hauptverhandlung gesehen und ihn zwei Wochen danach in der Gefangenenzelle wieder sah, staunte über die Veränderung, die mit ihm vorgegangen war. Die finstere trotzige Verschlossenheit war einem offenen, milden, ergebenen und sogar heiteren Wesen gewichen. Er begegnete jedem mit Freundlichkeit, benahm sich musterhaft und ertrug die heftigen Schmerzen einer Halsentzündung, die ihn befallen hatte, auf das geduldigste. Nur einen Wunsch hatte er – nicht begnadigt zu werden.

So nahm er die Verkündigung, daß er am Morgen des 8. Dezember hingerichtet werden sollte, mit großer Fassung hin. Er ließ sich am Abend zuvor die Geschichte vom Feuertod des Jan Hus vorlesen und sprach seinen Entschluß aus, dem frommen Mann wenigstens in standhafter Duldung des Todes gleichen zu wollen.

Diesem Vorsatz blieb er treu und starb mit einem wahrhaft bewunderungswürdigen Mut.

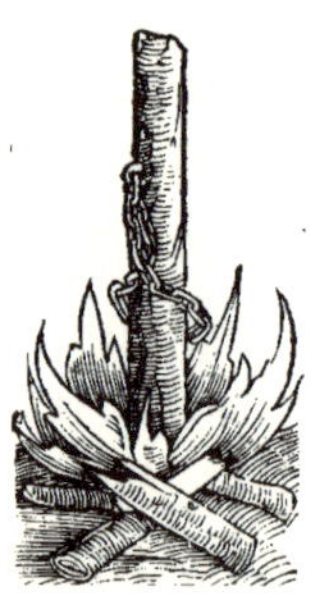

DER CHIRURG ERNST KÜHN (1870)

Die Chaussee, welche die Stadt Ohrdruf mit dem etwa 1 ¼ Stunde entfernten Dorf Crawinkel verbindet, durchschneidet in der Länge einer halben Stunde einen Wald, der sich bis etwa fünf Minuten vor Crawinkel erstreckt und den Namen *die Aue* führt. Die Chaussee hat teils durch die Holzabfuhr aus den nahe gelegenen Forsten, teils durch den Marktverkehr nach Ohrdruf und durch die Beschäftigung vieler Crawinkler Arbeiter in der Stadt eine nicht unbeträchtliche Frequenz. Geht man von Crawinkel aus die Chaussee entlang, so passiert man, bevor man den Wald betritt, zwei Kienrußhütten. An der zweiten dem Walde näher gelegenen biegt rechts durch den mit Gebüsch untermengten hohen Kiefernbestand ein Fußweg ab, der einen Bogen der Chaussee abschneidet und auf diese Weise den Weg nach Ohrdruf um einige Minuten verkürzt. Dieser sogenannte Marktweg wird wiederum von einem anderen Fußweg durchschnitten, der von dem benachbarten Ort Wölfis nach der Crawinkel-Ohrdrufer Chaussee führt, übrigens seit längerer Zeit ungangbar geworden und vielfach durch Buschwerk verwachsen ist.

An der Böschung einer Hohle *(Aufwühlung des Erdreichs)*, welche sich entlang dieses Wölfiser Fußweges zieht, 335 Schritt von der Chaussee und 120 Schritt von dem Punkt entfernt, wo der letztgedachte Fußweg den Marktweg durchkreuzt, fand der Schäfer Witzmann von Wölfis am Nachmittag des 27. November 1868, während er seine Herde durch den Wald trieb, die Leiche einer jungen Frauensperson in bäuerlicher Kleidung mit durchschnittenem Hals. Die Leiche lag auf dem Rücken in völlig ruhiger Haltung, ohne daß Spuren eines vorangegangenen Kampfes oder von Todeszuckungen an dem Körper oder in den Gesichtszügen wahrzunehmen waren. Der linke Arm, der Länge nach am Körper ausgestreckt, ruhte in einer Blutlache. Die rechte Hand in der Gegend der Herzgrube hielt ein geöffnetes Rasiermesser locker umschlossen und zeigte sich, wie das Messer selbst, in nicht sehr beträchtlichem Maß mit Blut befleckt.

Die auf die Anzeige des Fundes aus Crawinkel herbeigeeilten

Personen erkannten in der Leiche die siebzehnjährige Tochter des zu Crawinkel wohnhaften Fuhrmanns Johann Georg Wolf, die zwei Tage zuvor, am 25. November, gegen vier Uhr nachmittags das elterliche Haus verlassen hatte und nicht dorthin zurückgekehrt war. Ein Bruder der Verstorbenen, der sich gleichfalls bei der Leiche eingefunden hatte, erklärte schnell, daß er das Messer, welches die Tote in der Hand hielt, kenne und daß es bis vor kurzem im Haus seines Vaters an einem bestimmten den Hausgenossen zugänglichen Ort gelegen habe.

Abends gegen neun Uhr erschien der von Ohrdruf herbeigerufene Amtsphysikus Dr. K. und besichtigte die sorgfältig bewachte Leiche. Da er irgendwelche Anzeichen eines gewaltsamen Todes nicht bemerkte, da das Messer bereits als ein aus dem elterlichen Haus der Henriette Wolf stammendes, also mutmaßlich von ihr selbst mit zur Stelle gebrachtes rekognosziert worden war, und da er die Ansicht vertrat, daß es infolge der Leichenstarre unmöglich sei, die Hand der Toten zu schließen und ihr ein Messer in die Hand zu geben, so gelangte er zu der Überzeugung, daß Henriette Wolf sich selbst entleibt habe.

Freilich war die Besichtigung, auf welche sich diese Annahme stützte, eine sehr oberflächliche. Sie erfolgte bei der mangelhaften Beleuchtung einer trübe brennenden Laterne. Die Hauptkriterien für die Frage, ob der Tod von eigener oder fremder Hand zugefügt worden war, waren folgende: die Beschaffenheit der Wunde und des Messers, sowie das Verhältnis beider zueinander, wurden einer einigermaßen eingehenden Untersuchung überhaupt nicht unterworfen, und die Wunde, was doch sehr nahe lag und unbedingt notwendig war, um ihre Beschaffenheit zu erkennen, nicht einmal abgewaschen. So konnte es geschehen, daß in dem Gutachten, welches der Physikus am anderen Tag an die Verwaltungsbehörde erstattete, die Länge und Tiefe der Wunde auch nicht annähernd richtig angegeben war. Das Gutachten des Amtsarztes ging mit großer Bestimmtheit dahin, daß über den Selbstmord der Henriette Wolf nicht der mindeste Zweifel walte. Auf dieses Gutachten hin wurde die Beerdigung der Leiche angeordnet und von jeder weiteren Nachforschung bezüglich des Todes abgesehen. Es würde damit eine schwere Tat für immer der Vergessenheit übergeben worden sein, wenn nicht die Vorsehung zu Hilfe gekommen wäre.

Der Schäfer Witzmann traf bei seiner Rückkehr nach Wölfis eine zufällig dort anwesende Gerichtskommission des Justizamts Ohrdruf und erstattete dieser von seiner Auffindung der Leiche Anzeige. Obwohl nun im Herzogtum Gotha gesetzlich bei plötzlichen Todesfällen das Einschreiten der Gerichte ausgeschlossen ist, solange nicht der Verdacht eines Verbrechens vorliegt, obwohl ein solcher Verdacht bis dahin von keiner Seite angeregt worden war, so fand sich das Justizamt, sei es infolge der eigentümlichen Schilderung des Schäfers, sei es aus anderen Gründen, doch bewogen, am nächsten Tag, dem 28. November, eine Kommission nach Crawinkel zu beordern, um weitere Erhebungen vorzunehmen. Dieses nach der Lage der Gesetzgebung nicht völlig korrekte Verfahren blieb allerdings zunächst gänzlich resultatlos, ja es verstärkte sogar die Annahme des Selbstmordes noch mehr, aber trotzdem wurde es für den weiteren Gang der Sache und für die Ermittlung der wahren Todesursache entscheidend.

Die Vernehmung der Angehörigen der Henriette Wolf, welche unter dem Eindruck des Schmerzes und der Bestürzung kaum zur Besinnung gelangt waren, bot nicht den leisesten Anhalt dafür, daß das Mädchen durch die Hand eines Dritten den Tod gefunden habe. Sie vermochten über das Motiv des Selbstmordes ebensowenig als über eine andere Todesursache irgendwelchen Aufschluß zu erteilen. Es ergab sich zugleich, daß das Rasiermesser, welches man in der Hand der Leiche gefunden hatte, aus einem Kästchen entnommen war, welches auf einem Pult in der Wolfschen Wohnstube stand und von einer dritten nicht zu der Familie gehörigen Person wohl nicht weggenommen sein konnte. Insbesondere tauchte aber bei dieser Verhandlung ein Zeugnis für die Selbstentleibung der Henriette Wolf auf, welches zunächst auf die Überzeugung der Gerichtspersonen einen unwiderstehlichen Eindruck ausüben mußte.

Am Abend zuvor war die Leiche nach erfolgter Besichtigung durch den Amtsphysikus auf einem Schlitten in den Wolfschen Hof geschafft, dort abgeladen und in das Haus getragen worden. An der Stelle, wo man die Leiche vom Schlitten nahm, fand am anderen Morgen der Bruder Christian Wolf ein mit Blut beflecktes versiegeltes Briefchen, welches die mit Bleistift geschriebene Adresse »An Johann Georg Wolf« (der Vater der Henriette Wolf) trug. In dem

Briefchen standen gleichfalls mit Bleistift geschrieben die Worte: »Lieber Vater, ich bin schwanger, anders kann ich mir nicht helfen. Henriette Wolf.« Die Schriftzüge waren, wie bei einer Vergleichung mit anderen unzweifelhaft von der Hand der Verstorbenen herrührenden Schriftstücke in die Augen fiel und wie ein sachverständiges Gutachten dies später bestätigte, der Handschrift der Henriette Wolf vollkommen gleichartig.

Christian Wolf hatte seinen Eltern, um deren Schmerz nicht zu vermehren, von dem Brief keine Mitteilung gemacht, sondern ihn stillschweigend in das Pult gelegt. Dort nahm ihn die Amtskommission in Beschlag.

Dieser Brief, aus welchem ein glaubwürdiges Motiv für den Selbstmord des jungen Mädchens hervorging, das Rasiermesser, von dem man annehmen mußte, daß es die Verstorbene selbst aus dem elterlichen Haus zur Stelle mitgebracht habe, das Gutachten des Amtsarztes, endlich das Unvermögen der Wolfschen Angehörigen, irgendeine auf die Verübung eines Verbrechens hinleitende Spur anzugeben, alle diese Umstände riefen auch bei der Amtskommission die sichere Überzeugung hervor, daß die eigene Hand der Henriette Wolf und nicht die eines Dritten ihrem Leben ein Ziel gesetzt habe. Am nächsten Tag wurde die Leiche, da keine Bedenken mehr erhoben wurden, beerdigt. Wiederum schien es, als ob ein grauenvolles Verbrechen der gerechten Strafe entzogen und von der Nacht, in der es geboren wurde, für immer verdeckt bleiben sollte.

Trotz des negativen Ergebnisses der gerichtlichen Verhandlung hatten jedoch einige besonders auffällige Umstände Argwohn der Staatsanwaltschaft, an welche die Akten gelangten, wach gerufen. Es waren dies insbesondere die ungewöhnliche Stumpfheit des Messers, mit dem die Wunde beigebracht sein sollte, die abnorm ruhige Haltung, in der man die Leiche gefunden hatte, und die eigentümliche, den Eindruck des Gekünstelten hervorbringende Lage des rechten Armes, der statt nach Ausführung des Schnittes, welche doch nur im Stehen oder Sitzen erfolgen konnte, dem Gesetz der Schwere entsprechend am Körper herabzusinken, mit dem Messer in der Hand auf der Brust liegen geblieben war. Die Staatsanwaltschaft hielt es bei dieser Lage der Dinge für geboten, nach dem Schwängerer der Henriette Wolf und nach dessen etwaigem Verkehr mit ihr in den letzten Tagen vor dem Tod durch die Gendarmerie Recherchen vornehmen zu lassen.

Hierbei ergab sich, daß Henriette Wolf, während sie nachweislich mit keiner anderen Mannsperson näheren Umgang gehabt hatte, in dem vorausgegangenen Sommer von dem Chirurgen Kühn zu Ohrdruf längere Zeit an einem bösen Finger behandelt worden war, daß Kühn in den letzten vierzehn Tagen vor ihrem Tod wiederholt in auffälliger Weise mit ihr verkehrt hatte, und daß die Wolf nach ihrer eigenen Angabe einer Bestellung des Kühn gefolgt war, als sie am 25. November das elterliche Haus verließ. Diese Ermittlungen mußten um so mehr ins Gewicht fallen, als man Gelegenheit gehabt hatte, den Kühn bei früheren Kollisionen mit den Strafgesetzen als einen gewissenlosen und verschlagenen Menschen kennen zu lernen, dem eine so furchtbare und mit so raffiniert trügerischem Schein umgebene Tat wohl zugetraut werden durfte.

Unter diesen Umständen wurde die Ausgrabung und Obduktion der Leiche der Henriette Wolf beschlossen. Sie erfolgte am 5. Dezember, acht Tage nach der Auffindung des Leichnams und zehn Tage nach dem mutmaßlichen Zeitpunkt des eingetretenen Todes. Es war ein ergreifender Anblick, als die Leiche des unglücklichen Mädchens, die, wohlerhalten, noch von der jugendlichen Frische und Schönheit der Geopferten ein redendes Zeugnis ablegte, in dem geöffneten Sarg sichtbar wurde, zugleich aber die weitklaffende mit tödlicher Sicherheit zugefügte Wunde auch für die Überzeugung des Laien die stumme Anklage des Mordes erhob. Die gerichtliche Besichtigung und Sektion der Leiche lieferten den klaren und unwiderstehlichen Beweis, daß Henriette Wolf nicht die eigene Hand an ihr Leben gelegt hatte, sondern daß sie vielmehr das Opfer eines ebenso entschlossenen als verwegenen Mörders geworden war.

An der linken Seite des Halses, zweieinhalb Zoll *(ein Zoll = 2,5 cm)* unterhalb des linken Ohres beginnend, zeigte sich eine vier Zoll lange Schnittwunde, welche in einer sehr geringen Neigung von links oben nach rechts unten sich bis über den Kehlkopf hinaus erstreckte und an ihrem rechten Ausgang wieder etwas nach oben verlief. Die Wunde, welche außer den Hautbedeckungen und Muskeln die oberflächlichen und die tiefer liegenden Arterien (Carotis externa und interna), die

Jugularvene *(Halsader)*, die Laryncheal- *(Kehlkopfnerven)* und die sympathischen Nerven, die Speiseröhre und die Knorpel des Kehlkopfes durchschnitt und bis auf den Halswirbelknochen drang, war mit einem schneidenden Instrument in einem einzigen Zug beigebracht worden. Weder das Innere der Wunde noch die Wundränder zeigten die geringste Spur, daß ein Absetzen des Instruments stattgefunden hatte. Nur da, wo der Schnitt begann, waren drei parallel laufende, die Epidermis *(Oberhaut)* leicht ritzende Einschnitte bemerklich, als ob das Instrument dort mehrmals versuchsweise angesetzt worden sei. Die Wundränder waren durchaus scharf, glatt und nach innen gebogen.

Der bei der Obduktion fungierende Physikus, Medizinalrat Dr. Bohlen aus Gotha, gab alsbald ein vorläufiges Gutachten ab, welches zu dem Resultat kam: es sei im höchsten Grad unwahrscheinlich, daß die Henriette Wolf mit dem in der Hand der Leiche vorgefundenen Rasiermesser sich diese Wunde selbst zugefügt habe. Später präzisierte er dieses Gutachten unter Zustimmung zweier anderer Ärzte, welche über dieselbe Frage vernommen wurden, dahin, daß er die Beibringung dieser Wunde mit dem fraglichen Messer durch die eigene Hand der Henriette Wolf für eine absolute Unmöglichkeit erklärte.

Die Begründung dieser ärztlichen Gutachten, wie sie im Lauf der Voruntersuchung und beiden schwurgerichtlichen Verhandlungen erteilt worden ist, wird, da sie sich zum Teil auf andere Ergebnisse der Untersuchung stützt, später mitgeteilt. Schon jetzt aber müssen wir erwähnen, daß die Obduktion noch folgende für die Untersuchung wichtige Tatsachen ergab: Der kräftige Körperbau der Leiche zeugte für eine bedeutende Widerstandsfähigkeit, welche die Henriette Wolf einem gewalttätigen Angriff entgegenzusetzen vermocht haben würde. Gleichwohl war außer der Halswunde an der Leiche nicht die geringste Verletzung oder Spur eines vor dem Tod geleisteten Widerstandes zu entdecken.

Diese Wahrnehmung ließ, wenn andere Umstände die Annahme des Selbstmordes ausschlossen, mit einem hohen Grad von Bestimmtheit darauf schließen, daß der Zufügung der tödlichen Wunde eine durch List herbeigeführte Betäubung des Opfers vorausgegangen sein mußte. Selbst bei einer vollkommen gelungenen plötzlichen Überraschung hätte mit so tödlicher Sicherheit ein solcher einziger Schnitt nicht ausgeführt werden können. In der Tat zeigten sich denn auch bei der Obduktion verschiedene Erscheinungen, welche der obduzierende Arzt als Symptome einer Chloroformnarkose bezeichnen zu dürfen glaubte. Das Herz war auffällig platt, schlaff und blutleer. In den Herzkammern und in den größeren Gefäßen waren viele Luftbläschen sichtbar, die sich wie Perlenschnüre aneinanderreihten. Das Blut war sehr flüssig und von dunkel-kirschroter Färbung.

Zwei andere Ärzte haben freilich später diese Symptome als unzuverlässig bezeichnet, weil sie ebensowohl dem bedeutenden Blutverlust und der vorgeschrittenen Verwesung beigemessen werden könnten und überhaupt nach Ablauf von zehn Tagen sichere Zeichen der Chloroformnarkose nicht mehr wahrnehmbar seien. Von der anderen Seite wurde aber dagegen geltend gemacht, daß die Leiche infolge der kalten Witterung und des Blutverlustes in auffallender Weise bei der Obduktion auch nicht das leiseste äußerlich wahrnehmbare Zeichen der Verwesung an sich getragen habe.

In dem Uterus der Leiche fand sich eine Frucht vor, 20–24 Wochen alt. Da sich noch verschiedene nähere Indizien eines verdächtigen intimen Verkehrs zwischen dem Chirurgen Kühn und der Verstorbenen ergaben, wurde beschlossen, ihn zu verhaften und die Untersuchung wegen Mordes gegen ihn einzuleiten. Die Untersuchung wurde mit großer Umsicht und Gewissenhaftigkeit, mit sorgfältiger Benutzung aller Hilfsquellen der Wissenschaft geführt. Es bedurfte dessen in der Tat auch, um den dichten Schleier zu zerreißen, mit dem der Angeschuldigte seine Tat umsponnen hatte. Nicht einen Schritt hatte er getan, ohne die Gefährlichkeit desselben gegenüber einer späteren Untersuchung in kühle Überlegung zu ziehen. Um Ausflüchte war er niemals verlegen, und mit seltener Klugheit wußte der verschmitzte und geriebene Chirurg, dem es an einer gewissen Bildung nicht fehlte, sich gegen jeden Angriff zu verteidigen.

Diese kaltblütige Geistsgegenwart, die für Gemütserschütterungen gänzlich unzugänglich war und nur bei außerordentlichen Überraschungen für Augenblicke wankend wurde, diese Klugheit und die erfinderische Kraft seines Geistes verließen den Angeschuldigten auch in den bedenklichsten Stadien der Untersuchung nicht und erschwerten dem Untersuchungsrichter, obwohl ihm die genaue Kenntnis des

Naturells des Inquisiten aus früheren Untersuchungen zu statten kam, seine Aufgabe in hohem Maße. Kühn kämpfte mit der größten Tapferkeit für sein Leben und wehrte sich bis an den Fuß des Schaffots gegen sein Schicksal, indem er listig und schlau die Zeugen zu verwirren, den Richter auf falsche Fährten zu locken, sich selbst durch einen Alibibeweis zu entlasten suchte. Erst als die Maschen des Netzes sich immer enger und bedrohlicher zusammenzogen, griff er zu dem verzweifelten Mittel der Kollisionen mit dritten Personen, die ihm, wenn sie mißlangen, zum Verderben gereichen mußten und wirklich zum Verderben gereichten. Wir stellen in Nachfolgendem die Ergebnisse der Untersuchung zusammen:

Der Fuhrmann Johann Georg Wolf lebte zu Crawinkel mit den Seinigen unter bescheidenen, das Auskommen jedoch genügend sichernden Verhältnissen. Er und seine Frau waren im Jahre 1868 bereits hochbetagt. Vier erwachsene Kinder wohnten noch im elterlichen Haus, zwei Söhne und zwei Töchter, die einundzwanzigjährige Wilhelmine und die jüngste, Henriette, welche das 16. Jahr zurückgelegt hatte. Die Familie genoß den besten Ruf. Allgemein wurde ihr das Zeugnis erteilt, daß die Kinder streng erzogen und alle wohl geraten seien; und dem entsprechend durfte der alte Wolf in der Schwurgerichtsverhandlung von sich rühmen, daß er *immer ein strenger Regent gewesen sei.*

In dieser Verhandlung machten Eltern und Kinder den Eindruck argloser biederer Naturmenschen. Insbesondere aber galt Henriette Wolf als ein vortreffliches gutgeartetes Mädchen. Mit großer Einmütigkeit rühmten nicht nur ihre Angehörigen, sondern auch ihre Lehrer und die angesehensten Personen des Ortes ihr freundlich-gutes Herz, ihre Arbeitsamkeit, ihre liebevolle Gesinnung gegen Eltern und Geschwister, ihre Sittsamkeit und Religiosität. Das jugendfrische hübsche Mädchen mit seinem heiteren lebensfrohen Wesen war allgemein gern gesehen und beliebt. Ihre geistigen Fähigkeiten waren etwas beschränkt, ihr Gemüt weich und furchtsam. Ihre Angehörigen erzählten von ihr, daß sie sich im Dunkeln wie ein Kind gefürchtet, daß sie Blut nicht habe sehen können, daß sie abends es vermieden habe, an einem Haus vorüberzugehen, in dem eine Leiche gelegen hatte, und daß der in Crawinkel vorgekommene Selbstmord eines Mädchens ihr äußerstes Grauen und Entsetzen verursachte.

Im Frühjahr 1868 litt Henriette Wolf an einem sehr schmerzhaften Fingergeschwür. Von Bekannten wurde ihr der Chirurg Kühn zu Ohrdruf als geschickter Wundarzt lebhaft empfohlen. Sie folgte dieser Empfehlung und gab sich in seine Behandlung.

Der Chirurg Kühn betrieb zu Ohrdruf neben dem Barbiergeschäft eine umfangreiche wundärztliche Praxis. Verschiedene glückliche Kuren hatten ihm das Vertrauen des Publikums gewonnen, und besonders bei den Bauern der Umgebung war der geschmeidige und redselige kleine Mann, der es vortrefflich verstand, seine ärztliche Befähigung ins rechte Licht zu setzen, ein gesuchter Arzt. In der Tat fehlte es ihm bei natürlicher Begabung nicht an Kenntnissen und technischer Geschicklichkeit in seinem Beruf, wenn er auch geneigt war, beides zu überschätzen und über die Leistungen anderer wissenschaftlich gebildeter Ärzte hinwegzusehen. Die Anerkennung, die er fand, galt übrigens mehr dem Wundarzt als dem Menschen.

Den meisten machte das schleichende Wesen, die katzenartige Freundlichkeit, der unruhige, lauernde Blick des Mannes einen unheimlichen Eindruck. Er stand in dem Verdacht, neben seiner wundärztlichen eine noch anderweite verdächtige Praxis zu betreiben. Eine im Jahr 1864 gegen ihn eingeleitete Untersuchung mußte zwar eingestellt werden, ließ jedoch immerhin einen schweren Verdacht zurück, daß Kühn sich zur Verabreichung von Abortivmitteln *(Abtreibemittel)* hergegeben habe. Vor allem aber wurde das von ihm im Publikum geltende (Hier ist ...) *Der ist ein Böser* durch eine im hohen Grad befleckte Vergangenheit gerechtfertigt. Wer diese genauer kannte, der wußte, daß dem Chirurgen Kühn da, wo sein Vorteil auf dem Spiel stand, auch von der schwersten Tat keine Gewissensschranke trennte.

Der Vater Kühns, Tünchermeister und Kirchendiener zu Gotha, war in der Lage, dem begabten Knaben eine bessere Erziehung zu geben. Kühn wurde in das Seminar zu Gotha aufgenommen, um dort zum Volksschullehrer ausgebildet zu werden. Schon damals kam der verbrecherische Trieb in ihm zum Vorschein. Er geriet wegen verschiedener Diebstähle wiederholt in Untersuchung und Strafe. Zuletzt im Alter von 22 Jahren wegen Diebstahls zu vierzehntägigem

Gefängnis verurteilt, wurde er aus dem Seminar ausgewiesen. Der Vorstand des Seminars bezeugte in den Untersuchungen, daß Kühn von seinen Mitschülern stets mit mißtrauischen Augen betrachtet und daß sein Umgang gemieden worden sei. Kühn bildete sich nun als Chirurg aus, bestand sein Examen zur Zufriedenheit und siedelte sich 1856 in Ohrdruf als Wundarzt und Barbier an. Seine Existenz war eine gesicherte, seine Frau hatte ihm einiges Vermögen zugebracht, und eine einträgliche Praxis war schnell erlangt.

Zu dieser Zeit wurde die Stadt Gotha durch einen mit großer Frechheit ausgeführten Kirchenraub erschreckt. Aus der dortigen Schloßkirche waren die Kirchengefäße, eine sehr wertvolle Taufkanne nebst Taufbecken, entwendet worden. Ein halbes Jahr lang blieb der Dieb unentdeckt, dann aber verriet er sich durch unvorsichtigen Verkauf des geraubten Gutes – der Täter war der Chirurg Kühn. Er hatte die durch die Stellung seines Vaters als Kirchendiener erlangte Kenntnis von den Lokalitäten zur Verübung des Diebstahls ausgebeutet. Die Untersuchung zeigte Kühns Charakter in den schwärzesten Farben. Trotz der günstigen Vermögenslage, in der sich Kühn befand, hatte er dennoch lediglich aus schnöder Habsucht den Weg des Verbrechens aufs Neue betreten. Mit ihm wurden seine Eltern und Geschwister, seine Schwiegermutter und Ehefrau, als Mitschuldige verdächtigt, verhaftet. Obwohl die vorliegenden Beweise von der Schuld Kühns erdrückender Natur waren, obwohl er wußte, daß er durch sein Geständnis seine Angehörigen, deren Unschuld ihm bekannt war, aus der Haft befreien würde, leugnete er dennoch auf das hartnäckigste.

Er verschwor sich »beim allmächtigen Gott, der ihn und seine Familie verderben solle, wenn er die Unwahrheit rede«. Er erbot sich, auf die Wahrheit seiner Aussage das Heilige Abendmahl zu nehmen. Fest und kalt widerstand er den Tränen seines greisen Vaters, der ihm zu Füßen fiel und ihn anflehte, die Wahrheit zu bekennen. Ja, er versuchte sogar den Verdacht von sich ab auf seine alte Schwiegermutter zu lenken. Später entblödete er sich nicht, zu seiner vermeintlichen Entschuldigung zu behaupten, daß er die Tat begangen habe, um sich an seinem Vater, der ihn schlecht behandelt hätte, zu rächen und diesen in Verdacht zu bringen! Die tiefe Verruchtheit, die aus diesem Gebaren sprach, ließ ermessen, wessen man sich von einer solchen

Natur unter Umständen versehen durfte. Kühn wurde zu einer fünfjährigen Zuchthausstrafe verurteilt, jedoch nach Verbüßung von etwa dreieinhalb Jahren begnadigt. Sogar die staatsbürgerlichen und Ehrenrechte erhielt er zurück, und die Ausübung seiner Praxis wurde ihm aufs Neue gestattet. Sein Auftreten nach der Rückkehr in das bürgerliche Leben war frech und provozierend. Wie unwürdig er sich der ihm erwiesenen Gnade bewies, erhellt sich schon aus dem erwähnten Umstand, daß er zwei Jahre nach seiner Entlassung in den dringenden Verdacht der Abtreibung und deshalb in Untersuchung geriet.

Es war gegen Mitte Juni 1868, als Henriette Wolf den Chirurgen Kühn zum ersten Mal in seiner Wohnung besuchte, um sich von ihm behandeln zu lassen. Während der etwa vier bis sechs Wochen dauernden Kur wiederholten sich diese Besuche anfangs täglich, dann in größeren Zwischenräumen; auch besuchte Kühn seinerseits seine Patientin in deren Wohnung zu Crawinkel.

In Ohrdruf war es bekannt – und die Untersuchung bestätigte es – daß Kühn seine Vertrauensstellung als Arzt wiederholt mißbraucht hatte, um seinen geschlechtlichen Begierden zu frönen. Ein in einem getrennten Stockwerk gelegenes zu geheimen Besprechungen dienendes Zimmer bot hierzu die beste Gelegenheit. Von seiner Brutalität in diesem Punkt zeugte es, daß er einmal eine Wöchnerin, noch dazu eine Person von abschreckender Häßlichkeit, bei einem Krankenbesuch überfallen und mit Gewalt zu seinem Willen zu bringen versucht hatte. Unter diesen Umständen kann es nicht wundernehmen, daß die jugendfrische Erscheinung der Henriette Wolf starken Eindruck auf den zügellosen Sinn des Kühn hervorbrachte.

Die jugendliche Unerfahrenheit der kaum dem Kindesalter entwachsenen Jungfrau, das Vertrauen, welches er sich durch die glückliche Kur bei ihr erworben hatte, die geistige Überlegenheit über das beschränkte Landmädchen, alles dies mußte ihm das Werk der Verführung sehr erleichtern. Selbstverständlich hatte Kühn als Ehemann und mit Rücksicht auf seine ärztliche Stellung sehr viel Ursache, von den näheren Beziehungen zu seiner Patientin keine Silbe verlauten zu lassen, und er war verschlagen genug, um sein Geheimnis auf das Strengste zu bewahren. Es waren deshalb auch nur wenige

Umstände zu ermitteln, welche für einen geschlechtlichen Umgang Kühns mit der Henriette Wolf ein direktes Zeugnis ablegten. Desto sicherer ließ sich aber aus dem späteren Verhalten des Kühn und der Henriette Wolf in den letzten Wochen vor ihrem Tod auf ein intimes Verhältnis zurückschließen, nur bleibt unentschieden, ob das Mädchen von Kühn in einen bewußtlosen Zustand versetzt, vielleicht unter dem Vorwand einer Operation am Finger chloroformiert und dann mißbraucht worden ist, oder ob sie sich ohne diese Anwendung eines solchen Mittels dem Angeschuldigten ergeben hat.

Von einem Verkehr beider miteinander außerhalb des Hauses, der zu jener Zeit stattgefunden hätte, war nur eine Spur aufzufinden. Beide wurden gegen Johanni 1868 eines Tages in einem an der Ohrdruf-Crawinkler Straße gelegenen Restaurationsgarten in vertraulicher Unterhaltung gesehen, und es hatte die Henriette Wolf in große Verlegenheit gesetzt, daß sie bei dieser Gelegenheit einer Verwandten begegnete. Kühn war vergeblich bemüht, das Zusammentreffen als zufällig und unverdächtig darzustellen. Auch ließ Henriette Wolf zu jener Zeit gegen eine Freundin eine Äußerung fallen, die erklärlich wird, wenn man annimmt, daß Kühn die Sittenreinheit des bis dahin keuschen Mädchens verdorben hatte. Sie erzählte nämlich einer gewissen Karoline Langenhan, daß der Angeschuldigte ihr gesagt habe, »sie solle, wenn sie einmal mit einem Burschen zu tun gehabt habe, nur zu ihm kommen; er wolle ihr schon etwas geben, daß es fortgehe.«

Es mag dahingestellt bleiben, ob Kühn eine derartige beruhigende Zusicherung als Mittel benutzt hat, um die Wolf zu verführen, oder ob er sie damit über die Folgen ihrer Verführung trösten wollte.

Mit großer Sicherheit ließ sich nachweisen, daß Henriette Wolf niemals ein Liebesverhältnis mit einem Burschen, oder daß sie auch nur Gelegenheit zu näherem Umgang mit einem Mann außer mit Kühn gehabt hätte. In einem so kleinen Ort wie Crawinkel hätte dies unmöglich geheim bleiben, namentlich aber hätte es der Schwester, mit der Henriette sehr eng verbunden war, nicht entgehen können.

Im Juni also begann die ärztliche Kur. Einige Wochen später zeigten sich die ersten Merkmale der Schwangerschaft, die Regeln blieben aus. In der Leiche wurde eine Frucht gefunden, die im Juni empfangen sein mußte. Einen Liebhaber hatte Henriette Wolf nicht gehabt, von irgendwelchem Umgang mit einem anderen Mann wußten ihre Angehörigen und ihre Freundinnen kein Wort. Zu Kühn aber war sie häufig gekommen, mit ihm war sie häufig allein gewesen, und Kühn war ein unmoralischer, lüsterner Mensch. Wer anders als er sollte der Schwängerer gewesen sein?

Henriette Wolf scheint sich, wenigstens in der ersten Zeit, nicht für schwanger gehalten und die Symptome der Schwangerschaft in ihrer Bedeutung nicht erkannt zu haben. Dies spricht dafür, daß sie vielleicht im bewußtlosen Zustand entehrt worden ist. Sie machte ihrer Mutter und ihrer Schwester unverhohlen Mitteilung über das Ausbleiben ihrer Menstruation und nahm auf ihre Veranlassung, jedoch ohne Erfolg, den Rat einer Ohrdrufer Frau in Anspruch, die sich mit sympathetischen Kuren befaßte. Erst im November sind offenbar ernstliche Besorgnisse bei ihr aufgestiegen, sei es, daß sie über ihren Zustand nun ins Klare gekommen war, sei es, daß sie das Stärkerwerden des Leibes auf eine Krankheit zurückführte und deshalb ängstlich wurde.

Die Aufforderung der Ihrigen, sich an den hochbetagten, großes Vertrauen genießenden Arzt des Ortes zu wenden, wies sie von der Hand und erklärte, daß sie sich von Kühn kurieren lassen werde. An und für sich wäre es natürlich gewesen, daß ein schamhaftes Mädchen sich dem alten, erprobten Arzt anvertraut hätte. Henriette Wolf aber nahm zu Kühn ihre Zuflucht. In diesem Entschluß fand man ein neues Beweismoment dafür, daß Kühn sie geschwängert und daß sie von dem Urheber ihrer Schwangerschaft Hilfe verlangt habe.

Am 15. November, eines Sonntages, begab sie sich in die Kühnsche Wohnung. Sie traf zunächst nur die Ehefrau des Kühn und mußte auf dessen Heimkehr etliche Stunden warten. Während dieser Zeit erschien sie der verehelichten Kühn düster, wortkarg und in sich gekehrt. Als Kühn nach Hause kam, richtete er sofort an Henriette Wolf die Frage, ob sie ihn sprechen wolle, und nahm sie auf die stumme Bejahung dieser Frage durch Kopfnicken mit sich aus der Stube, in der sich noch einige Landleute befanden, in den Hausflur. Dort fand zwischen beiden ein längeres mit leiser Stimme geführtes Gespräch statt, von dem die in der benachbarten Küche lauschende Kühnsche Ehefrau nichts verstehen konnte, als daß das Mädchen über Schmerzen im Leib klagte und Kühn ihr anriet, *sie solle sich von Heusamen Brodel machen und sich darauf setzen. Das wäre das sicherste Mittel, da bekäme sie es wieder.* Henriette Wolf selbst teilte ihrer Mutter und ihrer Schwester bei ihrer Rückkehr mit, daß Kühn ihr äußerlich Heusamenbrodel und innerlich einen Tee von Wacholderspitzen und Schafgarben angeraten habe. Diese Mittel hat sie denn auch wirklich, jedoch ohne Erfolg, zur Anwendung gebracht.

In der Untersuchung behauptete Kühn anfangs, daß er die Henriette Wolf nach der Fingerkur überhaupt nicht wieder zu Gesicht bekommen, dann räumte er ein, daß sie ihn wegen des Ausbleibens ihrer Regeln konsultiert habe. Diese Unterredung sollte jedoch nach seiner Angabe in seiner Stube in Gegenwart der Kühnschen Ehefrau stattgefunden haben. Erst auf Vorhalt aus den entgegenstehenden Aussagen der letzteren gab er das heimliche Gespräch im Hausflur zu. Er erklärte dann, er habe sich gleich gedacht, daß das Frauenzimmer schwanger sei, und da er sich, nachdem er einmal gebrannt worden sei, fest vorgenommen, sich mit solchen verdächtigen Sachen nicht mehr zu befassen, so habe er dem Mädchen, nur um sie los zu werden, einige harmlose Mittel verordnet.

War Kühn, wie man annehmen muß, der Schwängerer, so sah er nunmehr die Gefahr vor sich, die, abgesehen von dem finanziellen Opfer, das in Aussicht stand, nicht nur seinen ehelichen Frieden, sondern noch mehr seine Existenz bedrohte. Wenn es auskam, daß er die Vertrauensstellung des Arztes zur Verführung eines kaum dem Kindesalter entwachsenen Mädchens mißbraucht hatte, so war sein Kredit unzweifelhaft verloren. Wir werden sehen, daß er nicht säumte, dieser Gefahr in seiner Weise durch ein Radikalmittel zu begegnen.

Bereits am 17. November, zwei Tage nach jenem Besuch der Henriette Wolf, erschien er, während er sonst Arzneien und dergleichen meist durch seine Leute und auf Rechnung holen ließ, persönlich in der Apotheke zu Ohrdruf und forderte dort gegen Barzahlung vierzehn Gramm Chloroform. Nachdem er diese erhalten, entfernte er sich. Nach einigen Minuten trat er jedoch zum zweiten Mal ein und verlangte nochmals vierzehn Gramm Chloroform mit der Bemerkung, daß ihm das erste Gläschen hingefallen und zerbrochen sei. 28 Gramm Chloroform sind in der Regel zur Herstellung der Chloroformnarkose vollkommen ausreichend.

Da nun Kühn bis dahin das Chloroform immer nur in kleinen Quantitäten von einigen Gramm bezogen hatte, so würde es aufgefallen sein, wenn er plötzlich eine solche Menge gekauft hätte. Die Angabe, daß das erste Gläschen zerbrochen sei, war also ein geeignetes Mittel, um unverdächtig in den Besitz einer größeren Quantität dieser Substanz zu gelangen. Im Lauf der Untersuchung wurde aber festgestellt, daß Kühn seit dem 17. November in seiner Praxis kein Chloroform gebraucht hat; und trotzdem hat sich bei der während seiner Verhaftung am 6. Dezember vorgenommenen Haussuchung kein Chloroform vorgefunden. Was war aus diesem Chloroform geworden?

Das Verhalten Kühns in der Untersuchung mit Bezug auf diesen Chloroformankauf war im höchsten Grad verdächtig. Es war ihm außerordentlich darum zu tun, die Menge des abgeholten Chloroforms geringer erscheinen zu lassen. Anfangs sprach er von fünf bis sechs, dann von acht Gramm. Erst nach längerem Vorhalten ließ er sich dazu herbei, die Möglichkeit anzuerkennen, daß es zwölf Gramm gewesen seien. Auch von der zweimaligen Abholung wollte er zuerst nichts wissen. Namentlich war er aber bemüht, das Datum des Chloroformankaufs zu verschieben, indem er behauptete, daß derselbe nicht am 17., sondern am 14. November, also am Tag vor dem Besuch der Henriette Wolf und seiner Kenntnisnahme von ihrer Schwangerschaft, stattgefunden habe.

Noch in der Schwurgerichtsverhandlung bot er mit großer Gewandtheit alles auf, um den als Belastungszeugen auftretenden Apotheker zu verwirren. »Erinnern Sie sich doch«, redete er ihn an, »in der Apotheke hing ein beweglicher Kalender, auf dem das Datum des 14. aufgesteckt war. Ich sprach davon, daß heute der 14. sei, und da werden Sie das wohl so verstanden haben, als ob ich vierzehn Gramm gefordert hätte.« Alle diese Bemühungen scheiterten jedoch an der ruhigen Sicherheit, mit der der Zeuge seine Aussage erstattete.

Obwohl Kühn nach seiner Angabe der Henriette Wolf am 15. November wirkungslose Mittel verordnet hatte, um sie los zu werden, erschien er, im auffälligen Widerspruch zu jener Absicht, schon am Abend des 18. November von freien Stücken in der Wolfschen Wohnung zu Crawinkel, um sich nach dem Mädchen zu erkundigen. Die Veranlassung zu diesem Besuch muß sehr dringlicher Natur gewesen sein, er würde sonst gewiß nicht am späten Abend noch den eine Stunde weiten Weg von Ohrdruf nach Crawinkel zurückgelegt haben, um so weniger, als er an demselben Tag bereits in verschiedenen Ortschaften seine Praxis besorgt hatte und noch dazu seiner eigenen Behauptung zufolge an rheumatischen Schmerzen in den Beinen litt. Allerdings schützte er vor, er habe seine noch nicht bezahlte Rechnung bei Wolfs in Erinnerung bringen wollen.

Dies war indes eine leere Ausflucht, denn Henriette Wolf hatte erst am Sonntag zuvor die baldige Berichtigung der Rechnung versprochen, und er selbst brachte bei seinem Besuch die Rede gar nicht auf die fragliche Rechnung, wegen der er doch gekommen sein wollte. Einen anderen einleuchtenden Grund für diesen späten Gang wußte er nicht vorzubringen. Allerdings stattete er an demselben Abend auch noch in einem anderen Haus in Crawinkel einen flüchtigen Besuch ab, hatte aber dort nichts weiter zu tun, als an die Witwe eines kurz vorher gestorbenen Patienten die völlig überflüssige Frage zu stellen, bei wem er seine Rechnung einreichen solle. Dies war offenbar ein Manöver, um die Absichtlichkeit seines Besuchs im Wolfschen Haus zu verbergen und diesen als einen gelegentlichen erscheinen zu lassen. Er führte sich deshalb auch bei Wolfs mit der gleichfalls unnützen Frage ein, ob die Witwe Dietrich (wenige Tage nach dem Tod ihres Mannes) noch ihre frühere Wohnung inne habe?

Als Kühn in die Wolfsche Wohnung eintrat, traf er nur die Eltern und Wilhelmine Wolf an. Er erkundigte sich nach Henriette, und da er erfuhr, daß sie bald nach Hause zurückkehren würde, wartete er auf sie etwa eine Viertelstunde lang. Als Henriette erschien, befragte er sie nach ihrem Befinden und befühlte in Gegenwart ihrer Angehörigen ihren Leib. Dabei äußerte er in einem leichten scherzhaften Ton: »Ja, ja, es wird stärker. Sie haben Wasser im Leib!« Auch der Wilhelmine Wolf, von der man sagte, daß sie in ähnlicher Weise unpäßlich sei, fühlte er an den Leib und riet ihr an, die der Henriette verordneten Mittel zu gebrauchen. Beim Weggehen verabschiedete er sich von Henriette, die ihm in den Hausflur leuchtete, mit den Worten: »Nun, Jettchen, gib mir noch ein Händchen.«

Kühn selbst stellte die Unterredung in vielen Punkten abweichend dar. Er behauptete, daß Henriette gleich bei seinem Eintritt zugegen gewesen, auch nicht von ihm befühlt worden sei, mußte jedoch beides im Lauf der Untersuchung eingestehen. Ferner sollte die Wolfsche Mutter die Äußerung getan haben: »Wenn die Mädchen so etwas haben, gehen sie zur Frau Dämmich« (die Frau in Ohrdruf, die sich mit Sympathiekuren befaßte). Er selbst wollte die Äußerung getan haben: »Ihre Mädchen sind doch nicht etwa alle beide schwanger? Mit euch ist doch nicht etwas anderes los? Euch soll ja der Teufel holen!« und es sollten darauf die Wolfschen Eltern erwidert haben, sie hätten die Henriette vorgenommen. Sie hätte aber heftig geweint und entschieden in Abrede gestellt, daß sie schwanger sei.

Alle diese Behauptungen Kühns wurden von den Wolfs mit größter Bestimmtheit als wahrheitswidrig bezeichnet, namentlich versicherten sie übereinstimmend, daß sie von der Schwangerschaft der Henriette nicht die leiseste Ahnung gehabt hätten. Es liegt auf der Hand, daß Kühn mit seiner Darstellung jener Unterredung lediglich seine Unbefangenheit bezüglich der Schwangerschaft der Henriette Wolf in ein günstiges Licht stellen und in dem Konflikt der Eltern mit der Tochter ein Motiv für den von ihm hartnäckig behaupteten Selbstmord der letzteren liefern wollte.

Der wahre Zweck, den er bei dem Besuch in der Wolfschen Wohnung an jenem Abend verfolgte, war jedenfalls eine Rekognoszierung des Terrains. Es mußte ihm im Interesse der Sicherheit seiner weiteren Maßregeln dringend daran gelegen sein, festzustellen, ob bei den Angehörigen der Henriette Wolf schon irgendein Verdacht, insbesondere gegen ihn selbst erwacht war. Außerdem durfte er den Konnex mit dem von ihm verführten Mädchen nicht verlieren. In seinem Besuch und seinem wohlberechneten Auftreten dabei lag die stillschweigende Aufforderung an Henriette Wolf, ihn auch ferner als ihren Berater und Helfer anzusehen und zu gebrauchen.

Diesen Zweck, sich das Vertrauen der Henriette Wolf zu erhalten, erreichte er denn auch in vollem Maß. Denn schon am Sonnabend darauf, am 21. November, begab sie sich aufs neue nach Ohrdruf, um seinen ferneren Rat in Anspruch zu nehmen, weil die von ihm empfohlenen Medikamente wirkungslos gewesen waren und die Äußerung Kühns: »Ja, ja, es wird stärker«, ihre Angst gesteigert haben mochte. Sie traf Kühn jedoch nicht zu Hause.

Zwischen dem 18. und dem 21. November ereignete sich noch ein Vorgang anscheinend sehr zufälliger Natur, der aber doch höchst wahrscheinlich mit dem Mordplan und dem Mord Kühns in Verbindung stand. In dieser Zeit verschwand nämlich auf eine unerklärt gebliebene Weise das beste Rasiermesser des Kühnschen Gehilfen Roth unter Umständen, welche die Annahme ausschlossen, daß es irgendwo liegen geblieben oder verloren worden war. Freilich waren die Aussagen des Zeugen Roth darüber, ob Kühn in der Lage gewesen wäre, sich dasselbe heimlich aneignen zu können, sehr schwankend. Kühn selbst befaßte sich mit dem Barbiergeschäft durchaus nicht, dasselbe wurde im Haus von seiner Ehefrau, bei den auswärtigen Kunden durch den Gehilfen besorgt.

Das Abhandenkommen eines Rasiermessers, deren sich die Kühnsche Ehefrau im Haus bediente, konnte selbstverständlich eher auffallen, als daß dem Gehilfen bei seinen Wegen außer Haus ein solches verloren ging. Jedenfalls scheint Kühn selbst die Möglichkeit vorgeschwebt zu haben, daß das Verschwinden jenes Messers und der Tod der Henriette Wolf als Glieder einer Kette von Tatsachen betrachtet werden möchte. Denn als bei dem Ruchbarwerden des Todes der Wolf der Gehilfe in der Meinung, daß die Wolf ihm das Messer bei ihrer Anwesenheit im Kühnschen Haus entwendet haben könne, in die Worte ausbrach: «Halt, da kommt vielleicht mein Messer zum Vorschein!« bedeutete ihm Kühn, er möge von seinem Messer still sein und kein Geschwätz bei den Leuten machen, damit er nicht etwa noch in Ungelegenheiten komme.

Indessen näherte sich das Opfer Kühns mehr und mehr den Schlingen, in die es fallen sollte. Das offenbar in zunehmendem Maße von seinem Zustand beängstigte Mädchen machte sich schon am 23. November, einem Montag, von neuem auf den Weg nach Ohrdruf. Diesmal begegnete sie dem Angeklagten auf der Chaussee in der Nähe von Crawinkel. Er fuhr nach einem benachbarten Ort, wohin er von einem dortigen Einwohner auf einem Wagen abgeholt worden war. Als der Wagen herankam, blieb die Wolf stehen. Kühn ließ, als er sie erblickte, halten und fragte das Mädchen, ob sie ihn sprechen wolle. Auf ihre bejahende Antwort stieg er ab und forderte seinen Begleiter auf, ein Stück vorauszufahren. Es fand zwischen Kühn und der

Henriette Wolf ein Gespräch statt, welches mehrere Minuten lang dauerte.

Über den verhängnisvollen Inhalt dieses Gesprächs liegen uns, abgesehen von den kühnschen Angaben, nur die Mitteilungen der Wilhelmine Wolf vor, die sie von ihrer Schwester Henriette erhielt. Diese Mitteilungen waren allerdings geeignet, auf den Zusammenhang jenes Gesprächs mit dem bald darauf erfolgten Tod der Henriette Wolf ein helleres Licht zu werfen, und sie waren in der Tat anfänglich das einzige stärkere Belastungsmaterial, welches gegen den Angeschuldigten vorlag. Nach der Erzählung der Henriette Wolf, wie sie von ihrer Schwester referiert wurde, hat erstere zu Kühn gesagt, daß die ihr verordneten Mittel nicht angeschlagen hätten, und ihn um andere Mittel ersucht, er aber hat ihr darauf erwidert: nächsten Mittwoch (den 25. November) gegen Abend, wo er in Crawinkel einen seiner Patienten zu besuchen gedenke, wolle er ihr ein starkes Mittel mitbringen. Sie solle jedoch nicht zu ihm und er wolle nicht zu ihr in die Wohnung kommen, sondern sie solle ihn im Wald zwischen Ohrdruf und Crawinkel in der Nähe der zweiten Kienrußhütte treffen.

So hatte es Henriette Wolf alsbald nach ihrer Rückkehr ihrer Schwester Wilhelmine erzählt. Sie war dabei heiter und getrost gewesen, wie denn ihre Angehörigen überhaupt bis zu ihrem Tod niemals die geringsten Zeichen von Niedergeschlagenheit an ihr wahrgenommen haben.

Ganz anders lautete freilich die Darstellung, welche der Angeklagte von jenem Zusammentreffen am 23. November gab. Nach seiner Schilderung hat er die Henriette Wolf, als er sah, daß sie auf ihn wartete, gefragt, ob sie zu ihm wolle, und ferner, ob etwas vorgefallen sei, sodann auf ihre bejahende Antwort die weitere Frage an sie gerichtet, ob bei ihr oder bei ihrer Schwester? Als sie erklärte, daß es ihre Schwester betreffe, im übrigen aber mit der Sprache nicht herausgegangen sei, habe er in der Meinung, daß sie ihn allein sprechen wolle, den Wagen verlassen und denselben einige Schritte, etwa Stubenlänge, vorausfahren lassen. Die Wolf habe ihn durch ihr zurückhaltendes Wesen gewissermaßen gezwungen, vom Wagen zu steigen.

Zu diesen Angaben stehen freilich die Aussagen des Mannes, auf dessen Wagen er fuhr, im Widerspruch. Dieser Mann hat vor dem Absteigen Kühns irgendeine längere Wechselrede zwischen ihm und dem Mädchen nicht vernommen, sondern Kühn ist ohne weiteres von dem Wagen gestiegen, als das Mädchen seine Frage, ob sie zu ihm wolle, mit Kopfnicken bejaht hatte; der Wagen aber ist etwa 50 Schritte vorausgefahren.

Weiter behauptete der Angeschuldigte, das Mädchen habe sich beklagt, daß der Heusamenbrodel ihr nicht geholfen hatte, und eine andere Kur von ihm verlangt. Er habe ihr dies abgeschlagen und ihr vorgehalten, daß sie jedenfalls schwanger sei, auch habe er sie aufgefordert, ihre Schwangerschaft bei dem Schultheißen anzuzeigen, und ihr gedroht, daß er, wenn er mittwochs nach Crawinkel komme, ihren Eltern von ihrem Zustand Mitteilung machen werde. Dies habe er gesagt, um ein Geständnis von ihr zu erpressen und um zu erfahren, ob die Eltern von ihrer Schwangerschaft etwas wüßten. Die Wolf habe geleugnet, daß sie schwanger sei, und sei unter heftigem Weinen von ihm fortgegangen. Die Unwahrheit dieser letzteren Behauptung ließ sich indes sofort beweisen. Eine Frau aus Crawinkel hatte vom Wald aus in einiger Entfernung jenes Gespräch unbemerkt beobachtet. Sie bestritt auf das Bestimmteste, daß die Wolf dabei geweint habe. Unmittelbar nach jenem Zusammentreffen mit Kühn ist sie der Henriette Wolf begegnet, hat mit ihr gesprochen und nicht nur keine Spur von Betrübnis an ihr bemerkt, sondern sie vielmehr frisch und munter, wie immer, gefunden.

Die Bestellung an die Kienrußhütte leugnete der Angeklagte auf das Hartnäckigste, geriet aber bei dem ersten Vorhalt aus dieser Mitteilung der Wilhelmine Wolf in die äußerste Verlegenheit und Fassungslosigkeit, die sich in abgebrochenen, stammelnd hervorgestoßenen Sätzen und in dem Ausruf: »Muß man doch um sein bißchen Unschuld schwatzen!« kundgab.

Mittwoch, der 25. November, der Tag, an dem der Henriette Wolf das *starke Mittel* verabreicht werden sollte, kam heran, ohne daß das arglose Mädchen ahnte, wie und wodurch der Mann ihres Vertrauens von Sorgen und Beängstigungen ihrer Lage Abhilfe verschaffen wollte. Am Vormittag war sie mit einer Näharbeit beschäftigt. Am Nachmittag rechte sie mit ihrer Schwester Laub im Garten und brach die Arbeit ab, *um sie am andern Tage zu Ende zu bringen.* Dabei unterhielten sich die Schwestern in heiterster Weise, welchen Anzug sie am nächsten

Sonntag tragen wollten. Ihr Bruder, in der Schwurgerichtsverhandlung über das Aussehen der Henriette Wolf am Nachmittag des 25. November befragt, namentlich auch darüber, ob sie ihm irgendwie verstört und niedergeschlagen erschienen sei, erwiderte darauf in seiner naiven Weise: »O, bewahre, sie blühte ja wie ein Röschen!«

Kurz nach vier Uhr nachmittags verließ sie ihre Wohnung, um der Bestellung Kühns Folge zu leisten. Es war ihr Todesgang, von dem sie als Leiche in das elterliche Haus zurückgebracht werden sollte. Ein Einwohner von Crawinkel namens Kritzmann, der von der Arbeit zurückkehrte, war derjenige, der sie zuletzt lebend gesehen hat. Er begegnete ihr gegen dreiviertel sechs auf der Straße nach Ohrdruf in der Nähe der letzten Häuser des Ortes. Sie schritt rasch in der Richtung nach Ohrdruf zu, begrüßte ihn und richtete im Vorübergehen an ihn in frischem Ton die Frage, ob denn Feierabend sei? Es ist zu vermuten, daß sie zwischen Crawinkel und der zweiten Kienrußhütte eine Zeit lang auf- und abgegangen ist, um Kühn nicht zu verfehlen, der die Stunde seines Eintreffens wohl nicht genau bestimmt hatte, da er am Montag noch nicht wußte, wann er, ohne Aufsehen zu erregen oder vermißt zu werden, sich vom Haus würde entfernen können.

Es lag natürlich im hohen Interesse der Untersuchung, das Tun und Treiben des Inquisiten am 25. November so genau als möglich festzustellen, eine Aufgabe, die freilich durch die Vorsicht, mit welcher er ganz offenbar zu Werke gegangen war, ebenso sehr erschwert wurde als durch den Umstand, daß man wesentlich auf die Mitteilungen seiner Angehörigen angewiesen war, die ihrerseits sich möglichst in Acht nahmen, gravierende Aussagen zu erstatten. Es wurde festgestellt, daß er vormittags in benachbarten Dörfern auf der Praxis gewesen und von dort gegen zwei Uhr zurückgekehrt war, ferner, daß er, angeblich wegen Unwohlseins, nichts zu Mittag gegessen, sondern erst in späterer Stunde etwas genossen hatte. In der Voruntersuchung gab seine Ehefrau an, daß ihr Mann nach der Rückkehr von der Praxis eine Stunde geruht, sodann einige Patienten in Ohrdruf besucht, hierauf bis zur Dämmerung auf dem Sofa liegend geschlafen habe. Mit großer Bestimmtheit und wiederholt versicherte sie, daß ihr Mann in der Dämmerung (diese trat gegen abends halb fünf ein) die Wohnung verlassen habe, um sich in die Restauration auf dem Schießhaus zu begeben.

In der Schwurgerichtsverhandlung änderte sie diese Aussage vollständig und behauptete, ohne den Widerspruch ihrer früheren Angaben erklären zu können, daß ihr Ehemann die Wohnung weit später verlassen habe, um die Restauration auf dem Schießhaus zu besuchen. Ihr Auftreten vor dem Schwurgericht in Gotha (in der zweiten, in Eisenach abgehaltenen Schwurgerichtsverhandlung lehnte die Zeugin das Zeugnis ab) machte indes einen sehr wenig günstigen Eindruck. Ihr Zeugnis war so augenscheinlich für die Entlastung ihres Ehemannes eingerichtet, sie verwickelte sich dabei so sehr in auffallende Widersprüche, daß ihren damals erstatteten Angaben nur ein höchst geringer Anspruch auf Glaubwürdigkeit beigemessen werden konnte. Überdies war es sehr wahrscheinlich, daß die rastlosen Bemühungen Kühns, sich vom Gefängnis aus mit seiner Ehefrau in Verbindung zu setzen und ihre Aussagen mit den seinigen in Übereinstimmung zu bringen, wenn man auch verschiedenen derartigen Versuchen auf die Spur kam und dieselben vereitelte, nicht insgesamt ohne Erfolg geblieben waren.

Jedenfalls verdiente die in der Voruntersuchung erstattete erste Aussage der Zeugin, welche sie, ohne von ihrem Mann beeinflußt zu sein, abgegeben und welche sie jedenfalls infolge der Kollisionen mit ihm ohne Angabe von Gründen vor dem Schwurgericht widerrief, weit größeren Glauben. Hiernach mußte man aber annehmen, daß Kühn gegen halb fünf Uhr seine Wohnung verlassen hatte. Von da an verlor man seine Spur bis gegen halb oder dreiviertel acht abends. Um diese Stunde kam er in die Sängersche Restauration, in welcher viele angesehene Bürger Ohrdrufs verkehrten. Sein Eintreten daselbst fiel auf, weil er dort selten gesehen und den Gästen ein unliebsamer Gesellschafter war. Aber auch sein Benehmen erregte Aufmerksamkeit. Nicht nur daß er sich in sehr zudringlicher Weise in einen Kreis von Personen drängte, die keinen Umgang mit ihm pflogen, es war auch die Art seiner Einmischung in das Gespräch schroff und provozierend, sodaß er bald mit einem der Gäste, dem Musikdirektor Spindler, in Streit geriet.

Einige Zeugen bezeichneten sein Wesen als aufgeregt und sein Aussehen als verstört. Er verweilte in der Sängerschen Restauration bis gegen neun Uhr. Kühn selbst wußte die schwere Bedeutung jener drei Stunden, in denen der Nachweis seines Aufenthaltes fehlte, sehr gut zu würdigen und machte wahrhaft verzweifelte Anstrengungen, um sich Beweise dafür zu verschaffen, daß er innerhalb jener Zeit Ohrdruf nicht verlassen habe. Er behauptete, daß er am Nachmittag des 25. November bis fünf Uhr auf dem Sofa seiner Wohnstube gelegen, dann einen Kranken besucht, nach der Rückkehr von demselben sich in die von der Familie nicht bewohnte Stube des oberen Stockwerkes begeben und dort mit Lesen beschäftigt habe. Es sollte damit bewiesen werden, daß es gar nicht auffallen könnte, wenn die Seinigen von seiner Anwesenheit im Haus nichts bemerkt hätten.

Gegen viertel oder halb sieben wollte er nach der Schießhausrestauration gegangen sein, vorher aber seine Schwiegermutter, die sich dessen jedoch nicht zu erinnern vermochte, angewiesen haben, den Hund zurückzuhalten. Die Schießhausrestauration liegt außerhalb der Stadt. Soweit der Weg dahin durch die Stadt geht, ist er zum größten Teil derselbe, der nach Crawinkel führt. Kühn beugte daher mit der Behauptung, daß er nach dem Schießhaus gegangen sei, dem Verdacht vor, der daraus abgeleitet werden konnte, wenn ihn etwa jemand auf diesem Weg in der Richtung nach Crawinkel gesehen hatte. Gleichzeitig gab er eine Erläuterung für sein spätes Eintreffen in der Sängerschen Restauration.

Im Schießhaus, welches von seiner Wohnung eine gute Viertelstunde entfernt ist, will er durch das Fenster wahrgenommen haben, daß sich dort eine ihm nicht angenehme Gesellschaft befand, und deshalb, ohne einzutreten, wieder fortgegangen sein, um in der Sängerschen Restauration einzukehren. Ferner behauptete er, daß er vor seinem Eintritt in die genannte Restauration an das Fenster seiner Wohnung geklopft und seinem Sohn, der gerade mit dem Lehrling Seeber das Kellnerspiel spielte, mitgeteilt habe, daß er nicht auf dem Schießhaus, sondern in der Sängerschen Restauration sei. Von diesem Vorgang wußte anfangs niemand von seinen Angehörigen etwas. Erst nachdem der kühnschen Ehefrau von dieser Behauptung ihres Mannes Eröffnung geschehen war, meldete sich sein Sohn Wilhelm und erklärte, er erinnere sich, daß sein Vater ihm am Fenster zugerufen habe: »er sei nicht in der Sängerschen Restauration, sondern auf dem Schießhause.« Irgendeinen Wert konnte natürlich diese Bestätigung der kühnschen Behauptung nicht haben. Alle anderen Berufungen des Angeklagten auf das Zeugnis von Personen, die ihn am 25. November abends zwischen halb fünf und halb acht gesehen haben sollten, waren vergeblich. Niemand vermochte ein solches Zeugnis abzulegen. Nahm man, wie man nach dem Ergebnis der Untersuchung durchaus berechtigt war, an, daß Kühn um halb fünf seine Wohnung verlassen und daß er um halb acht Uhr in der Sängerschen Restauration eingekehrt war, berücksichtigte man ferner, daß Henriette Wolf gegen dreiviertel sechs an den letzten Häusern von Crawinkel gesehen wurde, und endlich, daß die Entfernung von dem Fundort der Leiche bis zu Kühns Wohnung, in deren Nähe sich die Sängersche Restauration befindet, 50 Minuten beträgt, so konnte Kühn bequem gegen sechs Uhr mit der Wolf zusammengetroffen sein, und wenn er sich 20 Minuten vor sieben Uhr von der Mordstätte entfernte, gegen halb acht die Sängersche Restauration erreichen. 40 Minuten blieben ihm daher zum mindesten, um sein blutiges Werk zu vollenden, ein Zeitraum, der sich jedoch noch erweiterte, wenn er, wie seiner Schlauheit wohl zuzutrauen war, den Rückweg nach Ohrdruf, um sich den bei dem Besuch der Sängerschen Restauration bereits in das Auge gefaßten Beweis das Alibi zu erleichtern, im raschen Lauf zurücklegte.

Sowenig es übrigens dem Inquisiten gelang, den Beweis des Alibis zu führen, sowenig war auch die Anklage ihrerseits im Stande, Zeugen vorzuführen, die den Angeklagten am Abend des 25. November in der Aue bei Crawinkel oder auf dem Weg dahin gesehen hatten. Wenn dessen ungeachtet seine Täterschaft bis zur vollen Evidenz nachgewiesen werden konnte, so war es doch anfänglich nicht möglich, das Dunkel zu zerstreuen, welches über dem Wie der Ausführung ruhte. Hier warfen sich eine Reihe von Zweifelsfragen auf, für deren Beantwortung nur wenig tatsächliches Material vorhanden war. Wie hatte der Mörder es angefangen, um die Henriette Wolf vom Weg abseits in den Wald zu locken? Wie konnte dem kräftigen Mädchen dieser mit tödlicher Sicherheit in einem Zug geführte Schnitt beigebracht werden, ohne daß dasselbe irgendeine Gegenwehr entgegengesetzt hatte? Wie war es zu erklären, daß sich in der Hand der Leiche das aus dem wolfschen Hause herrührende Rasiermesser vorfand, von dem doch wieder unstreitbar feststand, daß es zur Tat nicht benutzt worden sein konnte? Wie war das bereits erwähnte Briefchen an den Vater der Henriette Wolf entstanden, welches die unverkennbaren Schriftzüge der letzteren trug? Es handelte sich hier um eine Reihe von Umständen, die zunächst mit großer Bestimmtheit auf einen Selbstmord hindeuteten; und doch war der Selbstmord eine Unmöglichkeit.

Es ist außerordentlich selten, daß Frauenspersonen, welche zum Selbstmord entschlossen sind, sich den Hals abschneiden. Es ist der grausamste und unsicherste Weg, der zum Tod führt. Es erfordert eine Energie und Ausdauer des Entschlusses, die ein weiches furchtsames Mädchen wie Henriette Wolf gewiß nicht besessen hat. In Crawinkel war es allgemein bekannt, daß mehrere Jahre zuvor eine dortige Frau den Versuch gemacht hatte, sich den Hals abzuschneiden, und daß dieser Versuch mißlungen war. Es mußte dies eine Warnung sein für jede, die auf diese Weise ihrem Leben ein Ziel hätte setzen wollen. Viel näher lag das Ertränken. Und der Weg zur Aue führte an Teichen vorüber, in denen erst vor einigen Jahren eine Frauensperson den Tod gesucht und gefunden hatte. Dem Selbstmord widersprach überhaupt nicht nur der Charakter und das Naturell der Henriette Wolf, sondern mehr noch die ungetrübte heitere Stimmung, die sie bis zu ihrem letzten Weggang vom Haus bewahrte, und die, wenn sie auf Verstellung beruht hätte, eine Selbstbeherrschung erforderte, deren das sechzehnjährige einfach erzogene Landmädchen nicht fähig war.

Diese psychologischen Gründe mögen indes immerhin eine Täuschung zulassen. Entscheidend für die Frage, ob Mord oder Selbstmord, war die Beschaffenheit der Wunde, der Zustand des Messers, das in der Hand der Leiche gefunden wurde, und das Verhältnis beider zueinander. Während die Halswunden, welche sich Selbstmörder beibringen, regelmäßig in schräger Richtung von links oben nach rechts unten sich erstrecken, verlief die Wunde am Hals der Henriette Wolf fast wagerecht, ja sie war in ihrem Ausgang wieder nach oben gerichtet. Die Wunde mußte aber auch mit einem sehr scharfen Instrument beigebracht worden sein, denn sie hatte vollkommen glatte, nach innen gebogene Ränder, und es waren mit einem Zug die verschiedenartigsten, zum Teil sehr widerstandsfähigen Organe, z. B. die elastischen Knorpel des Kehlkopfes, durchschnitten.

Das Messer, welches die Leiche in der Hand hielt, war ein altes, vollkommen stumpfes, zum Teil schartiges Rasiermesser; man hatte es längst nicht mehr zum Barbieren, sondern dazu benutzt, um Holz und Riemen zu schneiden. Das Gutachten dreier Ärzte ging daher auch mit aller Bestimmtheit dahin, daß die Verstorbene sich mit diesem Messer die an ihr wahrgenommene Wunde nicht habe beibringen können.

War aber hiernach Henriette Wolf von einer dritten Person ermordet worden, so ließ sich der Mangel aller Spuren eines Widerstandes lediglich aus einer der Tötung vorausgegangenen Betäubung erklären. Der Gedanke der Anwendung des Chloroforms mußte gerade dem Angeschuldigten als Wundarzt nahe liegen. Es ist schon erwähnt worden, daß Spuren einer solchen Narkose bei der Obduktion der Leiche entdeckt wurden, wenn auch deren Evidenz bestritten worden war. Einen weiteren Anhalt bot der verdächtige Chloroformankauf seitens Kühns am 17. November. Endlich hatte er ja der Henriette Wolf am 23. November die Anwendung eines *starken Mittels* zugesichert; und das penetrant riechende betäubende Chloroform konnte ja recht wohl für dieses starke Mittel ausgegeben werden. Aus der Anwendung des Chloroforms erklärte sich alsdann vollständig die ruhige Haltung der Leiche, die ungestörte Sicherheit, mit der die Todeswunde zugefügt worden war.

Schwieriger war es, die übrigen für den Selbstmord sprechenden Zeugnisse zu erklären, insbesondere das Messer aus dem wolfschen Haus in der Hand der Toten und den Brief mit der Handschrift der Entseelten. Wir wollen nicht behaupten, daß die Untersuchung hierüber volles Licht verbreitet hat, aber etliche Anhaltspunkte für einen möglichen Zusammenhang wurden doch geliefert. In Ohrdruf und Umgegend ist der Glaube an sympathetische Kuren außerordentlich verbreitet im Volk. Daß auch Henriette Wolf zu den Gläubigen gehörte, ist daraus zu entnehmen, daß sie sich anfangs bei der *weisen Frau* in Ohrdruf Rat holte. Bei diesen sympathetischen Kuren sind bekanntlich von denen, die sie gebrauchen, so widersinnige und abgeschmackte Dinge vorzunehmen, daß der gesunde Menschenverstand gänzlich suspendiert wird. Demjenigen, der an solche Kuren glaubt, kann das Verrückteste, Unglaublichste zugemutet werden, ohne daß ihm ein

Bedenken beigeht. Oft genug hat schon der gröbste Betrug die Sympathie als Hilfsmittel ausgenutzt.

Kühn war verschmitzt genug, um diesen Volksaberglauben für seine Zwecke zu gebrauchen, und das unerfahrene, geistig etwas beschränkte Mädchen, welches volles Vertrauen auf ihn setzte, tat unbedingt alles, was er mit Bezug hierauf etwa verlangte. Bei sympathetischen Kuren spielen Haare und Blut, die den betreffenden Personen entnommen und dann entweder in einen Baum verbohrt oder in die Erde vergraben oder auch am Körper getragen werden müssen, ferner kleine Briefchen, die gewisse unsinnige Worte enthalten, eine wichtige Rolle. Auch müssen die Werkzeuge und Materialien, die der Hokuspokus der Kur erfordert, auf gewisse geheimnisvolle Weise von dem Patienten herbeigeschafft werden. Vor allem aber ist es notwendig, über die ganze Angelegenheit gegen dritte Personen das strengste Stillschweigen zu beachten. Es ist sehr begreiflich, daß der Glaube der Henriette Wolf an sympathetische Kuren bei geschickter Benutzung durchaus geeignet war, um alle die Veranstaltungen zu treffen, durch welche der Verdacht eines Mordes ausgeschlossen und der trügerische Schein eines Selbstmordes hergestellt werden sollte.

Unter dem Vorwand der Sympathieanwendung konnte sie an den abgelegenen Ort gelockt und veranlaßt werden, das zum Abschneiden von Haaren erforderliche Messer selbst mit zur Stelle zu bringen. Unter diesem Vorwand konnte sie sogar dazu bestimmt werden, das Briefchen an ihren Vater noch kurz vor ihrem Tod zu schreiben. Vor allen Dingen aber mußte das im Interesse des Gelingens der Kur zu beachtende Stillschweigen dem Kühn als ein wesentliches Sicherungsmittel seiner Tat erscheinen, eine Annahme, in der er sich freilich wenigstens teilweise zu seinem Verderben täuschte. Hieraus erklärte sich seine Bestürzung, als er erfuhr, daß Henriette ihrer Schwester Wilhelmine die Bestellung an die Kienrußhütte verraten hatte.

Die Vermutung, daß die Vorspiegelung einer sympathetischen Kur stattgefunden habe, wurde schon im Anfang der Untersuchung durch einige wesentliche tatsächliche Umstände unterstützt. Sie sollte später durch die Kollisionsversuche und außergerichtlichen Geständnisse Kühns in ihrer vollen Richtigkeit bestätigt werden.

Bei der Obduktion der in ihren Kleidern beerdigten Leiche fand sich in der Rocktasche ein kleiner Bohrer und ein zusammengerolltes Stückchen Leinwand, in welches einige kurze, teils hell-, teils dunkelblonde Haare eingewickelt waren – ein Fund, für dessen Bedeutung es keine andere Erklärung gab als die einer sympathetischen Kur. Bemerkenswert war dabei, daß der Bohrer aus demselben Kästchen entnommen war, in dem das in der Hand der Leiche vorgefundene Rasiermesser gelegen hatte. Man mußte vermuten, daß beide Instrumente zu demselben Zweck aus dem Kästchen hervorgeholt worden waren. Die Haare aber rührten unzweifelhaft nicht von der Henriette Wolf her, die völlig schwarzes Haar hatte, wohl aber stimmte sie in der Farbe mit dem Haar Kühns überein, an dem sich alle Nuancen blonden Haares vorfanden. Die Identität der Haare mit den Haaren des Angeschuldigten war freilich auch durch die genaueste mikroskopische Untersuchung nicht mit Sicherheit zu ermitteln. Die Leinwand hatte die Form solcher Stückchen Leinen, wie sie Chirurgen zum Verband bei sich zu führen pflegen und wie man ein solches von ähnlicher Gestalt auch in der Schlafrocktasche Kühns fand.

Wenn der Mörder an Ort und Stelle eine sympathetische Kur vorgespiegelt, wenn insbesondere erst dort das mehrgedachte Briefchen seine Entstehung gefunden hatte, so konnte dies nicht ohne Licht geschehen sein. Und in der Tat fand sich bei einer Haussuchung in der kühnschen Wohnung eine kleine Blendlaterne vor, von deren eigentümlicher Benutzung verschiedene Spuren Zeugnis ablegten. Auf dem Boden der Laterne war das Talg eines Unschlittlichtes derart zerflossen, daß nach dem Urteil eines Sachverständigen das Licht längere Zeit im Freien beim Luftzug gebrannt haben mußte. Mit dieser Wahrnehmung stimmte es überein, daß die Laterne notwendig geöffnet worden sein mußte, wenn der Siegellack erwärmt werden sollte, mit welchem das Briefchen geschlossen war.

Ferner entdeckte man, daß einige blonde Haare, ähnlich den kühnschen und den in dem Leinwandläppchen vorgefundenen, in den zerflossenen Talg in einer Weise eingeklebt waren, daß sie nach sachverständigem Gutachten auf den Talg, als er sich noch in flüssigem Zustand befand, aufgeflogen sein mußten. Endlich waren an der Laterne mehrfache Blutspuren wahrnehmbar, und namentlich zeigte sich unverkennbar, daß sie mit blutigen Fingern angefaßt worden war.

Als der Laterne zum ersten Mal nur oberflächliche Erwähnung geschah, geriet der Angeklagte in die sichtlichste Verwirrung. Im folgenden Verhör kam er selbst unter den Symptomen großer Beängstigung wieder darauf zurück mit den Worten: »Ich habe keine Ruhe mehr! Sie müssen mir da erst sagen, wer von der Laterne gesprochen hat. Das ist ein Schurke! Ich habe gar keine Laterne gebraucht. Zu was hätte ich sie brauchen sollen! Es war damals Mondschein, ganz heller Mondschein. Ich sage Ihnen: derjenige, der dies behauptet, ist ein Schurke.«

Später behauptete er, daß die Laterne öfters im Haus beim Schröpfen benutzt und dabei vielleicht blutig geworden sei. Die Hausangehörigen wußten davon jedoch nichts, und die kühnsche Schwiegermutter, der die fragliche Laterne gehörte, bestritt dies sogar auf das Bestimmteste.

Auch jener Brief, der für die Annahme des Selbstmordes anfänglich ein so schweres Gewicht in die Wagschale warf, der dem Mörder als das sicherste Bollwerk gegolten haben mochte, sollte bei genauer Prüfung zu einem furchtbaren Ankläger werden. Eine mikroskopische Untersuchung wies mit völliger Sicherheit nach, daß der Brief mit blutigen Fingern angegriffen worden war. Es war unerklärlich, ja undenkbar, daß Henriette Wolf, nachdem sie sich jene Wunde am Hals zugefügt, den Brief noch einmal in die Hand genommen hatte.

Die blutigen Fingerspuren konnten also nur von der Hand des Mörders herrühren, der nach vollbrachter Tat den Brief seinem Opfer in die Kleider gesteckt hatte. Noch auffälliger war es, und mit der Annahme des Selbstmordes völlig unvereinbar, daß der Brief nicht nur äußerlich, sondern auch im Innern, ja sogar unter dem Siegellack mit Blut befleckt war. Diese Befleckung mußte notwendigerweise vor der Versiegelung des Briefes stattgefunden haben.

Papier und Siegellack stimmten nicht mit demjenigen überein, welches in dem wolfschen Haus geführt wurde, wohl aber mit dem, dessen sich Kühn zu bedienen pflegte. Kühn suchte dieses Belastungsmoment durch eine Erzählung zu beseitigen, die wegen ihrer Unglaubwürdigkeit ihn noch mehr verdächtigte. Er gab an, daß er der Henriette Wolf einmal ein Porzellanfigürchen geschenkt habe, an dem der Kopf abgebrochen gewesen sei, und daß er ihr auch den Siegellack gab, um das Köpfchen wieder zu befestigen. Aber weder die wolfschen noch die kühnschen Angehörigen wußten etwas von einem solchen Geschenk. Weiter sprach der Umstand, daß der Brief dreimal zusammengelegt und erst nach dem Zusammenfalten auf Drittelbreite des ohnehin schmalen Papiers geschrieben war, dafür, daß derselbe im Freien geschrieben worden war, wo man sich nur einer schmalen Unterlage bedienen konnte. Endlich harmonierte es nicht mit dem Charakter der Henriette Wolf, daß sie sich mit diesem Brief an ihren Vater, nicht an die ihr viel näher stehende Mutter gewendet und daß sie ihren Entschluß in so kalten, leeren Worten ohne letzten Gruß und ohne Abschied, ohne eine Bitte um Verzeihung ausgedrückt haben sollte.

Alle diese Tatsachen legten ein sicheres Zeugnis dafür ab, daß die Urheberschaft dieses Briefes, mindestens die intellektuelle, bei dem Mörder der Henriette Wolf zu suchen sei, mochte er nun ihre Handschrift gefälscht oder das Mädchen in seiner Arglosigkeit durch trügerische Vorspiegelungen dazu bestimmt haben, den Brief mit eigener Hand zu schreiben.

Das Dunkel, welches anfänglich über dem Tod der Henriette Wolf lag, wurde noch dadurch vermehrt, daß bei der Auffindung der Leiche der Mantel, den die Wolf beim Weggang vom Haus getragen hatte, und ihre silbernen Ohrglocken vermißt wurden. Hätten diese Gegenstände irgendeinen namhaften Wert gehabt und hätten nicht alle Umstände dagegen gesprochen, so hätte man an einen Raubmord oder doch an eine Beraubung der Toten denken können; aber die ganze Lage der Dinge widersprach dieser Annahme, und in der Tasche der Leiche fand sich sogar noch das Portemonnaie mit einem Geldstück vor. Die sorgfältigsten Nachforschungen nach den vermißten Gegenständen blieben, obwohl auf die Auffindung eine erhebliche Belohnung gesetzt war, wochenlang erfolglos.

Ein Zufall ließ erst später den Mantel, die Ohrglocken und ein bis dahin nicht vermißtes Tuch, welches die Henriette Wolf um den Kopf getragen hatte, etwa 40 Schritt vom Fundort der Leiche in einem Wachholderbusch verborgen entdecken. Das Versteck war ebenso sorgfältig ausgesucht als mit großer Geschicklichkeit in Stand gesetzt. Er lag innerhalb eines fast unzugänglichen Dickichts. In dem an und für sich schon dichten Busch waren aber alle lichteren Stellen durch Zweige, welche von einem benachbarten Wachholderstock abgebrochen worden waren, ausgefüllt, so daß die versteckten Gegenstände von außen durchaus nicht gesehen werden konnten.

Die Auswahl und Herstellung dieses Versteckes hatte in der Nacht, auch wenn der Mörder eine brennende Laterne besaß, unmöglich vorgenommen werden können. Schon hierdurch war die ohnedies unmotivierte Annahme, daß Henriette Wolf vor der Verübung des Selbstmordes jene Gegenstände selbst verborgen habe, völlig ausgeschlossen. Wir werden später noch erfahren, daß Kühn Gelegenheit hatte, die Verbergung jener Sachen bei Tageslicht zu bewerkstelligen. Da sich die Gegenstände völlig frei von Blutflecken fanden, so mußten sie der Henriette Wolf abgenommen oder von ihr abgelegt worden sein, bevor sie die Todeswunde empfing – ein Umstand, der wiederum darauf hindeutete, daß der Mörder eine Person war, die ihr nahe stand, die jeden Argwohn vollständig einzuschläfern gewußt hatte.

Fragte man nach dem Zweck, den der Mörder bei der Wegschaffung und Verbergung jener Gegenstände verfolgt haben könnte, so läßt sich diese Frage nur beantworten, wenn man die Persönlichkeit Kühns, seine Art zu operieren, genau ins Auge faßt. Er litt sozusagen an einer Hypertrophie der Erfindungsgabe, an einer allzu großen Fruchtbarkeit in der Verlogenheit, die oft die Klugheit geradezu überwucherte. Uneingedenk des Grundsatzes, daß die Wahrheit einfach ist, facettierte er gewissermaßen seine Lügen in der mannigfaltigsten Weise, in der Meinung, daß durch ihre vielfache Spiegelung der Erfolg der Täuschung umso sicherer erzielt werde. Er schliff die Waffen seiner Verteidigung sehr oft zu scharf, als daß sie nicht deshalb gerade umso leichter schartig werden mußten. Wo immer ein bedenklicher Vorhalt ihm entgegentrat, da begnügte er sich selten mit einem einfachen Leugnen und Bestreiten. Es war vielmehr ein ganzer Schwall von Ausflüchten und Möglichkeiten, die er zitierte, um die Verdächtigkeit eines Umstandes zu beseitigen; und in dem Wald von Lügen, in dem er beständig wandelte, verlor er gänzlich den Überblick und das gesunde Urteil über den Eindruck derselben auf die Personen, auf deren Täuschung sie berechnet waren.

Aus dieser übermäßig zugespitzten Schlauheit ließ es sich erklären, daß er sich nicht damit begnügte, seine Tat durch den Schein eines Selbstmordes zu verschleiern, sondern daß er für alle Fälle durch die

Beseitigung des Mantels, Halstuches und der Ohrglocken auch noch auf die falsche Fährte eines Raubmordes zu locken versuchte. Er glich darin dem Fuchs, der das Bedürfnis hat, sich stets mehrere Fluchtröhren offen zu halten.

Die Erfahrung, daß eine vollbrachte Bluttat eine Wendung in dem Wesen des Mörders hervorbringt, daß seine Haltung, seine Handlungen einer gewissen Unfreiheit erliegen, daß er, wäre er auch noch so schlangenglatt und schlangenkalt, sich dem Druck des Schuldbewußtseins nicht entwinden kann, sollte sich auch an Kühn schon in den nächsten Tagen nach der Ermordung der Henriette Wolf bestätigen. Diese Tage lieferten der Anklage noch weiteres wertvolles Material. Zunächst bewährte sich auch hier jenes psychologische Rätsel, daß es den Mörder zum Ort seiner Tat zurücktreibt.

Am 26. November gegen zehn Uhr erschien Kühn in Crawinkel in der Wohnung des Zimmermanns Langenhan, angeblich um demselben einen Krankenbesuch abzustatten. Er traf nur dessen Ehefrau zu Hause, duldete aber nicht, daß diese ihren in der Nähe auf dem Feld beschäftigten Mann herbeirief, und entfernte sich nach etwa viertelstündigem Aufenthalt, ohne noch irgendein anderes Haus zu betreten. Dieser Besuch mußte auffallend erscheinen, weil Kühn den Patienten schon seit längerer Zeit nicht mehr besucht, ihn als geheilt betrachtet, in den Tagen zuvor wiederholt Crawinkel passiert und somit mehrfach Gelegenheit gehabt hatte, den Langenhan, statt einen expressen Weg daran zu wenden, im Vorübergehen aufzusuchen.

Noch auffälliger war es, daß er bei dieser Gelegenheit nicht die wolfsche Wohnung besuchte, obwohl er dies am Montag zuvor der Henriette Wolf in Aussicht gestellt haben wollte. Offenbar hatte es ihm keine Ruhe gelassen, sich darüber zu vergewissern, ob die Leiche bereits aufgefunden worden und ob die Vorspiegelung des Selbstmordes gelungen sei. Dies zu erfahren, bot die Lage der fraglichen Wohnung am äußersten Ende des Ortes an der Chaussee nach Ohrdruf die beste Gelegenheit. Dort hätte die Leiche der Henriette Wolf, wenn sie bereits gefunden gewesen wäre, vorbeigetragen werden müssen. Auf dem Rückweg nach Ohrdruf begegnete ihm eine Frau aus Crawinkel, als er gerade von der Chaussee ab in den Marktweg (der bekanntlich nahe an dem Ort vorbeiführt, wo damals die Leiche der Henriette

Wolf noch lag) einbiegen wollte. Sie machte ihn darauf aufmerksam, daß dieser Weg ein verbotener sei. Er lehnte jedoch die Warnung mit der Bemerkung ab, daß ihn, da er ein Fremder sei, das Verbot nicht kümmere, und ging auf jenem Weg weiter.

Es ist höchst wahrscheinlich, daß er bei dieser Gelegenheit erst das Versteck für die der Henriette Wolf abgenommenen Gegenstände ausgesucht und eingerichtet hat. Vielleicht wollte er sich am hellen Tag davon überzeugen, ob der Eindruck des Selbstmordes ein gelungener sei, vielleicht ist er, weil ihm dies zweifelhaft erschien, damals erst auf den Gedanken verfallen, den Verdacht auf die falsche Spur eines Raubmordes zu lenken. Daß der Angeschuldigte bei dem Einschlagen des Marktweges einen verdächtigen Zweck im Auge hatte, geht daraus hervor, daß er anfänglich behauptete, auf seinem Weg die Chaussee nicht verlassen zu haben, später aber, wie wir noch sehen werden, seine Schwiegermutter zu der falschen Aussage zu bereden versuchte, sie sei auf jenem Weg nach Crawinkel seine Begleiterin gewesen, und sie habe zuerst den Rückweg eingeschlagen, auf dem er ihr dann gefolgt sei.

Am selben Tag, dem 26. November, spielte in der Wohnung Kühns noch eine Szene, die auf sein Schuldbewußtsein ein sehr verräterisches Licht warf. Als Henriette Wolf am Abend des 25. November nicht nach Hause zurückkehrte, beruhigten sich ihre Angehörigen mit der Annahme, daß sie ihre in dem etwa zwei Stunden entfernt gelegenen Ort Wechmar dienende Schwester besucht habe. Ein Besuch, von dem sie im Lauf der vorausgegangenen Woche gesprochen hatte. Am folgenden Tag fand sich jedoch Wilhelmine Wolf bewogen, nach ihrer Schwester bei Kühn sich zu erkundigen, der dieselbe ja, wie sie wußte, zu einem Rendezvous an die Kienrußhütte bestellt hatte.

Sie erschien um die Mittagszeit in seiner Wohnung und traf ihn und seine Ehefrau an. Alsbald richtete sie an ihn die Frage, ob er nicht wisse, wo ihre Schwester sei. Er verneinte dieselbe, worauf sie ihm vorhielt, daß er ihre Schwester doch an die Kienrußhütte bestellt habe. Mit betroffener Miene und einem eigentümlichen Blick sie ansehend, nahm Kühn diesen Vorhalt entgegen. Er schwieg eine Zeit lang, als ob er sich besinne, und fragte dann – offenbar um Zeit zur Sammlung und zur Überlegung der Antwort zu gewinnen: »Wie meinten Sie das vorhin? Wohin soll ich sie bestellt haben?«

Auf die wiederholte Behauptung, daß er Henriette an die Kienrußhütte bestellt hatte, leugnete er die Bestellung und erklärte, er habe ihr nur gesagt, daß er Mittwochabend oder Donnerstagfrüh nach Crawinkel zu Langenhan kommen und dann auch sie besuchen werde. Daran knüpfte er die Frage, ob Henriette etwa im vergangenen Sommer einen Liebhaber gehabt habe? Wahrscheinlich wollte er dadurch die Vermutung eines Selbstmordes vorsichtig vorbereiten. Als sich Wilhelmine Wolf entfernte, um noch bei einer anderen in Ohrdruf dienenden Schwester nach Henriette zu forschen, trat er in der Tür näher an sie heran und sagte zu ihr in leisem Ton: »Schwatzen Sie nicht von uns!«

Der Angeschuldigte suchte in der Untersuchung diese ihm unwillkürlich entschlüpfte sehr unvorsichtige Äußerung vergeblich dadurch abzuschwächen, daß er sie auf die der Henriette Wolf verabreichten Medikamente bezogen haben wollte.

Die Unruhe des Angeklagten, die Begierde, von dem weiteren Verlauf der Sache, insbesondere von den gerichtlichen Schritten etwas zu erfahren, verriet sich auf verschiedene Weise. Am Vormittag des 28. November, bevor sich die erwähnte Amtskommission nach Crawinkel begab, bemerkte er von seiner Wohnung aus, daß ein Gendarm auf der Straße mit dem aus dem Fenster seiner gegenüberliegenden Wohnung sehenden Amtsphysikus Rücksprache nahm. Alsbald trat Kühn aus seinem Haus heraus, begab sich, an jenen beiden dicht vorübergehend, in einen benachbarten Gasthof und verlangte dort am frühen Morgen und ganz gegen seine Gewohnheit ein Glas Bier.

Die Frau des Amtsphysikus hatte von ihrer Wohnung aus Gelegenheit, das auffallend unstete Verhalten Kühns an jenem Vormittag zu beobachten. Sie sah, wie er wiederholt bald an das Fenster, bald vor die Haustür trat und unruhige Blicke, insbesondere zum Haus des Amtsphysikus warf. An demselben Morgen ist er auch ungewöhnlicherweise in der Wohnung des letzteren erschienen, hat nach demselben gefragt und sodann, über Kopfweh und Schwindel klagend, seinen ärztlichen Rat in Anspruch genommen. Diese Konsultation wegen eines geringfügigen Unwohlseins hat den Amtsphysikus wundergenommen, da es bekannt war, daß Kühn seine eigenen Kenntnisse weit über die der geprüften Ärzte stellte und durchaus keinen Anstand nahm, auch innere Kranke zu behandeln.

Eine andere Rekognoszierung *(Erkundung)*, um auszuhorchen, ob irgendein Verdacht entstanden sei, unternahm er am 2. Dezember. An diesem Tag befand sich der Gendarmeriewachtmeister Ludwig im Schanklokal des der kühnschen Wohnung gegenüberliegenden Sächsischen Hofes. Kühn sah von seiner Wohnung aus, daß der Polizeibeamte dort eingekehrt war. Alsbald erschien er auch in dem Lokal und setzte sich, während er sonst aus nahe liegenden Gründen die Annäherung an die Gendarmerie stets vermieden hatte, zu dem Wachtmeister. Damals war der erste Verdacht gegen Kühn rege geworden, und Wachtmeister Ludwig hatte sofort den Eindruck, daß Kühn in der Absicht gekommen sei, um ihn auszuforschen, und daß er jedenfalls das Gespräch auf den Tod der Henriette Wolf bringen werde. Er nahm sich vor, ihm auf diesem Weg nicht entgegenzukommen und ihn dadurch zu nötigen, daß er selbst die Unterhaltung über diesen Gegenstand beginne.

Seine Voraussicht rechtfertigte sich vollkommen. Kühn sprach anfänglich über gleichgültige Dinge und erwähnte sodann den in letzterer Zeit in einem benachbarten Ort vorgekommenen Selbstmord einer dritten Person. Nachdem er so einen Übergang auf den Tod der Henriette Wolf gewonnen hatte, richtete er an den Wachtmeister die Frage, ob es denn wahr sei, daß dem Mädchen Mantel und Ohrglocken gefehlt hätten. Damals war aber von dem Fehlen dieser Gegenstände im Publikum noch gar nichts ruchbar geworden. Der Wachtmeister wußte sogar davon noch nichts. Woher hatte Kühn es erfahren, wenn er nicht der Mörder war?

Vor Gericht vermochte er niemanden zu benennen, der ihm diese Mitteilung gemacht hatte. Der Angeschuldigte verriet sich selbst noch mehr dadurch, daß er vor dem Untersuchungsrichter einige Tage nach der Auffindung der fraglichen Gegenstände von freien Stücken davon sprach: es habe auch ein Halstuch gefehlt. Dieses Halstuch war bis dahin von keinem Menschen, nicht einmal von den Angehörigen der Ermordeten vermißt worden, und daß Kühn das Fehlen dieses Kleidungsstückes kannte, ließ fast mit Sicherheit darauf schließen, daß er bei dem Mord zugegen gewesen war.

Offenbar hatte er bei jener an den Wachtmeister gerichteten Frage den Zweck vor Augen, die Polizei auf die vorbereitete falsche Spur des Raubmordes zu lenken. Sodann sprach er wieder, die Annahme des Selbstmordes als selbstverständlich behandelnd, davon, es freue ihn, daß das Mädchen so viel Ehrgefühl gezeigt habe, und erzählte darauf ohne Veranlassung, das Mädchen sei wegen eines bösen Fingers von ihm behandelt worden, dann sei sie auch einmal bei ihm gewesen und habe ihn wegen des Ausbleibens ihrer Regel befragt. Er habe ihr aber erklärt, daß sie schwanger sei, und ihr, auf ihr Verlangen nach einem Mittel, Kamillentee angeraten. Ludwig fragte ihn, wie es wohl komme, daß das Mädchen, nachdem es den Schnitt in den Hals getan, so ruhig dagelegen und verblutet sei, ohne sich zu wälzen und ohne zu ringen. Kühn führte diese Erscheinung bezeichnend genug auf eine vorausgegangene Betäubung zurück, indem er erwiderte, das Mädchen möge sich wohl erst *fest angetrunken* und dann einen guten Schnitt geführt haben. Augenscheinlich beunruhigt durch das wahrgenommene Einschreiten des Gerichts, erkundigte er sich bei dem Wachtmeister, ob denn in solchen Fällen eines Selbstmordes das Amt sich mit der Sache zu befassen habe.

Das Gespräch mit dem Wachtmeister war eine echte Probe von der vorsichtig tastenden Schlauheit des Angeklagten, mit der er die Polizei auszuhorchen, sie auf eine unrichtige Fährte zu bringen, und zugleich seine Unbefangenheit, die Harmlosigkeit seines Verkehrs mit der Henriette Wolf ins Licht zu stellen suchte. Der Plan war aber eben wieder zu fein zugespitzt, als daß man nicht die Absicht klar und deutlich hätte erkennen sollen.

Noch bei einer anderen Gelegenheit machte sich die prickelnde Unruhe Kühns bemerklich, bezüglich des Todesfalles der Henriette Wolf sich auf dem Laufenden zu halten, die Stimmen des Publikums darüber zu hören und sie nötigenfalls zu berichtigen. In den nächsten Tagen nach dem Tod der Wolf erschien er in einer an dem Weg nach Crawinkel gelegenen Ohrdrufer Restauration, in der, wie er wußte, die Crawinkler Einwohner, wenn sie die Stadt besuchten, einzukehren pflegten – ein geeigneter Platz also, um über einen Todesfall, der den Ort Crawinkel lebhaft beschäftigen mußte, näheres zu erfahren.

Auch hier sah er sich freilich, jedenfalls sehr gegen seinen Wunsch, genötigt, selbst auf jenes Ereignis die Rede zu bringen. Er versuchte nämlich anfangs die Redseligkeit der im Lokal anwesenden Wirtstochter durch die Bemerkung: »Erzählen Sie mir was Neues. Bei Ihnen kommt doch mancherlei zum Gespräche, da müssen Sie etwas zu erzählen wissen«, zu wecken. Da diese Aufforderung jedoch keinen Erfolg hatte, so fuhr er fort: »Was sagen denn die Leute über das Mädchen, welches sich in Crawinkel entleibt hat?«

Als die Angeredete darauf von dem Bedenken des Publikums darüber sprach, daß das Mädchen noch das Messer in der Hand gehabt habe, suchte er dies dadurch zu erklären, daß er eine angeblich von ihm erlebte Geschichte erzählte, wobei ein Selbstmörder, der sich erschossen, die abgeschossene Pistole noch fest in der Hand gehalten habe, obwohl er tot in ein offenes Grab gefallen sei.

Im seltsamen Widerspruch mit dem lebhaften Interesse, welches der Inquisit in öffentlichen Lokalen am Tod der Henriette Wolf verriet, zeigte er sich in Bezug darauf zu Hause wortkarg und anscheinend gleichgültig, selbst dann noch, als er erfuhr, daß sein Name mit jenem Todesfall in eine sehr gefährliche Verbindung gebracht wurde.

Als am Abend des 28. November die erste Nachricht davon in das kühnsche Haus gelangte, hatte er für den erschütternden Tod des Mädchens, das ihm doch als Patientin nahe stand und mit dem er noch kurz zuvor wiederholt verkehrt hatte, nur die dürftigen Worte: »Das ist doch ein närrisches Mädchen!«

Auf die mehrfachen, das Schicksal der Wolf bedauernden Bemerkungen seiner Ehefrau gab er gar keine Antwort. Ja, sogar ihre Mitteilung, daß man ihn in Verdacht habe, das Mädchen ermordet zu haben, lehnte er statt mit der Versicherung seiner Unschuld nur mit der kurzen Bemerkung ab: »Laß die Leute schwatzen!«

Am Morgen vor seiner Verhaftung machte ihn seine Frau darauf aufmerksam, daß die von Crawinkel zurückgekehrte Gerichtskommission in der Stadt sei, und äußerte dabei: »Gib acht, die Herren bringen's gewiß über dich zusammen.«

Er wußte darauf nichts zu erwidern, als: »Laß sie!«

Erst bei seiner Verhaftung und bei der Eröffnung, daß er der Ermordung der Henriette Wolf verdächtig sei, zeigte er einige Gemütsbewegung, indem er mit den Worten: »Da soll mich ja Gott vor behüten!« auf einen Stuhl sank. Schon bei seiner ersten Vernehmung hatte er indes die in früheren Untersuchungen bewährte trotzige Sicherheit wieder gewonnen, so daß er den Vorhalt seines Verbrechens mit den herausfordernden Worten: »Nun, da beweisen Sie mir's!« beantwortete.

Als aber im Lauf der Untersuchung die Wucht der gegen ihn vorgeführten Beweise mehr und mehr wuchs, da wurde auch jenes zuversichtliche Vertrauen in die Unangreifbarkeit seiner Stellung, in die Vortrefflichkeit seiner Veranstaltungen gegen eine Entdeckung und Überführung allmählich wankend. An den Gefangenenwärter Hoyer richtete er, als der Termin zur schwurgerichtlichen Verhandlung heranrückte, die Frage: »Was denken Sie wohl, was ich für eine Strafe kriegen werde?«

Als ihm dieser erwiderte, daß es darauf ankomme, welche Beweismittel gegen ihn vorlägen, äußerte Kühn: »Ja, Beweisgründe sind ja da! Wenn ich überführt werde, da werde ich wohl zeitlebens bekommen! Wenn's freilich noch wäre wie früher, da müßte ich am Ende den Kopf hergeben.« Ein andermal bemerkte er gegen denselben, es lägen ja wohl Gründe gegen ihn vor, er wolle aber den Geschworenen schon ein Blendwerk vormachen.

Die steigende Beängstigung des Angeschuldigten, der sich namentlich durch das Schlußverhör, ein inquisitorisches Meisterstück, immer mehr in die Enge getrieben sah, ließ ihn endlich zu dem verzweifelten Versuch greifen, den Gefangenenwärter durch Ausstellung eines Schuldscheines über 100 Taler zu bestechen und ihn um die Beförderung eines Briefes an seine Ehefrau zu bitten, in welchem er für Frau und Schwiegermutter ausführliche Instruktion darüber erteilte, was sie zu seiner Rettung tun sollten. Schuldschein und Brief gelangten ohne Verzug in die Hände des Untersuchungsrichters. Der Inhalt des Briefes war in hohem Grad geeignet, auf den Charakter Kühns, auf sein Schuldbewußtsein und auf seine Tat ein helles Licht zu werfen. Wir teilen daher die hauptsächlichsten Stellen mit.

»Meine teuere Elise! Bald steht die Entscheidung für mein Leben vor der Türe, obgleich ich unschuldig bin. Nur Deiner Vergessenheit sowohl wie auch der Deiner Mutter haben wir mein Unglück zuzuschreiben. Wolfs sind ganz schlechte und schlaue Menschen und wollen etwas verdienen durch den Selbstmord des Mädchens. Wollt Ihr mich retten, so merkt auf, was ich hier alles niederschreibe.

Die Wolf habe ich also nur drei mal in Deiner Gegenwart verbunden, sie saß allemal an der Türe und erzählte uns, daß sie schon in Wölfis bei dem Chirurgen gewesen sei, der hätte sie aber so herumgerissen. Als die Wolf den Sonntag zu uns kam, kam ich von Catterfeld. Ich strich erst Salbe an dem Tisch, wo die Wolf saß. Hier lag die Porzellanfigur, wo der Kopf fehlt. Sie wollte sie gerne. Da sagte ich, nehmen Sie die Figur mit, den Kopf machen Sie mit Siegellack fest, und gab ihr auch ein Stück roten Siegellack dazu, diesen wickelte sie in ein Läppchen. Du hast mir auch erzählt, daß Dir die Wolf ein Stück neue Leinwand geschenkt hat. Dabei sagte die Wolf, ob sie mich nicht allein sprechen könnte, sie genierte sich vor den vielen Leuten. Da ging ich in den Hausflur bei die Küchentüre. Du warst neugierig und glaubtest, die hätte eine böse Krankheit, und gingst in die Küche, um zu horchen. Hier sagte ich, nun, was wollen Sie? Da sagte mir die Wolf: Ein Kompliment von meiner Mutter, Sie sollten es ja nicht übel nehmen, daß wir noch nicht bezahlt haben, hier schickte sie mir auch einen Korb mit Äpfeln. Sie sollen mir doch sagen, was mir fehlt, ich habe schon längere Zeit meine Regel nicht. Da tippte ich mit dem Finger auf den Leib und sagte: Sie haben doch mit keinem Burschen zu tun gehabt? Sie sind doch nicht schwanger? Da sagte sie: Was denken Sie denn wohl, ich bin nicht schwanger, meine Schwester hat es auch so, es kommt von Erkältung. Nu, sagte ich, da haben Sie die Wassersucht. Trinken Sie Schafgarbentee, Wacholdertee. Dies habe ich laut gesprochen, dann kamen ein paar Kinder, da habe ich nicht so laut gesprochen, vielleicht noch einige Worte (was Du da noch angegeben hast, schreibe mir, damit ich mich danach richten kann).

Ich habe damals sehr an rheumatischen Schmerzen in beiden Beinen gelitten, da habe ich tags zuvor mir Bilsenkrautöl und Chloroform zurechtgemacht, und mich damit eingerieben. Dies mußt Du wissen. Du hast mir selbst mein Bein einmal im Bette verbunden. Wenn Du gefragt wirst, warum Du das nicht früher gesagt hast, sagst Du, Du hättest Dich erst darauf besonnen. Mittwoch habe ich Dir gesagt, ich müsse zu Langenhan nach Crawinkel, da wollte ich auch bald den Wolf und die Dietrichen mahnen. Hier hast Du mich abgeholt, bist mir beim Weg nach Friedrichsanfang begegnet. Du bist um sechs Uhr fortgegangen. Mit dem Roth sein Barbiermesser habt Ihr mir eine schöne Suppe eingebrockt, das soll ich genommen und dem Mädchen die

Kehle abgeschnitten haben. Am Donnerstag habe ich Dir gesagt, Du sollst die Wolf ja nicht wieder annehmen, die alte Wolf hätte von der Dämmigen geschwatzt. Sonnabend ist die Wolf zu Dir gekommen wie eine Verrückte und hat Dich auch gefragt, ob das wahr sei, ein Mann hätte ihr gesagt, wenn man sich Haare vom Kopfe und der Geburt und unter dem Arme abschnitte und täglich drei mal mit einem Bohrer die Haare in die Erde bohrte, so stirbt beim Schwangern das Kind im Mutterleibe. Sage um Gottes Willen nichts, als ob ich von einem Bohrer etwas wüßte, sonst denken die, ich hätte ihr die Kur verordnet.

Dienstag bin ich um vier Uhr ganz krank nach Hause gekommen und mußte aber um fünf Uhr wieder nach Nauendorf. Diesen Tag hast Du mit dem Mittwoch verwechselt, weil ich da auch um fünf Uhr fortgegangen bin, drum hast Du Dich immer nicht auf den Mittwoch deutlich besinnen können. Am Mittwoch habe ich den Lehrling Seeber mitgenommen, weil ich sehr unwohl war, und bin gegen drei Uhr nach Hause gekommen und war so krank, daß ich mich aufs Kanapee legen mußte. Um fünf Uhr holte mich ein kleiner Junge. (Schreibe mir doch, ob ich beim Schmied Fetzer war.) Gegen halb sechs bin ich wieder gekommen, habe am Fenster beim Küchenlämpchen gelesen, dann gegessen, und wie die große Lampe angezündet wurde, bin ich hinausgegangen, und dies ist um sechs Uhr gewesen. Um dreiviertel sieben Uhr herum bin ich aus meiner Stube gekommen und habe zur Großmutter in der Küche gesagt, lassen sie den Hund nicht raus, ich will fort. Um sieben Uhr herum habe ich ans Fenster geklopft und gesagt: ich bin nicht auf dem Schießhaus, sondern bei Sänger.

Gegen 8 Uhr habe ich Dir einmal Bier herüber gebracht, und um neun Uhr bin ich nach Hause gekommen und geblieben. Während dieser Zeit von sechs bis sieben Uhr hat Seeber und Wilhelm das Kellnerspiel gespielt, wenn Du vielleicht gefragt wirst. Bringe Deine Mutter, Wilhelm und Seeber als Zeugen mit. Um sechs Uhr sagtest Du zu mir, ich sollte doch einmal aufs Schießhaus gehen, an die frische Luft, damit mir es besser würde.

Dies hast du früher alles nicht angegeben, weil Du vor Bestürzung ganz von Gedanken gewesen bist. Am Donnerstag um neun Uhr hast Du mich an Langenhan in Crawinkel erinnert, weil ich Dir dies abends zuvor aufgegeben habe. Da ist Deine Mutter, welche sehr oft mit mir geht, mitgegangen, weil ich immer noch krank war. Sie ist mitgegangen bis an die Kienrußhütten und hat hier gewartet, um auszuruhen. Naufwärts sind wir die Chaussee gegangen, rückwärts ist Deine Mutter vorweggegangen, den Fußweg nach dem Holze, weil sie ein Bedürfnis hatte. Am Holz hat sie auf mich gewartet, da bin ich mit einem Mann und einer Frau gekommen, die sind aber zurückgeblieben. In diesem Wege waren viele Leute mit Schiebekarren. Hier bin ich nun fortwährend bis auf die Chaussee und wieder nach Hause mit ihr gegangen.

Laß Deiner Mutter den sogenannten Marktweg lieber noch einmal ansehen und gehen, damit sie ihn noch genau kennt. Als der Wolf ihre Schwester den Donnerstag kam, sagte sie: ist gestern Abend meine Schwester dagewesen? Da sagte ich, warum? Nein! Sie hätte gestern nach Wechmar gewollt und bei mir Medizin mitnehmen wollen und sei nicht nach Hause gekommen. Dies mußt Du und Deine Mutter gehört haben. Hierauf kommt viel, sehr viel an, dies merke ja. Hier haben Wolfs nun furchtbar gelogen. Das andere hast Du nicht gehört, weil Du Essen aufgetragen hast; auch Deine Mutter hat bloß gehört, daß ich gesagt habe, nun, wie meinen Sie das? Sie ist nicht nach Hause gekommen? Nun ist Deine Mutter auch fortgegangen. Als die nun fortging, sagtest Du, bringen Sie uns wegen der Medizin nicht ins Gerede bei ihrer Schwester. (Warum hast du das geleugnet?)

Sonnabend früh sagte ich zu Dir: ich will doch einmal Krügelstein fragen, mir will es gar nicht anders werden; will auch bald ein Seidel Bier im Sächsischen Hof trinken.

Wenn Du gefragt wirst, warum Du dies und jenes nicht früher gesagt hast, so sage: vor lauter Angst und Bestürzung hättest Du Dich nicht besinnen können. In unserer Stube ist auch einmal erzählt worden, man hätte der Wolf im Walde Halstuch, Schürze und Schuhe genommen; das hast Du mit angehört. Bedenke gute Elise, mein Leben hängt von allem ab. Frage doch einmal die Fischer mit der Krebsnase und die Frau Horn, die mit da wohnt, ob sie sich noch besinnen, daß ich den 25/11 zwischen sechs bis sieben Uhr bei ihnen war und beschwören können, und sage dies dann meinem Anwalt oder schreibe mir dies hier bald mit.

Schreibe mir, ob Du es alles so sagen und merken kannst, damit ich im Schwurgericht dreist auftreten kann, worauf schon viel ankommt. Dein unglücklicher, am Rande des Grabes stehender Mann. Deiner Mutter ihre Laterne ist vor längerer Zeit zum Schröpfen gebraucht worden. (Diesem Mann kannst Du trauen, bewirte ihn gut, aber in der Stube.)

Als am Donnerstag der Wolf ihre Schwester fort war, haben wir davon gesprochen, die hätte wahrscheinlich Prügel bekommen und sei fortgelaufen.

Laßt Euch im Schwurgericht von dem Kerl, dem Staatsanwalt, nur nicht irre machen, antwortet ihm weiter nicht; der frißt keinen.

Am Sonnabend hast Du der Wolf auch noch ein Läppchen geben müssen. Dies sage auch.«

Dieser Brief, der keines Kommentares bedurfte, war der Schlußstein in dem Gebäude des Anklagebeweises, wie er dem im Juli 1869 zu Gotha tagenden Geschworenengericht vorgelegt wurde.

Mit großer Konsequenz beharrte der Angeklagte in der schwurgerichtlichen Verhandlung bei dem in der Voruntersuchung beobachteten System des Leugnens, des Ausweichens, des Abschwächens verdächtiger Umstände. Seine Geistesgegenwart und Gewandtheit, der Reichtum seiner Erfindungsgabe, aus dem er immer neue geschickte Ausflüchte zu schöpfen wußte, ließen ihn dabei niemals im Stich. Obwohl ihn mehr und mehr die Überzeugung überkam, daß die Wellen über ihm zusammenschlagen würden, und er dieser Besorgnis gegen einen der Gefangenenwärter in den Worten: »er werde wohl hängen bleiben«, Ausdruck gab, entwickelte er doch noch in den Pausen der Gerichtssitzung eine wahrhaft fieberische Tätigkeit, um seinen Kopf zu retten. Nicht weniger als sechs Briefe und Zettel, im Stile des bereits erwähnten an seine Frau gerichtet und mit neuen Instruktionen versehen, übergab er seinem Wächter zur Beförderung, aus dessen Händen sie freilich in die des Gerichtspräsidenten übergingen.

Die viertägige Schwurgerichtsverhandlung, die durch die ausgezeichnete Gruppierung und Erhebung des Beweismaterials seitens des Präsidenten mit wahrhaft dramatischer Wirkung den verwickelten Komplex der Tatsachen in voller Klarheit den Geschworenen vor die Augen führte, endete damit, daß der Angeklagte von den Geschworenen einstimmig des Mordes schuldig gesprochen und vom Gerichtshof zum Tode verurteilt wurde.

Kühn nahm den Spruch der Geschworenen und das Urteil des Gerichts mit vollkommener Ruhe, ja dem äußeren Anschein nach mit Gleichgültigkeit auf. Er wollte seinen Feinden, denn als solche betrachtete er nicht bloß den Staatsanwalt, sondern auch die Richter und die Geschworenen, den Triumph nicht gönnen, ihn gebeugt zu haben. Die innere Erregung wußte er zu bemeistern, sein beweglicher Geist sann bereits auf neue Ränke. Zu dem Gefangenenwärter äußerte er, daß er zuversichtlich auf Begnadigung hoffe. Zunächst aber versuchte er noch einmal das verlorene Spiel wiederzugewinnen. Sein Verteidiger, der Advokat Dr. Kunreuther aus Gotha, wendete in seinem Auftrag Nichtigkeitsbeschwerde ein und stützte dieselbe darauf, daß zwei Fragen, welche er von einem Sachverständigen vorzulegen beantragt hatte, vom Präsidenten und sodann auf Rekurs an den Gerichtshof auch von diesem zurückgewiesen worden waren. Es war dies geschehen, weil der Verteidiger den Zweck dieser Fragen anzugeben verweigert und der Gerichtshof dieselben für unerheblich erachtet hatte.

Das Oberappellationsgericht in Jena erachtete die Verwerfung der beiden Fragen für gesetzwidrig, hob das Urteil des Schwurgerichts als nichtig wieder auf und verwies die Anklage zur nochmaligen Verhandlung und Entscheidung an ein anderes Geschworenengericht.

Ehe jedoch die zweite Schwurgerichtsverhandlung anberaumt wurde, sollte dem zum Tod verurteilten Kühn von unerwarteter Seite ein Bundesgenosse erstehen. In der deutschen Literaturwelt fand sich ein Verfechter der kühnschen Unschuld. Einige Wochen nach der schwurgerichtlichen Verhandlung tauchte eine Broschüre unter dem Titel *Der Prozeß gegen den Wundarzt Ernst Kühn aus Ohrdruf (wegen Mordes zum Tode verurteilt) nochmals verhandelt vor dem Schwurgerichte der Gerechtigkeit und Wahrheit* auf. Als Verfasser nannte sich Dr. Karl Löffler, früher Redakteur der Berliner »Gerichtszeitung«. Wir werden Gelegenheit nehmen, über die Persönlichkeit dieses Kämpfers für »Gerechtigkeit und Wahrheit« sowie über die Lauterkeit und Uneigennützigkeit seiner Motive an späterer Stelle einiges mitzuteilen.

Die Broschüre war ein Separatabdruck aus einem größeren Werk desselben Verfassers, welches fortlaufend erschien und unter dem Titel

Opfer mangelhafter Justiz eine Reihe von Kriminalfällen referierte, bei welchen die Justiz festgestelltermaßen oder doch nach Ansicht des Verfassers in der Irre gegangen war und gegen schuldlose Personen prozediert hatte. Diesen letzteren war in dem dritten Band des Werkes der Chirurg Kühn beigezählt und wohl nicht ohne Absicht das Referat über seinen Prozeß zwischen die Darstellungen einiger aus früherer Zeit stammender, übrigens längstbekannter und anderweit veröffentlichter Kriminalfälle eingefügt, in denen der Irrtum der Justiz eine erwiesene Sache war. Der Separatabdruck, welcher in Gotha und Umgebung nicht nur durch den Buchhandel, sondern auch auf dem Privatweg durch die kühnschen Angehörigen verbreitet wurde, hatte lediglich den praktischen Zweck, das Publikum, namentlich aber die künftigen Geschworenen für die erwartende anderweitige Verhandlung der Sache zu Gunsten Kühns umzustimmen.

In dieser Schrift wurde die gesamte gerichtliche Prozedur gegen Kühn, das Verfahren in der Voruntersuchung, die Anklage, die Leitung der schwurgerichtlichen Verhandlung, das Plädoyer des Staatsanwaltes und endlich der Wahrspruch der Geschworenen scharf kritisiert.

Nach der Darstellung des Herrn Dr. Löffler war die gesamte Anklage nichts als das Hirngespinst eines kombinationssüchtigen vorurteilsvollen Untersuchungsrichters, die Anregung des ersten Verdachtes gegen Kühn das Werk der Bosheit eines Feindes und Brotneiders, der Schuldbeweis ein Labyrinth haltloser Hypothesen.

Die Gutachten der Sachverständigen waren unzuverlässig, widerspruchsvoll und jedes wissenschaftlichen Wertes leer, der Präsident des Schwurgerichtes war seiner Aufgabe nicht gewachsen, seiner unparteiischen Stellung und der Pflicht der Humanität gegen den Angeklagten vergessen, fanatisch eingenommen und das Echo eines ehrgeizigen blutdürstigen Staatsanwaltes, die Geschworenen rettungslos umgarnt von der bürokratischen, auf das Verderben Kühns gerichteten Verschwörung, und Kühn selbst, *himmelhoch über den rabulistischen, geheimränkischen, versteckten Gelüsten*, der *gefällige, freundliche, hilfsbereite Mann*, das Opfer des in der Kleinstaaterei erwachsenen *erbärmlichen, täppischen* Beamtengeistes, der *gehetzte Edelhirsch, den die kläffende, blutlechzende Meute umstellt hat.*

Dieses Thema wird in der Löfflerschen Schrift in mannigfacher Weise variiert, bald mit dem Pathos sittlicher Entrüstung, bald mit einem an Zynismus grenzenden Spott, bald mit dem hochfahrenden Ton überlegenen juristischen Scharfblicks und vielseitiger Erfahrung auf dem Gebiet kriminalistischer Praxis. Beamte, Zeugen und Sachverständige werden mit Insulten *(Beschimpfungen)* überhäuft, ihre Fähigkeiten und ihre Charaktere werden herabgezogen, neben den Injurien *(Ehrenverletzungen)* sind Unwahrheiten nicht gespart.

In der Vorrede wurde das in Deutschland eingeführte, der französischen Gesetzgebung nachgebildete schwurgerichtliche Verfahren als jeder Garantien einer unparteiischen Rechtsprechung bar verurteilt und dagegen das englische Strafverfahren als Muster, als »Palladium der Freiheit« hingestellt. Es hieß in dieser Beziehung: »Die verfälschte, von den Franzosen travestierte englische Jury ist bei uns eingeführt worden und hat schon zahlreiche Justizmorde zur Folge gehabt, anstatt daß wir auf die mit Recht gepriesene wahre englische Jury hätten zurückkommen sollen, wo die Geschworenen auch über die Statthaftigkeit der Anklage erkennen, wo alle zwölf Geschworene einstimmig das »Schuldig« aussprechen müssen und nur eine Stimme für den Angeklagten ihn freispricht; denn sie kann mit Recht das Palladium der Freiheit genannt werden, nicht die ad modum Minelli an der Seine und bei uns übersetzten Assisenhöfe!«

Gerade diese angeblichen Vorzüge des englischen Verfahrens hatten aber für den vorliegenden Fall keinerlei Bedeutung, da ja ohnehin der Wahrspruch der Geschworenen gegen Kühn schon bei der ersten Verhandlung und ebenso, wie wir gleich hier erwähnen wollen, bei der zweiten ein einstimmiger war. Wenn aber zwei Jurys einstimmig die Verantwortung übernehmen zu dürfen glaubten, den Kühn des Mordes für überführt zu erklären, so würde ihn gewiß eine Jury noch weit eher als des Mordes dringend verdächtig in den Anklagestand versetzt haben, die Einstimmigkeit des englischen Geschworenenspruches, die in vielen Fällen doch nur dadurch erzielt wird, daß die Vertreter der einen oder der anderen Ansicht größere Ausdauer und Hartnäckigkeit bewähren.

Diese durch die Notwendigkeit aufgedrungene Einstimmigkeit hat selbstverstandlich nicht dieselbe moralische Autorität als die Einstimmigkeit, welche aus der freien, durch den Zwang des Gesetzes nicht bedrängten Überzeugung hervorgeht. Die englischen Geschworenen müssen zu einem einstimmigen Wahrspruch gelangen, und es kann dieses Resultat in zahlreichen Fällen nicht anders als dadurch, daß einer oder der andere seine eigene Überzeugung unterordnet, ihr Zwang antut, erzielt werden. Wenn deutsche Geschworene einen einstimmigen Wahrspruch bringen, so ist diese Einmütigkeit ein Ergebnis freier Überzeugung und bietet daher natürlich weit größere Garantien der Wahrheit. Der Verfasser der Broschüre konnte daher bei seinem ersten Angriff gegen die Verurteilung Kühns wohl nicht unglücklicher debütieren als durch seine Berufung auf das englische Verfahren.

In der Broschüre wurde zunächst die Anklageschrift wörtlich wiedergegeben und mit einer Reihe kritischer Anmerkungen begleitet. Der Verfasser hatte sich augenscheinlich die Aufgabe gestellt, darzutun, daß die Anklage völlig haltlos und lediglich auf leere Vermutungen gestützt sei. Zu diesem Zweck bestritt er die Schlüssigkeit der darin behaupteten Tatsachen für die Schuld des Angeklagten und focht die Zuverlässigkeit der Zeugnisse und Gutachten sowie die publica fides *(öffentliche Glaubwürdigkeit)* des Untersuchungsrichters an.

Diese Angriffe beruhen zum größten Teil darauf, daß der Herr Dr. Löffler die prozessualische Bedeutung der Anklageschrift sowie die Natur und Berechtigung eines Indizienbeweises nicht kennt oder absichtlich ignoriert.

In der Anklageschrift fand sich die gewiß sehr natürliche Bemerkung, daß aller Wahrscheinlichkeit nach das in dem wolfschen Hof vorgefundene Briefchen aus den Kleidern der Leiche der Henriette Wolf bei dem Abladen derselben herausgefallen sei. Der Broschürenschreiber fühlte sich dadurch zu dem Tadelsvotum herausgefordert: »Welches Briefchen aller Wahrscheinlichkeit nach! weiterhin: Allem Vermuten nach! aus den Kleidern der Verstorbenen herausgefallen war. Sehr schlimm, daß die Anklage sich bei einem so wichtigen Gegenstand nicht anders zu helfen weiß, als mit dergleichen allgemeinen und windigen Reden.«

An die Anklageschrift reihte sich eine dem »Gothaischen Tageblatt« entnommene Schilderung der schwurgerichtlichen Verhandlung, gleichfalls von Anmerkungen ähnlichen Genres wie die zu der Anklageschrift begleitet. Endlich folgte ein Exposé, in dem Dr. Löffler den Präsidenten, die Geschworenen, den Staatsanwalt, den Untersuchungsrichter, die Sachverständigen, die Zeugen noch einmal vor den Richterstuhl der »Wahrheit und Gerechtigkeit« zog, um sie insgesamt in seiner Wagschale zu leicht zu finden. Die Schrift schließt mit folgenden Worten:

»Kurz vor Beendigung des Druckes geht uns die Nachricht zu, daß das Oberappellationsgericht zu Jena das Urteil kassiert hat und Kühn somit vor ein neues Schwurgericht verwiesen worden ist. Von diesem erwarten wir und das Publikum ein Nicht Schuldig!«

Es kann nicht die Aufgabe dieser Darstellung sein, der Löfflerschen Kritik auf Schritt und Tritt zu folgen. Vielmehr muß es dem gesunden Sinn des Lesers überlassen bleiben, die Schlüssigkeit der in dem Prozeß ermittelten Tatsachen für die Schuld des Kühn selbst zu beurteilen. Zum größten Teil hat sich ohnedies jene Kritik durch den Inhalt des außergerichtlichen Geständnisses, welches wir später im Detail referieren werden, vollständig erledigt. Wir werden uns daher darauf beschränken, nur die Hauptpunkte des Angriffs zu prüfen. Zunächst wurde der objektive Tatbestand unter den heftigsten Angriffen auf die medizinischen Sachverständigen bemäkelt.

Die Broschüre war ferner bemüht, den Beweis zu entkräften, daß Kühn der Schwängerer der Henriette Wolf gewesen sei und suchte zunächst den Charakter der Henriette Wolf zu verdächtigen. Die Stelle der Anklageschrift, welche dieselbe als sanft, gehorsam und wahrheitsliebend schildert, begleitete sie mit folgender Bemerkung: »Wer bezeugt ihr das? Eltern und Geschwister. Von diesen wird man doch nicht verlangen, daß sie sich zum ägyptischen Totengericht über eine so nahe und so traurig ums Leben gekommene Verwandte aufwerfen! Der Unparteiische kann darauf aber nichts geben.«

Hier wurde verschwiegen, daß nicht nur Eltern und Geschwister, sondern auch die Lehrer, die Nachbarn, die Mitglieder des Gemeindeausschusses, kurz die angesehensten und urteilsfähigsten Personen des Ortes mit völliger Einstimmigkeit den vortrefflichen Charakter des Mädchens gerühmt hatten. Sodann wurde es der Henriette Wolf zum schweren Vorwurf gemacht, daß sie sich zunächst an eine Quacksalberin gewendet, daß sie sich offenbar mit dem Gedanken der Abtreibung ihrer Frucht getragen und dazu Schritte getan habe. Es mag dahingestellt bleiben, ob die Wolf wirklich mit solchen

Gedanken umgegangen ist; wenn es der Fall war, so war es aber nur die Folge des verpestenden Einflusses des löfflerschen Schützlings, dem sie ausgesetzt gewesen war. Er hatte ihr ja, wie sie der Karoline Langenhan mitgeteilt, an die Hand gegeben, daß sie sich nur an ihn wenden solle, wenn sie mit einem Burschen zu tun gehabt, er werde es wieder fortbringen. Ferner wurde auf die Möglichkeit hingedeutet, daß sich die Wolf irgendeinem Unbekannten hingegeben habe, und keck behauptet, daß *dieses in Thüringen gar nicht selten vorkomme:* »Vielleicht kannte sie den Urheber ihres Unglücks gar nicht – alles schon dagewesen, besonders in Thüringen und am Rhein, wo nach dem Ausspruch eines Touristen die Mädchen am dienstwilligsten sind. Vielleicht wollte und durfte sie ihn auch nicht kennen, weshalb, werden wir später sehen – oder, was die natürlichste Erklärung ist, sie fürchtete die Schande und den Zorn ihres strengen Vaters.«

Wiederholt wurde auch auf ein Gerücht aufmerksam gemacht, wonach die Wolf im Sommer 1868 mit einem fremden Dachdecker in Crawinkel eine Liebschaft gehabt habe. Obwohl nun schon in der ersten Hauptverhandlung festgestellt war, daß dieses Gerücht lediglich auf einer Verwechslung der Verstorbenen mit einer gewissen Karoline Wolf beruhte, kam der Verfasser der Broschüre dennoch auf dieses Gerücht mehrfach zurück und erhob feierlichen Protest dagegen, daß dieser Dachdecker und seine Kameraden nicht sämtlich vernommen worden seien. Den giftigsten Pfeil, mit dem er das Andenken der Ermordeten zu treffen suchte, hatte er sich bis an den Schluß der Broschüre in folgendem Satz aufgespart: »Hier gibt er (nämlich der Untersuchungsrichter) auf Gerüchte viel – sofern sie in seinen Kram passen, dort gar nichts. Hätte er von dem auch umgehenden Gerücht gehört, daß der vierundzwanzigjährige Bruder der Ermordeten, der Schuhmacher Christian Wolf, mit der letzteren wegen mangelnder Betten in einem Bett geschlafen haben soll – wäre ihm bekannt gewesen, was sich kaum 24 Stunden nach Kühns Verurteilung ereignete – daß der Schneidermeister Stößel aus Gotha an der Mordstelle ein verrostetes Messer, wie sich die Schuhmacher und Kürschner zum Lederschneiden bedienen, und einen sogenannten Dängelhammer *(zum Klopfen gebrauchter Hammer)* gefunden ... er hätte wahrscheinlich ein noch weit grausigeres Verbrechen aufs Tapet gebracht, in welchem Blutschande, Schwestermord und Gott weiß was noch gespielt hätten, und das wahrscheinlich zu machen seiner lebhaften Phantasie nicht schwer gefallen sein würde. Der Schuhmacher Christian Wolf kann von Glück sagen, daß das Los den armen Kühn traf.«

Diese abscheuliche, für die Natur der löfflerschen Broschüre und ihrer Quellen bezeichnende Verdächtigung gab zu sorgfältigen Erhebungen Veranlassung. Dabei stellte sich heraus, und zwar nicht nur durch die Aussagen der wolfschen Familie, sondern auch durch die Zeugnisse aller derjenigen Personen, welche öfters im wolfschen Haus verkehrten und dessen Einrichtungen kannten, daß die Behauptung, es habe Christian Wolf wegen mangelnder Betten bei seiner Schwester geschlafen, eine aus der Luft gegriffene Lüge war. Was nun das angebliche Schuhmachermesser und den Dängelhammer betrifft, so wurden diese Gegenstände allerdings aufgefunden, jedoch nicht an der Mordstelle, sondern einige hundert Fuß davon im Wald.

Unter erneuten Angriffen gegen die Zuverlässigkeit der vernommenen medizinischen Sachverständigen und unter Hindeutung auf die von ihnen begangenen, freilich nicht näher bezeichneten Widersprüche wurden Zweifel am Alter des Fötus erhoben und auch in dieser Beziehung das Gutachten anderer medizinischer Autoritäten verlangt. Es hatte aber Medizinalrat Dr. Bohlen sich über diesen Punkt ausführlich und mit derjenigen Bestimmtheit, die die Natur der Frage überhaupt gestattet, dahin ausgesprochen, daß der Fötus 20 – 24 Wochen alt gewesen sei, und daß er daher gegen Ende Juni empfangen worden sein könne. Eine nähere Bestimmung der Konzeptionszeit erklärte er für unmöglich, und da es auch dem Laien einleuchtete, daß die Größe des Fötus nicht nur von seinem Alter, sondern auch von den Körper- und Gesundheitsverhältnissen der Mutter sowie von ihrer Ernährung abhängig ist, so mußte dieses Gutachten als ein vollkommen befriedigendes betrachtet werden.

Sachliche Gründe gegen die Richtigkeit des Gutachtens brachte die Broschüre nicht vor. Alles lief auf allgemein verdächtigende Redensarten hinaus. Jedenfalls wäre es Sache der Verteidigung gewesen, wenn Grund zur Anzweiflung jenes Gutachtens vorgelegen hätte, die Vorladung eines Gegensachverständigen zu beantragen. Statt seine

Vorwürfe zu begründen, polemisierte auch in Bezug hierauf der Verfasser der Broschüre mit Unwahrheiten. Er behauptete, daß nach der eigenen Aussage der Mutter der Wolf diese schon um Johanni herum sich wegen ihres körperlichen Zustandes beunruhigt gefühlt und daß die Mutter ihr geraten habe, sich an den Wundarzt Kühn zu wenden. Diese Behauptung, an die sich wiederum Beschuldigungen gegen den Untersuchungsrichter anknüpften, steht mit den stattgehabten Erhebungen in direktem Widerspruch. Es ist vielmehr erwiesen, daß die Beunruhigung der Henriette Wolf durch ihren Zustand sich erst im Herbst 1868 bemerklich machte, und daß sie selbst, gegen den Rat der Ihrigen, sich an Dr. Jacobi zu Crawinkel zu wenden, darauf bestanden hat, die Hilfe Kühns in Anspruch zu nehmen.

Eine sehr undankbare Aufgabe war es für den Verfasser der Broschüre, den Angeklagten vom Schmutz seiner Vergangenheit zu reinigen und ihn in das Kostüm des liebenswürdigen, menschenfreundlichen Biedermannes einzukleiden. Er ließ sich indes nicht abschrecken, sondern versuchte auch hier das Unmögliche zu leisten. Er begann mit einem energischen Anathema *(Bannfluch, Verwünschung)* über die Anklage und den Präsidenten, welche, jeder Humanität Hohn sprechend, die Vergangenheit des Angeklagten schonungslos *in wahrhaft vernichtender Weise* an das Licht zogen: »Denn die Art und Weise, wie er (nämlich der Präsident) unaufhörlich den Geschworenen aus den Diebstahlsakten gegen Kühn vorlesen ließ, war wahrhaft vernichtend für diesen. Der arme Angeklagte war durch dieses Verfahren allein schon halb verloren. Dies diente nicht bloß zu seiner Charakteristik, sondern zu seinem Untergang, und machte uns die große Weisheit und Humanität des englischen Gerichtsverfahrens klar, bei dem unter keinen Umständen eine Erwähnung der Vorbestrafungen des Angeklagten gestattet ist. Man hätte in diesem Fall glauben sollen, der Präsident verhandle hier nicht allein die Anklage auf Mord, sondern auch zugleich die wegen Diebstahls, nur letztere ohne die Zeugen. Es war ein grausames Verfahren, das nur der richtig beurteilen kann, der Zeuge davon war. Leider hat es den beabsichtigten Erfolg gehabt! Denn was dem Angeklagten dabei zugute kam, wurde sorgsam verschwiegen.«

Weiter heißt es in der Broschüre: »Über einen sehr wichtigen Umstand wird tiefes Schweigen beobachtet, den wir – so unlieb es uns auch ist – hier an das Licht ziehen müssen, weil es sich dabei um das Leben eines Menschen handelt. Das Verschweigen dieses Umstandes paßte aber allerdings besser zur Anklage und verstärkte diese.

Kühns Vater hat ihn von Jugend auf nie für ›seinen‹ Sohn gehalten und erklärt (man erlasse uns die hierauf bezüglichen Details) und auch demgemäß behandelt. Bedenkt man, wie eine solche herzlose Behandlung schon das kindliche Gemüt mit Groll gegen den Mann erfüllte, der vor der Welt für seinen Vater gilt, wie dieser Groll immer mehr wuchs und zu offenem Haß sich ausbildete, so wird das Ganze hier zur Charakteristik des Angeklagten mitgeteilte Faktum in ganz anderem, milderem Licht erscheinen. Zur Charakteristik dieses Vaters diente, daß, als er aufgefordert wurde, für seinen unglücklichen Sohn einen Gang zu machen, er dies voller Haß und Ingrimm mit den Worten ablehnte: ›Nicht einen Schritt! Meinetwegen mögen sie ihn hinrichten!‹«

Ob man überhaupt berechtigt war, ex officio *(von Amts wegen)* ein solches Gerücht, durch welches die Ehre dritter Personen, die intimste Seite des Familienlebens empfindlich berührt wurde, ohne daß das Gerücht durch Tatsachen zu belegen gewesen wäre, vor die Öffentlichkeit zu bringen, das dürfte die erste Frage sein, die man dem Verfasser der Broschüre entgegenzusetzen hätte. Andererseits ist es doch gerade der Vater Kühns, dem hier die äußerste Lieblosigkeit beigemessen wird, gewesen, der für die Erziehung des Knaben in reichlichem Maße Sorge getragen und schon deshalb auf die Dankbarkeit desselben Anspruch hatte. Außerdem war der Kirchenraub, den Kühn beging, in der Tat eine Handlung der Habsucht, und seine Behauptung, daß er denselben verübt hätte, um sich an seinem Vater zu rächen, nur eine vermeintliche Beschönigung seiner Handlung. Daß Kühn durch sein Leugnen in der Untersuchung wegen Kirchenraubes aber nicht nur seinen Vater, sondern ebensowohl seine Mutter, seine ganze Familie in der Haft festhielt, daß er sogar bemüht war, den Verdacht auf seine völlig schuldlose Schwiegermutter zu richten, das wird freilich von Seiten des Dr. Löffler unerwähnt gelassen.

Es war aber unzweifelhaft die Pflicht und das Recht der Anklage, den Geschworenen den Charakter und die Vergangenheit des Angeklagten zu enthüllen. Das frühere Verhalten Kühns war allein geeignet, die psychologischen Rätsel dieses Kriminalfalles aufzuklären, die Geschworenen davon zu überzeugen, daß an die Seele dieses Mannes der gemeine Maßstab von gut und böse nicht anzulegen sei, die schwache Scheidewand zu zeigen, die sein Gewissen vom Verbrechen trennte. Wir gestehen, daß wir kein Verständnis für die Humanität haben, die dem Verbrecher das Privileg erteilen will, seine befleckte Vergangenheit in schützendes Dunkel gehüllt zu sehen. Wenn der Verfasser der Broschüre über die Diebstähle des Angeklagten, über die Heimtücke, Bosheit und Heuchelei, die er in der früheren Untersuchung bewährte, mit den Worten: »Was dieser Mensch in einer früheren Periode seines Lebens war und was er bereits fehlte, geht mich nichts an; was pharisäische Naturen über ihn urteilen, berührt mich noch weniger«, leicht hinweggeht, wenn er eine im Wochenbett liegende Person (die Patientin Kühns) mit Gewalt zu seinem Willen zu bringen, nur *einen ungeziemenden oder wenigstens zu verdächtigenden Scherz* nennt, so mag er das mit seiner Moral ausmachen.

Zur Purifikation Kühns berief sich Dr. Löffler auch auf *ein Schriftstück von über 200 namhaften ehrenhaften und angesehenen Einwohnern Ohrdrufs*, inhalts dessen er *ein bereit- und dienstwilliger Mann genannt wird, der allen gern half, zahllose arme Kranke unentgeltlich heilte und von dem sie nie glauben können noch werden, daß er einen Mord begangen.* Es ist sehr zu bedauern, daß dieses Schriftstück, welches dem Dr. Löffler *mehr gilt als die Phantasiegemälde* des Untersuchungsrichters, sich niemals, auch nicht bei der zweiten Schwurgerichtsverhandlung, an das Licht getraut hat; es hätte über die Genesis desselben und über die Persönlichkeiten vieler Unterzeichner ein interessanter Kommentar gegeben werden können. Es hätte nachgewiesen werden können, daß es, von den kühnschen Gehilfen und von der kühnschen Schwiegermutter nicht nur in Ohrdruf, sondern auch auf den Dorfschaften kolportiert, von vielen Personen unterschrieben wurde, die nicht einmal den Inhalt der Schrift kannten, daß unter den *namhaften ehrenhaften und angesehenen Personen* sich eine große Anzahl Namen befanden, die aus verschiedenen Konflikten mit der Strafjustiz bekannt waren, daß man Weiber überredet hatte, für ihre Männer zu unterzeichnen, daß letztere sich bei der Behörde freiwillig meldeten, um gegen die Erschleichung ihrer Unterschriften zu protestieren. Dieser Versuch, einen Eindruck auf die Geschworenen zu erzielen, würde in Ansehung der dabei gebrauchten Agitationsmittel wohl schwerlich zu Gunsten Kühns abgelaufen sein.

Ein entscheidendes Gewicht für die Unschuld des Angeklagten glaubte endlich Dr. Löffler dadurch in die Wagschale zu werfen, daß er auszuführen versuchte, Kühn habe sein Alibi nachgewiesen und absolut keine Zeit gehabt, den Mord zu vollbringen. Doch auch dies wurde überzeugend widerlegt.

Wegen der in der Löfflerschen Broschüre enthaltenen vielfachen Beleidigungen der in dem kühnschen Prozeß tätigen Beamten wurde gegen den Verfasser Kriminaluntersuchung eingeleitet und die Schrift selbst konfisziert. Diese Untersuchung zeigte die Uneigennützigkeit des *Streiters für Wahrheit und Recht* in einem mehr als zweifelhaften Licht. Dr. Löffler, welcher in der ersten Schwurgerichtsverhandlung zufällig anwesend gewesen war, hatte sich zuerst mit der Mutter Kühns, sodann mit dessen Ehefrau in Verbindung gesetzt und sich erboten, eine Schrift zu Gunsten Kühns zu schreiben. Von Kühns Ehefrau waren ihm zur Bestreitung des Aufwandes für diese Schrift nach und nach 90 Taler eingehändigt worden, wogegen er zugesichert hatte, daß er den zur Bestreitung der Druckkosten nicht erforderlichen Betrag zurückgeben würde. Nach der Angabe der kühnschen Ehefrau hat eine solche Rückerstattung jedoch niemals stattgefunden, vielmehr schickte er ihr einmal eine Quittung über 35 Taler, welche für Druckkosten aufgelaufen seien, und erklärte dabei, daß er eigentlich 50 Taler habe zurückschicken wollen, daß er es jedoch für zweckmäßiger befunden habe, den Rest zurückzubehalten, um damit dem Kühn einen anderen Verteidiger zu beschaffen. Ja, er forderte zu demselben Zweck noch weitere 25 Taler, die er jedoch nicht erhalten zu haben scheint. Die Bestellung eines anderen Verteidigers ist niemals erfolgt.

In der Wohnung Kühns fanden sich verschiedene Korrespondenzen, welche für einen lebhaften Verkehr zwischen Dr. Löffler und der verehelichten Kühn Zeugnis ablegten, und in denen der Geldpunkt eine wesentliche Rolle spielte. Es ergab sich daraus, daß Dr. Löffler sich auch erboten hatte, die Begnadigung Kühns und seine Übersiedelung nach Amerika zu erwirken, und daß ihm für diesen Fall von der kühnschen Ehefrau eine Belohnung von 100 Talern zugesichert worden war. In einem Brief der Kühn an den Verteidiger ihres Mannes klagte sie über die vielen Ausgaben, die ihr Dr. Löffler verursache. In einem Brief Dr. Löfflers an die Kühn stellte er in Aussicht, für den Fall, daß seine Schrift konfisziert werden sollte, eine zweite zu schreiben, die *den Herren ganz sicher die Hälse brechen sollte.*

In der Tat erschien nach der Beschlagnahme der löfflerschen Broschüre und kurz vor der zweiten Schwurgerichtsverhandlung unter dem Titel *Können gewissenhafte deutsche Geschworene den Angeklagten Ernst Kühn des Mordes der Henriette Wolf schuldig erachten und können gewissenhafte deutsche Richter demgemäß erkennen? Eine Antwort auf die Konfiskation meiner Schrift* eine Flugschrift, welche, dasselbe Thema behandelnd wie die erste, auf das zweite Geschworenengericht einen entscheidenden Druck ausüben sollte und in Gotha, namentlich aber in Eisenach, dem Sitz des fraglichen Schwurgerichts, durch Buchhandel und Kolportage zahlreich verbreitet wurde. In dieser Schrift waren die Farben noch etwas stärker aufgetragen, der Kothurn *(Sprache des Trauerspiels),* auf dem der Verfasser wandelte, war noch etwas höher geschraubt. Die Toga der Bürgertugend, der »Gerechtigkeit und Wahrheit«, in die er sich hüllte, noch stolzer drapiert. Mit tiefer Verachtung schaute er darin auf die kleinstaatliche Misere herab, die er eigentlich keines Blickes mehr hatte würdigen wollen, ein Entschluß, zu dessen Änderung ihn nur die Konfiskation seiner Schrift aufgestachelt habe.

Von der Höhe des Bewußtseins des Dr. Löffler können wir nur eine kurze Probe in folgenden Worten seiner Flugschrift geben: »Es kam, um jene Entschließung in mir zu reifen, aber noch ein anderer und, heute schäme ich mich fast es zu sagen, ein rein äußerlicher Grund hinzu. Ich hatte seitdem nämlich Thüringen verlassen und war dadurch dem eigentlichen Schauplatz der neuesten deutschen *Crawinkelei* entrückt worden. Auch der Mensch von Temperament und Energie – und ich glaube ein solcher zu sein – blickt ruhiger auf die komödischen und tragödischen Hergänge der Welt, solange er der eigentümlichen Ausdünstung ihrer unmittelbaren Atmosphäre entzogen ist, und dieser Vorteil schien nun rücksichtlich des kühnschen Falles der meine geworden. Andere Umgebung umgab mich mit andern Pflichten.«

Die »Pflichten und Umgebungen« des Dr. Löffler haben in dessen Leben allerdings sehr oft gewechselt. Verschiedene Personen in Gotha haben Ursache, es schmerzlich zu bedauern, daß er sich den Umgebungen Gothas und den dort eingegangenen Verpflichtungen so rasch entzogen hat. Über die Persönlichkeit und die Vergangenheit des Dr. Löffler liegen uns sehr genaue und interessante Mitteilungen vor, die wir leider zur Zeit nicht in der Lage sind, zu benutzen. Aus anderen Quellen wissen wir, daß seine Vergangenheit eine sehr wechselvolle war. Anfangs hatte er sich dem Studium der Musik gewidmet, dann trat er als Subalternbeamter bei dem Kammergericht zu Berlin in den Bürodienst (dies die kriminalistische Praxis, auf die er sich beruft), später ist er vielfach mit öfterem Wechsel der Beschäftigung umhergereist. In der Zeit von 1853–55 war er Redakteur der Berliner »Gerichtszeitung« und kam als solcher wiederholt mit den Strafgerichten – wegen öffentlicher Beleidigung und Verleumdung, wegen Mitteilung entstellter Tatsachen – in Konflikt.

Seine Ritterschaft für Kühn hat er mit der Verurteilung zu drei Monaten Gefängnis durch das Königliche Kreisgericht zu Naumburg gebüßt.

Während Dr. Löffler auf die von uns geschilderte Weise für den Chirurgen Kühn in die Schranken trat, war der Angeklagte ebenfalls nicht müßig. Er suchte aus dem Gefängnis heraus Verbindungen mit den Seinigen anzuknüpfen und neue Zeugen zu werben, die sein Alibi beweisen sollten. Zu diesem Zweck wandte er sich an eine Mitgefangene. Diese sollte die Vermittlung übernehmen und ihn retten.

Er erlag indes bei dem Verkehr mit dieser Person einer Schwäche, die schon manchem schweren Verbrecher verhängnisvoll geworden ist. Es ist das der durch längere einsame Haft auch in dem verschlossensten Gemüt vorhandene, von Tag zu Tag sich steigernde Drang, sich einmal rückhaltlos auszusprechen über die auf dem Gewissen lastende, vor dem Auge des Richters sorgsam verheimlichte Schuld. Eine solche Mitteilung muß eine ganz außerordentliche Herzenserleichterung gewähren, sonst ließe es sich nicht begreifen, daß die schlauesten und vorsichtigsten Verbrecher dieser gefährlichen Versuchung oft nicht zu widerstehen vermögen, sondern ihr ängstlich gehütetes Geheimnis den Ohren eines Fremden preisgeben, der ihnen nicht die mindeste Garantie dafür bietet, daß er nicht zum Verräter werden wird. Eine Blutschuld beengt die Brust bis zum Ersticken. Hierdurch löst sich das Rätsel, daß Mörder, die vor Gericht hartnäckig und frech alles leugnen, oftmals einem Mitgefangenen, ja sogar einem Kerkermeister gegenüber Geständnisse machen. Sie wissen, daß sie das Äußerste riskieren, daß sie verloren sind, wenn der Mann, dem sie sich anvertrauen, nicht reinen Mund hält, aber sie müssen reden, um ihrer Pein ledig zu werden. Das vergossene Blut zwingt sie, sich selbst zu verraten, weil der bleiche Schatten ihres Opfers nicht eher zur Ruhe kommt.

Auch der Chirurg Kühn, dieser schlaue, berechnende Mörder, der vor keiner noch so schweren Tat zurückbebte, dem jedes Mittel recht war, konnte nicht länger schweigen. Er mußte dem gepreßten Herzen Luft um jeden Preis machen.

Diejenige Gefängniszelle, welche unmittelbar an die seinige stieß, war vorsichtshalber unbesetzt gelassen worden. Erst die zweite Zelle von der kühnschen aus gerechnet war im Gebrauch. In derselben wurde im Herbst 1869 eine bereits mehrfach wegen Eigentumsvergehen bestrafte Frauensperson namens Maria Kröber, die sich wegen eines größeren Diebstahls in Untersuchung befand, festgehalten. Aus der Zelle Kühns führte eine verschlossene Tür in die anstoßende leere Zelle und von dieser wieder eine verschlossene Tür in die Zelle der Kröber. Türen hindern die Fortsetzung des Schalles weit weniger als feste Wände. Es war daher nicht sehr schwierig, daß Kühn und die Kröber sich trotz der zwischen ihnen befindlichen leeren Zelle miteinander unterhielten. Als die Kröber nach dem ersten Verhör in die Zelle gebracht wurde, brach sie in Tränen aus. Kühn wurde aufmerksam, er klopfte ihr und fragte sie, weshalb sie weine.

Sie erzählte ihm, weshalb sie verhaftet worden sei, sagte, daß sie bis jetzt alles geleugnet habe, und erkundigte sich, welche Strafe ihr wohl bevorstehe. Kühn, rastlos mit neuen Plänen zu seiner Rettung beschäftigt, glaubte in der Kröber, die sich mit großer Leidenschaft gegen den Untersuchungsrichter ausgesprochen haben mochte, ein williges und geeignetes Werkzeug zu seiner Rettung zu finden.

Er spiegelte ihr daher in offenbar berechneter Übertreibung vor, daß sie eine achtjährige Zuchthausstrafe zu gewärtigen habe, und riet ihr, wenn irgend möglich, die Flucht zu ergreifen. Zugleich versprach er ihr, sie dabei mit reichlichen Geldsummen zu unterstützen, verlangte aber, daß die Kröber ihm ebenfalls einen wichtigen Dienst leisten solle. Als sie sich hierzu bereit erklärte, erteilte er ihr verschiedene Ratschläge, wie sie ihre Flucht bewerkstelligen könne. Zuerst versuchte sie auf seinen Rat, mit dem Nagel, an dem ihr Halstuch hing, ein Loch in die Wand der Zelle zu bohren. Diese Bemühungen erwiesen sich jedoch bald als fruchtlos.

Er empfahl ihr darauf einen anderen Fluchtplan. Sie solle ein Blatt Papier aus dem Gesangbuch wie ein Briefchen zusammenfalten und in ihr Halstuch wickeln. Hole sie dann der Gefangenenwärter zum Verhör ab, so solle sie das Halstuch in einer Weise umlegen, daß das Papier herausfallen müsse. Der Gefangenenwärter werde sich jedenfalls bücken, um das Papier aufzuheben und es zu untersuchen. In diesem Augenblick soll sie rasch hinausspringen, die Tür zuschlagen, das Schloß vorhängen und sodann entweichen. Vorher müsse sie jedoch die Schnur am Schellenzug in ihrer Zelle abdrehen, damit der Gefangenenwärter, wenn er eingesperrt sei, kein Signal geben könne.

Die Kröber ging wirklich auf diesen Plan ein. Sie drehte in ihrem Gefängnis bereits die Klingelschnur so weit ab, daß dieselbe nur noch an einem Faden hing. Als sie der Gefangenenwärter zum Verhör bringen wollte, ließ sie ein Blatt Papier zur Erde fallen. Dann aber entsank ihr der Mut, sie wagte es nicht, den letzten Schritt zu tun. Kühn schalt sie, als er dies erfuhr, wegen ihrer *Dummheit* aus und hatte alsbald einen noch verwegeneren Plan zur Hand. Die Kröber solle aus ihrem Nachtgeschirr Kalk herauskratzen und diesen dem Gefangenenwärter bei guter Gelegenheit in die Augen werfen, solle dann ein Stuhlbein ergreifen und den durch den Kalk geblendeten Mann über den Kopf schlagen, daß er zusammenstürze. Wenn sie ihn recht tüchtig auf den Wirbel treffe, sei er gleich weg. Demnächst solle sie entspringen und sich schleunigst zu seiner Frau nach Ohrdruf begeben. Die Kröber hatte weder Mut noch Energie genug, die ihr von Kühn erteilten Weisungen zu befolgen.

Einige Tage später teilte sie dem Angeklagten mit, daß sie in der Kürze in Begleitung des Gendarmen Wagner nach dem benachbarten Ort Westhausen gebracht werden sollte, um dort das Versteck zu zeigen, an dem sie angeblich das von ihr gestohlene Gut verborgen hatte.

Der Gendarm Wagner war früher in Ohrdruf stationiert gewesen und hatte in der Nähe von Kühns Haus gewohnt. Kühn wußte, daß das wagnersche Pferd vor weißen Gegenständen lebhaft scheute. Er setzte die Kröber hiervon in Kenntnis und sagte zu ihr, sie solle unterwegs mit einem weißen Tuch wedeln, dann werde das Pferd scheu werden und der Gendarm genötigt sein, seine ganze Aufmerksamkeit auf das unruhige Tier zu richten. Dabei habe sie eine vortreffliche Gelegenheit zu entspringen. Gelinge ihr die Flucht auf diese Weise nicht, so solle sie den Gendarmen, unter dem Vorwand, daß sie ihm das Versteck zeigen wolle, nach einem einsamen Steinbruch locken, ihn zum Nachgraben veranlassen und wenn er damit beschäftigt sei, ihm mit einer Hacke einen Schlag ins Genick versetzen, sodann aber nach Ohrdruf fliehen.

Auch an anderen Ratschlägen ließ es der Angeschuldigte nicht fehlen, die auf seinen Charakter und seine eigene Tat ein helles Licht werfen. Es war besonders eine Zeugin, deren Aussage die Kröber sehr belastet hatte. Er riet ihr, diese aus dem Weg zu schaffen. Als Mittel hierzu gab er an, sie solle in verschiedenen Apotheken jedes Mal für sechs Pfennige Chloroform (Clariform nannte es die Kröber) angeblich gegen Zahnschmerz kaufen. Wenn sie aber in den Apotheken zurückgewiesen werde, so solle sie sich nur an seine Frau wenden, die habe immer solches vorrätig.

Dann solle sie jene Zeugin betrunken zu machen suchen und sie an die Kunstmühle bei Gotha, wo ein »tiefer Wasserfleck« sei, führen. Dort solle sie Chloroform auf ein Halstuch schütten und es ihrer Gefährtin vorhalten. Die letztere würde dadurch betäubt werden und sie könne dieselbe dann leicht in das Wasser stoßen. Sie möge sich aber hüten, nicht zuviel Chloroform anzuwenden, denn sonst fänden es die Ärzte im Blut. Er selbst habe einmal in Ohrdruf einen gewissen Seyfarth auf diese Weise in das Wasser geworfen.

Diese letzte Behauptung war unwahr, eine Prahlerei, mit der er, bezeichnend für seine Sinnesart, das Vertrauen der Kröber zu gewinnen hoffte. Kühn machte so große Anstrengungen, der Kröber die Freiheit zu verschaffen, weil er sie dazu benutzen wollte, um den eigenen Kopf aus der Schlinge zu ziehen. Er versicherte ihr, daß es ihm auf ein paar Tausende nicht ankommen solle, wenn er mit ihrer Hilfe seine Freisprechung durchsetze. Er versprach, daß er ihr mit den nötigen Legitimationspapieren (er habe die dazu erforderlichen Stempel zu Hause) aus dem Land forthelfen würde, und prägte ihr immer von neuem ein, daß sie sich, sobald ihre Flucht gelungen sei, sofort zu seiner Frau begeben müsse.

Er benannte ihr verschiedene Personen in Ohrdruf, fast insgesamt verkommene, der Strafjustiz wiederholt verfallene Subjekte, welche seine Ehefrau dazu bestimmen sollte, für seine Anwesenheit in Ohrdruf am Abend des 25. November zwischen sechs und sieben Uhr Zeugnis abzulegen. *Seine Frau solle dabei das Geld nicht sparen, und wenn es auch ein paar hundert Taler kostete.*

In Bezug darauf, wie diese Zeugen aussagen sollten, gab er der Kröber die umfassendsten Instruktionen. Er rühmte dabei die Schlauheit seiner Frau, die nur eines Winkes bedürfe, um alles auf das Beste zu besorgen. Einen besonders raffinierten Anschlag bereitete er vor, indem er die Kröber beauftragte, seiner Frau zu sagen, sie solle abends gegen elf Uhr vor das Gerichtsgebäude (in dessen viertem Stockwerk sich das kühnsche Gefängnis befand) kommen und zwei Bogen Briefpapier, aber von verschiedener Qualität, ein Gläschen Tinte, Feder und ein Wachslicht mitbringen. Auch solle sie mit dem Kuckuck (seine Frau wisse schon, was damit gemeint sei) ein Zeichen geben. Er wolle einen Strumpf auftrennen und mit dem so gewonnenen Faden jene Gegenstände in die Höhe ziehen. Dann werde er alsbald zwei Briefe schreiben, welche seine Frau besorgen sollte. Wenn ihm das gelänge, so *wäre er durch.*

Von höchstem Interesse waren aber die Mitteilungen, welche der Verbrecher im Lauf seines längeren Verkehrs mit der Kröber teils auf deren Anfragen, teils von freien Stücken über die von ihm verübte Tat machte. Wenn es auch, um das Vertrauen der Kröber zu gewinnen, notwendig war, daß er sich ihr gegenüber nicht mißtrauisch und verschlossen zeigte, so läßt sich doch die Rückhaltlosigkeit seiner Eröffnungen, die Redseligkeit, mit der er ganze Nächte lang, so daß die Zuhörerin oft darüber einschlief, seine Erzählung in ununterbrochenem Redefluß fortspann, nur daraus erklären, daß er damit ein unbezwingliches inneres Bedürfnis, das mächtiger war als die Stimme der Klugheit, befriedigen wollte. Das Gedächtnis der Kröber vermochte, was sie gehört hatte, nur bruchstückweise wiederzugeben. Aber schon diese Bruchstücke genügten vollkommen, um einen Abgrund von Bosheit und Verworfenheit zu enthüllen.

Er erzählte: »Dem Mädchen (der Henriette Wolf) sei er sehr gut gewesen, sie habe es aber auch verdient (in obszönem Sinn gemeint). Als er dem Mädchen den Finger geschnitten, habe er sie in der Oberstube gehabt und sie bei dieser Gelegenheit an einen bestimmten Ort bestellt. Dorthin habe er Arrak mit hingenommen, ihr damit zugetrunken und sie sodann mit Chloroform, das er für Eau de Cologne ausgab, betäubt. Wie das Mädchen dann im Dusel gewesen sei, habe er sich königlich mit ihr betan. Er sei auch noch öfters in dieser Weise mit ihr unterwegs zusammengetroffen. Dabei habe er das Mädchen sehr gern gekriegt, auch habe er ihm die Ehe versprochen, und wenn er seine Frau nur hätte wegschaffen können, so würde er es auch geheiratet haben.

Seine Frau sei jedoch zu gescheit, bei der hätte er nicht ankommen können. Einmal habe er es mit Zyankali (dem stärksten Gift, welches die Photographen gebrauchen) versucht. Sie habe es aber nicht genommen, denn sie sei zu schlau und rieche erst an allem. Mit Chloroform sei gar nichts bei ihr zu erreichen. Das kenne sie zu genau am Geruch. Seine Kleine (so nannte er seine etwas verwachsene Frau) sei unansehnlich. Da müsse man es mitnehmen, wenn man etwas anderes kriegen könne.

Die Henriette Wolf habe er umgebracht, weil sie ihm mit ihrer Schwangerschaft den Kopf warm gemacht habe, denn er habe sich deshalb vor seiner Kleinen gefürchtet. Er habe es tun müssen, weil ihn seine Frau sonst wegen einer anderen Sache, von der er nicht sprechen dürfe, hineingebracht hätte. Es wäre ja auch weiter nichts, ob die (die Wolf) noch da herumtappelte oder nicht. An einem Menschen mehr oder weniger sei nichts gelegen, ein Mensch wäre auch nicht mehr als ein Stück Vieh. Ihm wäre es einerlei, ob er ein Stück Vieh oder einen Menschen schlachte. Er kenne auch an dem Menschen jede Stelle und jeden Griff.

Der Wolf habe er die Besorgnisse wegen ihrer Schwangerschaft aus dem Sinn geredet, weil sie sonst nicht an den bestellten Ort gekommen wäre. Er habe ihr vorgespiegelt, das Ausbleiben ihrer Regel käme von

Erkältung, es sei eine Art Wassersucht, von der er ihr mit *Sympothie* (Ausdruck der Kröber) helfen könne. Er habe sie an einen Platz im Holz bestellt, den er einige Tage zuvor erst ausgesucht habe. Dorthin habe sie auch ein Barbiermesser mitbringen müssen. Er habe sie dazu bestimmt durch die Vorspiegelung, daß er *Sympothie* mit ihr vornehmen wolle.

Übrigens habe er selbst ein Messer von zu Hause mitgebracht. Messer habe er ja satt und genug; er habe ja Gehilfen, da gebe es doch Messer genug. Dieses Messer habe er aber so fortgeschafft, daß niemand es auffinden könne. Das andere Messer gab er dem Mädchen in die Hand. Geschrien habe das Mädchen nicht, denn sie sei ja schon vorher weg gewesen infolge des Chloroforms, welches er ihr auf das Tuch geschüttet hatte. Das Chloroform habe er in der Ohrdrufer Apotheke in zwei Portionen gekauft, indem er behauptet hätte, daß das Gläschen mit der ersten Portion entzweigegangen sei.«

Auf die Frage der Kröber, ob es denn sehr geblutet habe, als er ihr den Schnitt in den Hals beigebracht hat, erwiderte er: »Freilich, sehr bedeutend hat es geblutet! Ich sehe es noch!«

Ferner erzählte er: »Es war zwischen sechs und sieben Uhr, als er das Mädchen umgebracht habe. Das Gericht habe fast seine sämtlichen Kleider mitgenommen, nur die nicht, die er an jenem Abend getragen habe. Da sei seine Kleine viel zu gescheit, um so etwas finden zu lassen. Dem Mädchen habe er auch ein paar silberne Ohrringe und mehrere Kleider abgenommen und sie in der Nähe versteckt. Sie seien aber aufgefunden und in Gerichtsgewahrsam genommen worden. Einen großen Fehler habe er gemacht, daß er einen Brief von dem Mädchen mit seinem Siegellack versiegelt habe. Das sei ein Hauptbeweis gegen ihn. Er habe aber angegeben, daß er dem Mädchen früher einmal Siegellack gegeben habe. Damit käme er durch. Da könnten sie ihm nichts anhaben.«

Darüber, wer diesen Brief geschrieben habe, hatte sich Kühn nicht ausgelassen, jedoch erwähnt, er könne viele Hände schreiben.

Weiter teilte er der Kröber mit: »An dem Abend, wo er das Mädchen umgebracht habe, wäre er noch zu einem Bierwirt namens Sänger gegangen und habe dort ein Glas Bier getrunken. Er habe aber nicht lange bleiben können, denn er sei zu aufgeregt gewesen. Auch wäre es ihm immer so närrisch gewesen, das Mädchen sei immer wie neben ihm hergegangen, und erst am folgenden Tag habe sich dieses gegeben, nachdem er einmal tüchtig getrunken hätte. Am 26. November habe er sich wieder auf den Weg gemacht, um zu ›luschen‹, ob sie noch daliege, aber ganz an sie heran wäre er nicht gekommen, denn er habe sie nicht ansehen können, weil es ihm doch zu schauerlich gewesen sei. Noch jetzt sehe er sie, wie sie auf der Anhöhe vor ihm gesessen habe. Sie stände ihm immer vor Augen.«

Die Kröber hatte in der wider sie anhängigen Untersuchung längere Zeit beharrlich geleugnet, schließlich jedoch ein unumwundenes Geständnis abgelegt und dabei angegeben, daß sie lediglich auf Zureden Kühns, der aus der benachbarten Zelle mit ihr gesprochen habe, nichts eingestanden habe. Sie war sodann mit den Worten: »Ich muß Ihnen alles sagen, obwohl es zu schrecklich ist, was ich mitzuteilen habe«, mit den Enthüllungen über ihre Gespräche mit Kühn hervorgetreten. Obwohl die Angaben der Kröber ihrem Inhalt nach das Gepräge der Wahrheit trugen, obwohl es kaum denkbar war, daß eine Person von dem Bildungsstand der Kröber eine solche umfassende, die genauesten Details der Untersuchung berührende Erzählung hätte kombinieren können, obwohl sie einzelne Umstände anführte, die nur aus Kühns Munde zu ihrer Kenntnis gelangt sein konnten, so wurden doch mit Rücksicht darauf, daß die Persönlichkeit der Kröber an und für sich keine vertrauenerweckende war, über die Wahrhaftigkeit ihrer Angaben die sorgfältigsten Erörterungen angestellt.

Diese Erörterungen beseitigten jeden Zweifel über die Glaubwürdigkeit ihrer Aussage. Zur Zeit der ersten schwurgerichtlichen Verhandlung hatte sie Tag für Tag auf einem Gut in der Nähe von Gotha gearbeitet. Ihre Angabe, daß sie keine Zeitung gelesen und auf diesem Weg über die schwurgerichtliche Verhandlung gegen Kühn und die ihn belastenden Momente nichts erfahren habe, war bei den Lebensverhältnissen der Kröber durchaus glaubhaft, wenn sie nun trotzdem die genaueste Kenntnis von dem Mord, von den Beweisen gegen Kühn und von seinen Verteidigungsmanövern hatte, so konnte sie dies alles von keinem anderen Menschen als dem Angeschuldigten selbst erfahren haben.

Kühn hatte ihr, wie sie behauptete, gesagt, daß er einen Strumpf auftrennen und mit dem auf diese Weise gewonnenen Faden die von seiner Frau zu überbringenden Schreibmaterialien in seine Zelle heraufziehen wolle, und in der Tat fand sich in den Kleidern des Inquisiten ein Knäuel aufgewickeltes Strumpfgarn verborgen. Kühn war von dem Untersuchungsrichter bedeutet worden, er habe der Ordnung zuwider mit der Kröber sich unterhalten und solches künftig zu unterlassen. Der Angeklagte schöpfte sofort Verdacht, daß ihn die Kröber verraten haben könnte. Es wurde ein zuverlässiger Mann in die zwischen der kühnschen und der kröberschen Zelle befindliche leere Zelle gesetzt, um die beiden Gefangenen zu überwachen. Dieser eben genannte Mann, von dessen Anwesenheit Kühn natürlich nichts wußte, hörte folgendes Gespräch mit an:

Kühn: »Was sind Sie denn im Gericht alles gefragt worden?«

Die Kröber: »Ach, die Gerichtsherren wußten alles, wir sind belauscht worden, es ist alles verraten.«

Kühn: »Nun, was wußten die denn alles?«

Die Kröber: »Daß ich Ihnen mehreres besorgen sollte, wenn ich freikäme, daß ich nach Ohrdruf zu Ihrer Frau sollte. Mit dem Chloroform wußten sie es auch, daß ich die daran riechen lassen und sie nachher ins Wasser stürzen sollte.«

Kühn: »Da können sie mir doch nichts darauf anhaben mit dem Chloroform. Ich konnte ja das Mädchen daran riechen lassen und sie dann ins Wasser stürzen. Da hätte niemand etwas davon geahnt.«

Die Kröber: »Sie wußten auch, daß ich den Kalk hinschmeißen sollte, sowie die Sache mit den Stempeln.«

Kühn: »Haben Sie es denn gestanden, daß ich das gesagt haben soll? Was ich versprochen habe, das halte ich, da können Sie sich darauf verlassen. Wenn Sie vielleicht als Zeuge vor das Schwurgericht müssen, da gestehen Sie nur nichts. Ich habe eben gar nichts mit Ihnen gesprochen. Es soll Ihr Schaden nicht sein.«

Die Kröber: »Ich habe nichts gestanden, auf mich können Sie sich verlassen. Sie müssen aber auch Ihr Wort halten.«

Kühn: »Wenn Sie herauskommen, so besorgen Sie nur alles ordentlich. Die Kleine soll den Kuckuck mitbringen und ein Zeichen geben. Wenn ich nur noch ein paar Zeugen kriegen könnte. Um Mitternacht und um drei Uhr früh ist es am sichersten, da bin ich mit dem Brief auch fertig. Das Papier soll zweierlei sein.«

Ein anderes Gespräch lautete wie folgt:

Die Kröber: »Hat denn die Kleine auch Geld, um das zu bezahlen? Sie wissen schon, was ich meine.«

Kühn: »Ach, ja, wohl, und ich bin extra noch da. Na, vier Zeugen habe ich, die gut für mich aussagen. Mit den beiden andern ist es nichts. Ich glaube, das ist genug.«

Die Kröber: »Die beiden andern müssen Sie weglassen.«

Kühn: »Ach, bei mir können Sie Haussuchung tun. Was ich Ihnen gesagt habe, das finden sie doch nicht.«

Berücksichtigt man, daß Kühn damals schon mißtrauisch geworden und nicht mehr sicher war, ob die Kröber ihn nicht doch verraten habe und ob man seine Unterhaltung mit ihr belauschte, so erklärt sich die Zurückhaltung, die er beobachtete.

Die Kröber hatte unter anderem auch mitgeteilt, Kühn habe sie beauftragt, seine Frau zu befragen, ob das in Ordnung sei, ob sie das besorgt habe, was sie schon wisse. Auch hatte sie gehört, wie eine zu Gotha wohnhafte Schwester Kühns, die für ihn Essen brachte, eine vorübergehende Abwesenheit des Gefangenenwärters benutzte, um sich durch die Korridortür mit ihrem Bruder zu bereden. Kühn bestellte dabei seine Mutter abends elf Uhr in die Straße vor sein Gefängnis und rief der Schwester zu, seine Mutter solle das besorgen, sie wüßte schon, was er meine. Es wies dies auf fernere und zum Teil schon gelungene Kollusionsversuche *(Verdunklungsversuche)* hin, für die sich die volle Bestätigung bald ergeben sollte.

Eines Nachts wurde bemerkt, daß ein mit Brot und mit zwei Stückchen Seife beschwerter Faden am Gerichtsgebäude nieder hing. Man vermutete, daß der Faden von der kühnschen Zelle aus herabgelassen worden sei, band ihn unten fest und begab sich alsbald in das Gefängnis Kühns. Er lag angekleidet auf dem Bett, das Fenster war offen. Man fand bei ihm einen Faden, offenbar das Ende des unten angebundenen, welches er abgerissen hatte, als er die Entdeckung seines Manövers bemerkte. Der Faden war zum Teil aus der wollenen Schlafdecke herausgezogen.

Ferner nahm man bei ihm zwei Papierkuverte, die mit Brot aus verschiedenen Gesangbuchblättern zusammengeklebt waren, in Beschlag. In den Kuverts staken mehrere gedruckte Blättchen, gleichfalls aus dem Gesangbuch, welche an allen nicht bedruckten Stellen mit Bleistift beschrieben waren. Diese Zettel enthielten meistenteils dringende Aufforderungen zur Gewinnung von Zeugen für das Alibi, und zwar waren durchweg dieselben Personen benannt, deren auch die Kröber Erwähnung getan hatte. Zum Teil waren aber auch Warnungen vor der Kröber ausgesprochen, die demnach das Vertrauen Kühns völlig eingebüßt hatte. Wir teilen nur einige charakteristische Stellen mit:

»Gute Mutter, nimm Dich ja vor der Frau Kröber in Westhausen in Acht, sie will mir Schaden tun, weil meine Schwiegermutter ihren Bruder in das Zuchthaus gebracht hat. (Dies erwies sich als nackte Lüge.) Also vor der Kröbern in Acht genommen. Sagt ihr ja nichts. Denn die Kröbern verrät es doch im Schwurgericht.«

»Wenn meine Frau nicht viele Zeugen schafft, so bin ich fürs ganze Leben verloren. Sie soll F… erinnern usw.« »Vielleicht tut es auch L… und sagt, er hätte mich sechs Uhr hinauf in die Stube gehen sehen. Wenn meine Frau sonst noch jemand dazu kriegen kann, sie soll ja 100 Taler nicht ansehen, und wenn jeder Zeuge zehn Taler bekommt.«

»Hat euch die Kröber Zeugen gesagt, so nehmt sie ja nicht, ich brauche keine Zeugen. Sagt ihr aber, wenn ich im Schwurgericht gegen sie auftrete, so sei dies mein Ernst nicht. Eine, die losgekommen sei, hätte es euch gesagt.« (Natürlich, die Kröber wußte zuviel. Es war gefährlich, ganz mit ihr zu brechen, sie mußte, wenn man ihr auch nicht traute, möglichst beim Guten erhalten werden.)

»Hütet euch also vor der Kröber. Komme erst noch einmal und rufe Anna, daß ich Deine Stimme höre. Ich traue nicht mehr.«

Mit diesem mißlungenen Kollusionsversuch zerriß das letzte Truggewebe. Kühn hatte durch seine unvorsichtigen Geständnisse sein Geschick besiegelt und sich selbst das Grab gegraben. Auch der skrupulöseste Skeptiker konnte diesen erdrückenden, geradezu massenhaften Beweisen gegenüber nicht mehr an der Schuld des Angeklagten zweifeln.

Der Prozeß wurde zum zweiten Mal vom 9. bis 12. Dezember 1869 vor dem Schwurgericht in Eisenach verhandelt. Der Saal war gedrängt voll, unter den Zuhörern befand sich eine große Zahl von Juristen, welche auf den Ausgang dieses in Thüringen zur cause celèbre *(merkwürdiger Rechtsfall)* gewordenen Falles in hohem Grad gespannt waren. Den Vorsitz führte der Appellationsrat Dr. Otto aus Eisenach. Wir sagen nicht zu viel, wenn wir behaupten, daß er nicht bloß den gewaltigen Stoff vollkommen beherrschte, sondern auch, wie ein gewissenhafter Präsident immer tun soll, mit leidenschaftsloser Ruhe, mit der größten Geduld und Unparteilichkeit den Angeklagten, die Zeugen und die Sachverständigen examinierte.

Er ging natürlich planmäßig zu Werke und erörterte die einzelnen Punkte in einer bestimmten, meist chronologischen Reihenfolge, aber er gruppierte die Beweise der Anklage nicht, um durch die Gruppierung selbst auf die Geschworenen zu wirken, sondern es kam ihm lediglich darauf an, Klarheit, vollständige Klarheit über die verwickelte Sache zu verbreiten. Dem Angeklagten widerfuhr sein volles Recht, die Anträge seines Verteidigers, der seine schwierige Aufgabe mit Geschick und mit Aufbietung aller Kräfte löste, fanden insgesamt eine wohlwollende Berücksichtigung. Wenn wir uns recht erinnern, wurde nur ein einziger, offenbar unerheblicher Antrag, auf den der Anwalt Kühns, wie er später erklärte, selbst sehr wenig Gewicht legte, abgelehnt.

Kurz, die Leitung der Verhandlung war eine mustergültige, und nicht bloß die mitanwesenden Richter, sondern auch die zahlreich versammelten Advokaten erkannten dies rückhaltlos an.

Der Angeklagte zeigte anfänglich dieselbe eiserne Stirn wie früher. Er leugnete schlechthin jede Wissenschaft von der ihm beigemessenen Tat und versicherte dreist und zuversichtlich, daß er unschuldig, völlig unschuldig sei an dem vergossenen Blut. Er folgte der Verhandlung mit der gespanntesten Aufmerksamkeit, er interpellierte die Zeugen, und seine kleinen beweglichen Augen schossen Blitze, wenn die eine oder die andere Aussage ihm besonders bedrohlich zu sein schien. Als die Beweise gegen ihn immer wuchtiger wurden, als die Kette der Indizien sich immer fester zusammenfügte, wurde sein bleiches Antlitz noch bleicher.

Er verlangte öfter zu trinken, er räusperte sich, stand auf, setzte sich gleich darauf nieder, stand wieder auf, rang und rieb sich die Hände und griff wiederholt an seinen Hals, wie ein Mensch, welcher fühlt, daß ihm die Kehle zugeschnürt wird, und sich von einem Druck befreien will.

Die Sachverständigen und die Zeugen blieben durchweg bei den von ihnen früher erstatteten Angaben, und alle einzelnen Punkte, auf welche die Anklage sich stützte, alle Indizien, die wir im Laufe unserer Darstellung aufgezählt haben, wurden voll erwiesen. Dagegen ließen die Personen, welche das Alibi beweisen sollten, den Angeklagten vollständig im Stich.

Niemand hatte ihn am 25. November 1868 in der kritischen Zeit zwischen viereinhalb Uhr nachmittags und acht Uhr abends in Ohrdruf gesehen. Er hatte sich darauf berufen, daß er am 25. November 1868, nachmittags gegen fünf Uhr, dem Schuhmacher Gros und der Frau Krephahn auf dem sogenannten Leich begegnet sei, aber beide Zeugen erklärten, sie wüßten davon nichts. Er wollte die Frau Horn und die Witwe Fischer, seine Patientinnen, an jenem Tag gegen sechs Uhr abends besucht haben. Indes, keine der beiden erinnerte sich dieses Besuchs. Er behauptete, auf dem Weg vom Schießhaus in die Sängersche Restauration habe er nach sieben Uhr abends den Fleischermeister Kummer getroffen. Kummer war jedoch nicht im Stande, diese Angabe zu bestätigen. Die verehelichte Kühn sollte bezeugen, daß ihr Mann bis gegen fünf Uhr zu Hause auf dem Sofa geruht, dann Krankenbesuche (bei der Frau Horn und der Witwe Fischer) gemacht habe, wieder heimgekehrt und nach sechs Uhr abends auf das Schießhaus gegangen sei. Aber Frau Kühn gab die Sache verloren, sie machte von dem ihr gesetzlich zustehenden Recht Gebrauch und verweigerte es, Zeugnis abzulegen.

Dies war ein Donnerschlag für den Angeklagten. Er hatte gehört, daß seine Alibizeugen, auf die er sicher gerechnet hatte, alle miteinander versagten. Jetzt verließ ihn auch seine Frau, seine einzige Bundesgenossin. Matt setzte er sich auf die Bank und wischte den Schweiß von der bleichen Stirn. Indes war es nur eine vorübergehende Anwandlung von Schwäche, er schnellte wieder empor, stützte die Arme auf die Brustwehr der Anklagebank und wandte seine Aufmerksamkeit den Zeugen zu, die von der Anklage über sein Eintreffen in der Sängerschen Restauration benannt waren.

Eine ziemliche Zahl von Stammgästen traten einer nach dem anderen auf, Männer, die regelmäßig und unfehlbar jeden Abend pünktlich um dieselbe Zeit ihre Bierstube aufsuchten und ganz genau wußten, daß Kühn weder halb acht noch dreiviertel acht eingetreten war. Ein Zeuge, der Porzellanschmelzer Berges, hatte den Angeschuldigten sogar nach dreiviertel acht in die Restauration hineingehen sehen.

Kühn fühlte den Boden unter den Füßen schwanken; erschöpft setzte er sich hin und stützte den Kopf in die Hände. Den Aussagen der folgenden Zeugen, die über sein Benehmen nach dem 25. November vernommen wurden, schien er geringere Aufmerksamkeit zu schenken. Erst als die Sachverständigen vortraten, hatte er seine Spannkraft wieder gewonnen. Da richtete er sich wieder auf und verlor keine Silbe von dem, was sie sagten.

Das Gutachten der drei Ärzte, Medizinalrat Dr. Bohlen, Dr. Meusel und Dr. Kieselhausen aus Gotha, ging wiederum dahin, daß Henriette Wolf sich nicht selbst getötet habe, sondern daß sie von der Hand eines Dritten umgebracht worde, und ferner, daß das in ihrer Hand befindliche Messer nicht tauglich gewesen sei, um diesen scharfen, tiefen, furchtbaren Schnitt hervorzubringen. Dr. Krügelstein wagte es nicht, direkt zu widersprechen, und auch der Laie, welcher das fragliche Messer sah, mußte sich sagen, daß mit diesem stumpfen, schartigen und im Gelenk beweglichen Instrument kein Mensch sich eine solche Wunde habe zufügen können.

Kühn suchte Einwendungen zu machen. Er warf die und jene Frage dazwischen, aber die Sachverständigen blieben bei ihrer Ansicht unverrückt stehen.

Der Medizinalassessor Dr. Tannenberg hatte den Brief an den Vater der Verstorbenen, den Siegellack und die bei Kühn gefundene Laterne mikroskopisch untersucht. Er erklärte auf seinen Eid: Der Brief ist mit blutigen Fingern angefaßt, unter dem Siegel ist ein Blutfleck erkennbar, und dieser Fleck ist dagewesen, ehe der Brief gesiegelt worden ist, denn der Siegellack ist gelaufen, eben weil er auf eine nasse blutige Stelle geträufelt wurde. An der Laterne sind ebenfalls Blutspuren, und die Ablagerung des Talges inwendig beweist, daß die Laterne bei starkem Luftzug brannte.

Das Papier und der Siegellack wurden für ähnlich dem von Kühn gebrauchten Papier und Siegellack erklärt. Ein Leinwandläppchen, welches in der Tasche der Verstorbenen stak, mußte von einem und demselben Stück sein wie die Leinwand, welche man bei Kühn in Beschlag genommen hatte, und die Haare, die in jenem Läppchen waren, fand der Sachverständige den Haaren des Angeklagten gleichartig.

Der Angeklagte wußte nichts zu entgegnen. Er half sich mit der allgemeinen Redensart, daß man in solchen Dingen leicht irren könne.

Danach trat der Gefangenenwärter Hoyer auf und erzählte, wie Kühn ihn durch schöne Reden und durch das Versprechen von 100 Talern habe verleiten wollen, einen Brief an seine Ehefrau zu überbringen. Es wurden den Geschworenen alle Versuche vorgeführt, die der Angeklagte gemacht hatte, um seine Ehefrau zu instruieren und Zeugen für sein Alibi zu werben.

Kühn wurde immer unruhiger. Er konnte nicht mehr stillsitzen und nicht mehr stillstehen, er beugte sich vor und flüsterte seinem Verteidiger etliche Worte zu. Er bat um Wasser, trippelte hin und her, seufzte und fing an zu schlucken, als wenn ihm der Hals vertrocknet wäre.

Zuletzt wurde als Zeugin Maria Kröber vorgerufen. Als sie vor die Schranken trat, überlief den Körper des Angeschuldigten ein nervöses Zittern. Er bewegte die Lippen, ohne ein Wort zu sprechen. Der Zeugin warf er einen Blick voll furchtbarer Seelenangst zu. Man sah deutlich, daß er innerlich erbebte. Und wahrlich, er hatte Grund dazu! Die Kröber erzählte zunächst, wie Kühn ihr angeraten habe, unter keiner Bedingung etwas zu bekennen, *wer nicht gesteht, den kann man nicht hängen,* das hatte er ihr wiederholt eingeprägt.

Dann berichtete sie, welche Ratschläge er ihr erteilt habe, um die Flucht zu bewerkstelligen, und welche Aufträge er ihr für seine Frau gegeben hatte. Endlich referierte sie, was ihr der Angeschuldigte über seine Beziehungen zu der Henriette Wolf und über den Mord mitgeteilt hatte.

Wir haben den Inhalt dieses außergerichtlichen Geständnisses bereits angegeben und fügen nur noch hinzu: Kühn hatte die Kröber zunächst schwören lassen, daß sie ihn nicht verraten werde, und nach abgeleistetem Schwur sein Herz in stundenlangen Reden erleichtert. Er sagte zu ihr: »Ja, ich habe das Mädchen von Crawinkel gern gehabt, lieber als meine bucklige Frau. Das erste Mal habe ich ihr Arrak *(Branntwein)* gegeben und ihr Chloroform auf das Halstuch geschüttet, und als sie im Dusel war, mich königlich mit ihr betan. Später ist sie mir freiwillig zu Willen gewesen. Das Mädchen hat mir geklagt, daß sie schwanger sei. Das hat mich beunruhigt, besonders wegen meiner Frau. Ich habe ihr versprochen, es mit Sympathie zu vertreiben, und ihr geheißen, zu diesem Zweck ein Messer und einen Bohrer mitzubringen. Ja, man muß listig sein, List geht über alles.

An dem Abend, wo ich sie an die Kienrußhütte bestellt hatte, habe ich sie nicht gebraucht, denn dies hätten die Ärzte bei einer Obduktion entdeckt. Ich habe ihr zu trinken gegeben und dann Eau de Cologne (so nannte Kühn im Gespräch mit der Kröber mitunter das Chloroform) auf das Halstuch geschüttet. Davon wurde sie betäubt. Dann habe ich sie zweimal mit dem Messer, was ich bei mir führte, geschnitten und ihr nachher ein anderes Messer in die Hand gegeben. Sie hat stark geblutet. Ich sehe sie noch dort sitzen. Vom Mordsflecke bin ich zu Sänger gegangen, aber ich war zu aufgeregt. Es war mir so närrisch. Sie stand mir immer vor Augen. Das Messer finden sie nicht und meinen grauen Sommeranzug, den ich anhatte, finden sie auch nicht, der ist gut versteckt.«

Schauer des Entsetzens gingen durch den Saal, als die Kröber in monotoner Rede diese und noch eine Menge anderer Einzelheiten angab, die sie von Kühn erfahren hatte.

Der Präsident forderte den Angeklagten auf, sich über diese Aussage zu erklären. Sichtlich verlegen erwiderte er: jeder vernünftige Mensch könne sich denken, daß er nicht so unsinnig sein und so etwas gesagt haben werde. Er habe der Kröber nur etwas vorgeschwatzt, um sie kirre zu machen und sie, wenn sie ihre Flucht ausgeführt hätte, der Strafjustiz selbst in die Hände liefern wollen.

In dieser Ausrede war kein Sinn und Verstand. Er blieb aber dabei, auch dann noch, als der Zeuge Kraus, welcher die beiden Gefangenen überwacht hatte, verhört wurde und Bruchstücke aus den Gesprächen zwischen Kühn und der Kröber mitteilte. Er hatte vernommen, daß Kühn zur Kröber sagte: »wie ich mit dem Mädchen auf der Chaussee von Crawinkel ging, war es schon dunkel«, und ferner, daß er auf die Frage der Kröber, ob denn keine Blutflecken an seine Kleider gekommen wären, antwortete: »Gott bewahre! Ich habe mich vorgesehen und bin in demselben Anzuge bei Sänger gewesen.«

Die Beweiserhebung war geschlossen, und der Oberstaatsanwalt erhielt das Wort zur Begründung der Anklage. Er stellte die Beweise, welche die Verhandlung ergeben hatte, übersichtlich zusammen und beantragte das Schuldig.

Der Verteidiger hatte einen außerordentlich schwierigen Stand. Die Punkte, die er für seinen Klienten betonte, waren in der Hauptsache die folgenden: Kühn könne der Schwängerer nicht sein, denn der Fötus, den man im Leib der Henriette Wolf gefunden hatte, sei 22–24 Wochen alt gewesen, müsse also aus einem Beischlaf, der Mitte Juni vollzogen worden sei, herrühren. Das Mädchen sei wegen ihres bösen Fingers Mitte Juni zum ersten Mal zu dem Angeklagten gekommen, und man könne doch unmöglich annehmen, daß Kühn sie gleich bei der ersten Bekanntschaft geschlechtlich gebraucht habe. Demnach sei es also nicht wahrscheinlich, daß Kühn sie geschwängert, vielmehr müsse man glauben, daß sie bereits schwanger gewesen sei, als sie die Hilfe des Angeklagten wegen des Fingers in Anspruch genommen habe.

Wenn ein wirkliches Liebesverhältnis zwischen Kühn und Henriette Wolf bestanden habe, sei es doch sehr merkwürdig, daß sie vom Juli, nach Beendigung der Fingerkur, bis zum November gar nicht zusammen verkehrt hätten. Die Anklage habe nicht zu behaupten vermocht, daß beide sich in dieser langen Zeit mehr als ein einziges Mal – in einer Restauration – getroffen hätten.

Henriette Wolf sei nicht mehr Jungfrau, sondern schwanger, folglich aber auch nicht so kindlich und so unschuldig gewesen, wie man sie geschildert habe.

Liebe mache gar erfinderisch und schlau, und es sei recht gut denkbar, daß das ursprünglich sittsame Landmädchen, nachdem es einmal vom Baum der Erkenntnis gekostet, zu Abortivmitteln seine Zuflucht genommen und schließlich zum Selbstmord geschritten sei.

Hätte Kühn die Wolf verführt, so würden ihm, dem geschickten Wundarzt, andere Mittel zu Gebote gestanden haben, um die Folgen des Beischlafes zu beseitigen. Er hätte gewiß nicht zum Äußersten – zum Mord gegriffen.

Der Verteidiger suchte nachzuweisen, daß ein Selbstmord auch mit jenem stumpfen Messer trotz der entgegenstehenden Gutachten der Sachverständigen möglich gewesen sei, und daß dem Angeklagten die Zeit gefehlt habe, den Mord zu vollbringen, denn dreiviertel acht Uhr sei Henriette Wolf von dem Zeugen Kritzmann in der Nähe von Crawinkel gesehen worden, dreiviertel acht Uhr sei Kühn in die Sängersche Restauration getreten, und die Entfernung vom Mordplatz bis nach Ohrdruf betrage 50 Minuten. Der Angeklagte habe demnach etwa eine Stunde Zeit gehabt, es sei aber ganz unmöglich, daß er in diesem kurzen Zeitraum das Mädchen in den Wald geführt, dort die Vorbereitung zu ihrer Ermordung getroffen, sie abgeschlachtet, dann sie in die Lage einer Selbstmörderin gebracht, ihr das Messer in die Hand gegeben, ihre Kleider künstlich in den Wacholderbusch versteckt und sich selbst gereinigt habe.

Kühns Neugier und seine Erkundigungen in den folgenden Tagen erklärt der Verteidiger aus seinem Gewerbe als Barbier. Seine Versuche, sich mit den Seinigen in Verbindung zu setzen und sich Alibizeugen zu verschaffen, hält er für natürlich, weil er sich habe retten, seine Unschuld beweisen wollen. Die Geständnisse gegen die Kröber findet er unglaubhaft. »Wenn der Angeklagte ihr alles das gesagt hat, was sie von ihm gehört haben will, dann gehört er in das Tollhaus«, so ruft der Anwalt Kühns aus. Er schließt seine Rede mit den Worten: »Du hast es, nun richte.«

Nachdem der Oberstaatsanwalt repliziert und der Verteidiger darauf geantwortet hatte, wurde Kühn gefragt, ob er selbst noch etwas vorzubringen habe. Er erhob sich und sagte pathetisch: »Ich habe keinen Grund gehabt, dem Mädchen etwas zu Leide zu tun. Ich habe keine Schuld, mein Gewissen ist rein.«

Der Präsident gab ein Resümee, welches sich ebenso sehr durch Klarheit wie durch Unparteilichkeit auszeichnete, und richtete sodann an die Geschworenen die Frage: »Ist der Angeklagte, der Barbier Ernst Louis Kühn aus Ohrdruf schuldig, am 25. November 1868, abends gegen sechs Uhr, in dem mit dem Namen *die Aue* bezeichneten Wald, nahe bei Crawinkel, infolge eines mit Vorbedacht und Überlegung ausgeführten Entschlusses die Tötung der Henriette Wolf mittels Durchschneidung des Halses ausgeführt zu haben?«

Die Jury beriet eine halbe Stunde. Dann trat sie wieder in den Saal, und der Obmann, Herr von Riedesel auf Krauthausen, verkündigte unter Stille den Wahrspruch, der einstimmig auf schuldig lautete.

Kühn hatte seine Kaltblütigkeit, richtiger seine Unverschämtheit während der Pause wiedergefunden. Trotzig versicherte er: »Ich bin dennoch unschuldig und werde appellieren.« Der Gerichtshof verurteilte ihn zum Tod. Er aber warf auf seine Richter und auf die Geschworenen einen Blick voller Haß und ging festen Schrittes zum Saal hinaus.

Fortan wurde er im Gefängnis des Kreisgerichts in Gotha von zwei Soldaten bewacht, die einander in der Weise ablösten, daß sich der eine beständig in der Zelle Kühns, der andere in der anstoßenden Zelle befand, welche, wie die Kühnsche, nur einen Ausgang auf den Korridor hatte.

Der Verurteilte wußte, daß auf dem Rechtsweg nichts mehr zu erreichen war. Er hatte zwar seinen Verteidiger beauftragt, die Gnade des Herzogs anzurufen, aber es schien ihm doch sicherer, wenn er sich selbst in Sicherheit brächte. Er machte also einen verwegenen Fluchtversuch. Am 3. Januar 1870 gegen Mittag, in dem Augenblick, als der eine Soldat, um seinen Kameraden abzulösen, in die Zelle eingetreten war und sich also beide Wächter in dieser Zelle befanden, schlüpfte Kühn hinter dem eintretenden Soldaten zur Tür hinaus, warf sie hinter sich zu, hing das Vorlegeschloß ein und schob den Riegel vor. Die Soldaten versuchten die Schelle zu ziehen, um Hilfe herbeizurufen, Kühn hielt aber außen auf dem Korridor den Schellenzug fest. Es blieb den Eingesperrten nichts übrig, als durch heftiges Pochen die Aufmerksamkeit der Gefangenenwärter zu erregen. Indessen hätte der Verbrecher längst das Weite suchen können, wenn nicht der schlau angelegte und mit großer Gewandtheit ausgeführte Plan an einem unvorhergesehenen fatalen Umstand gescheitert wäre. Dieses Hindernis war die vorsichtigerweise verschlossene Korridortür.

Das anhaltende Pochen der Soldaten rief nach einiger Zeit einen Gefangenenwärter herbei, der die Wächter, mit denen Kühn seine Rolle vertauscht hatte, befreite. Der Gefangene fand sich in der anstoßenden Zelle unter dem Bett versteckt und bezahlte seinen Fluchtversuch damit, daß man ihm Fesseln anlegte.

Im Dezember 1869 wurde das gefällte Todesurteil Seiner Hoheit dem Herzog von Coburg-Gotha zur landesherrlichen Bestätigung vorgelegt. Gleichzeitig ging ein von dem Verteidiger Kühns verfaßtes Gnadengesuch ein, welches teils auf die in Ermangelung eines Geständnisses doch nicht völlig gehobene Zweifelhaftigkeit der Schuld des Verurteilten hinwies, besonders aber die Berechtigung der Todesstrafe im damaligen Zeitbewußtsein anfocht. Es war gerade zu jener Zeit die Frage der Aufhebung oder Beibehaltung der Todesstrafe im eminentesten Sinne des Wortes eine brennende, nicht nur für Deutschland, sondern für fast alle Staaten Europas. Das neue Strafgesetzbuch für den Norddeutschen Bund war dem Reichstag vorgelegt worden, und die darin aufrecht erhaltene Todesstrafe schien fast die Klippe werden zu sollen, an der die sonst allgemein und dringend erwünschte Einführung eines gemeinsamen Strafkodex für den Norddeutschen Bund scheitern würde.

Die liberale Presse hatte fast durchgängig, oft in leidenschaftlicher Erregung, gegen die Beibehaltung der Todesstrafe Partei genommen, und nur wenige Publizisten der liberalen Farbe, freilich solche von hervorragender Bedeutung, hatten sich dem sehr hoch gehenden Strom der öffentlichen Meinung entgegengeworfen. Die Frage der Bestätigung eines eben gefällten Todesurteils war daher gerade zu dieser Zeit gewissermaßen präjudizierend *(vorurteilend)* dafür, ob der Druck der öffentlichen Meinung stark genug sein würde, um die weitere Anwendung der Todesstrafe in den Staaten des Norddeutschen Bundes unmöglich zu machen. Die Coburg-gothaische Regierung hatte sich ungeachtet ihrer langjährigen anerkannt liberalen Haltung bereits früher für die Notwendigkeit der Todesstrafe dadurch entschieden, daß sie dieselbe, nachdem sie im Jahre 1848 aufgehoben worden war, allerdings infolge eines aus der Initiative des Landtags hervorgegangenen Antrags, im Jahre 1857 wieder gesetzlich eingeführt hatte.

Ihrer Ansicht blieb sie treu, auch als es sich in dem vorliegenden Fall darum handelte, ob die durch die Gesetzgebung als notwendig anerkannte Strafe auch wirklich zur Anwendung kommen, oder ob sie in allen, auch in den schwersten Fällen für immer nur ein Popanz bleiben sollte. Zu einer Zeit, wo die Stimmen sich so laut erhoben, um diese Strafe als einen Anachronismus unseres zivilisierten Zeitalters in den stärksten Ausdrücken zu verurteilen, gehörte unzweifelhaft Festigkeit und Mut der Überzeugung dazu, um unbeeinflußt von der Tagesstimmung und unbeirrt von den unmittelbar mit Bezug auf die Kühnsche Verurteilung von namhafter Seite versuchten Einwirkungen auf die Entschließung des Herzogs lediglich die Frage in ruhige Erwägung zu ziehen, ob in der Gewißheit und in der Schwere der Schuld des Verurteilten die Verpflichtung begründet sei, dem Gesetz seinen Lauf zu lassen. Und es ist in der Tat der ernste Entschluß, dem gefällten Todesurteil die landesherrliche Bestätigung zu erteilen, mit der gewissenhaftesten Gründlichkeit und Sorgfalt vorbereitet worden.

Der betreffende vortragende Rat im Ministerium hatte vorsorglich den beiden schwurgerichtlichen Verhandlungen beigewohnt, um für seinen umfassenden Vortrag das Material vollständig beherrschen zu können. Außerdem war auf spezielle Veranlassung des Herzogs der Regierungs- und Medizinalrat Dr. Schuchardt, der Vorstand des gesamten Medizinalwesens des Landes, zur nochmaligen Begutachtung verschiedener für die Schuld hauptsächlich maßgebenden Fragen aufgefordert worden. Wir heben aus seinem mit großer wissenschaftlicher Schärfe ausgearbeiteten und auf seine reiche gerichtsärztliche Erfahrung gestützten Gutachten nur ein einziges als besonders bemerkenswert hervor.

Es war die Frage aufgeworfen worden, ob die Art und Weise, in der die Henriette Wolf das Messer in geschlossener Hand gehalten habe, der Annahme einer Tötung durch fremde Hand entgegenstehe. Das Gutachten konstatierte aus den Zeugenaussagen, daß das Messer von der Hand der Leiche nur locker umschlossen gewesen sei, und erklärte, daß es während des Eintritts des Todes oder unmittelbar nachher in die im Todeskampf gekrümmten Finger, solange die Flexibilität und Kontraktibilität der letzteren noch vorhanden gewesen sei, ohne große Schwierigkeit dergestalt habe gelegt werden können, daß die Hand es mit mäßiger Festigkeit gehalten habe. Auch während eines narkotischen Zustandes und vor Beibringung der Halswunde habe das Messer lose in die Hand gesteckt werden können, wenn die Narkose gewisse Grade noch nicht überschritten hatte.

Eine andere Frage ging dahin, ob es möglich sei, daß die Wolf sich die Halswunde in liegender Stellung zugefügt, und im Falle der Verneinung, ob es denkbar sei, daß der rechte Arm der Leiche so, wie er gefunden wurde, habe liegen können, wenn sich die Wolf die Wunde stehend oder sitzend beigebracht habe? Die Antwort lautete, daß es zwar nicht ganz unmöglich sei, sich in liegender Stellung eine solche Halswunde beizubringen, daß diese Stellung jedoch als eine sehr gezwungene wohl schwerlich von einem Selbstmörder, der sich den Hals abschneiden wolle, werde eingenommen werden. Ferner, daß, wenn das Mädchen bei der Zufügung der Wunde gestanden oder gesessen haben sollte, die Lage des rechten Armes und der rechten Hand, wie sie gefunden worden sei, schwer erklärt werden könne und mit größter Wahrscheinlichkeit gegen den Selbstmord zeuge.

Bezüglich der Frage, ob die Wolf vor ihrem Tod Chloroform eingeatmet habe, sprach sich das Gutachten dahin aus, daß hierfür in dem Sektionsbefund bestimmte Anhaltspunkte nicht gefunden werden könnten, ebenso wenig aber auch solche, welche einer dem Tod vorausgegangenen Chloroformnarkose entgegenständen. Dagegen fand das Gutachten in dem ruhigen Gesichtsausdruck und in der ruhigen Lage der Leiche eine größere Berechtigung für die Annahme der Tötung durch dritte Hand nach vorgängiger Narkose, als für die des Selbstmordes.

Das Appellationsgericht zu Eisenach, welches aufgefordert worden war, sich gutachtlich darüber zu erklären, ob das gegen Kühn gefällte Todesurteil zu bestätigen, oder ob ein Grund zur Begnadigung vorhanden sei, sprach einstimmig seine Überzeugung aus, daß, »wenn je ein Fall geeignet sei, der Gerechtigkeit den Lauf zu lassen, es der gegenwärtige sei, und daß eine Begnadigung dieses Verbrechers einer gänzlichen Aufhebung des Gesetzes über die Todesstrafe faktisch gleichgeachtet werden müsse.«

In der Motivierung wurde der Wahrspruch der Geschworenen als durchaus der Lage der Sache entsprechend und mit der Gerechtigkeit im Einklang stehend bezeichnet. Es wurde darauf hingewiesen, wie schon die Verführung des Mädchens, deren Folgen ausgänglich zu dem Verbrechen des Mordes geführt hätten, mit der raffinierten Schlauheit in das Werk gesetzt und das Verbrechen selbst nicht nur allmählich mit der größten Kaltblütigkeit vorbereitet, sondern auch mit teuflischer Bosheit unter dem Deckmantel einer ungefährlichen sympathetischen Kur begangen worden sei.

Noch weniger fand das Gutachten in der Persönlichkeit des Verbrechers ein Motiv zur Anwendung der Gnade, da er ohne jede Spur von Reue durch das neue Verbrechen bewiesen habe, daß eine ihm früher zuteil gewordene Begnadigung einem Unwürdigen gewährt worden sei. Da Kühn ferner nach seinem bisherigen Auftreten zu allem fähig zu halten sei und im Fall einer Begnadigung alle Mittel in Bewegung setzen werde, um wieder auf freien Fuß zu gelangen, zur Erreichung dieses Zieles aber auch vor einem neuen Verbrechen, sei es auch nur die Verleitung der Gefangenenaufseher zur Verletzung ihrer Dienstpflicht, wie er schon im Lauf der Untersuchung versucht – eines schwereren gegen die Person der Aufseher gerichteten gar nicht zu bedenken – nicht zurückschrecken werde. Wie berechtigt die letztere Erwägung war, bewies auch der beinahe gelungene Fluchtversuch vom 3. Januar 1870.

Auf Grund dieser Gutachten erfolgte gegen Ende Januar die landesherrliche Bestätigung des Todesurteils.

Nach Coburg-gothaischem Gesetz war die Todesstrafe mit dem Fallbeil in einem umschlossenen Raum zu vollstrecken. Da nun seit der Wiedereinführung der Todesstrafe eine Hinrichtung nicht stattgefunden hatte (die letzte war vor etwa 40 Jahre mit dem Schwert erfolgt) und es deshalb noch an allen Vorbereitungen für den Exekutionsakt fehlte, so mußte, nicht ohne Schwierigkeiten, die Fallbeilmaschine und das erforderliche Scharfrichterpersonal von auswärts verschrieben werden.

Man wandte sich zunächst an das Königliche Justizministerium in Dresden. Dort war früher die Todesstrafe gleichfalls mit dem Fallbeil vollzogen, seit neuerer Zeit aber bekanntlich wieder aufgehoben worden. Die telegraphische Antwort lautete, daß zwar die Maschine, nicht aber das zur Handhabung derselben erforderliche Personal zur Verfügung gestellt werden könne. Es ergab sich, daß der emeritierte Scharfrichter nach Erledigung seines Gewerbes zur Pferdeschlächterei gegriffen hatte, übrigens auch leidend und nicht mehr dienstfähig war.

Der Scharfrichter in Weimar, den man nun ins Auge faßte, erwies sich gleichfalls dienstunfähig, weil er erblindet war. Erst eine Anfrage

Guilltine aus dem 18. Jhd., Foto ohne Jahr.

bei dem Großherzoglich Hessischen Justizministerium hatte den gewünschten Erfolg. Es ging von dort die Nachricht ein, daß der Scharfrichter Reichmann von Mainz nebst dem nötigen Hilfspersonal angewiesen werden solle, sich mit der Fallbeilmaschine nach Gotha zu begeben und sich dort zur Verfügung zu stellen.

Am 15. Februar traf der Scharfrichter mit zwei Gehilfen und mit der Guillotine sowie mit vollständiger Ausrüstung zur Herstellung des Schafotts in Gotha ein. Da er einige Stunden vor der angekündigten Zeit schon anlangte, so waren die in Aussicht genommenen Vorkehrungen, um das Personal und die Maschine der öffentlichen Neugierde zu entziehen, noch nicht getroffen und das Publikum hatte ausreichende Gelegenheit, sein Interesse am Schauerlichen nach jeder Richtung zu befriedigen. Die Wagen, auf denen die durch ihren schwarz und blutroten Anstrich sich düster genug präsentierende Maschine transportiert wurde, der Gasthof, in dem der Scharfrichter mit seinen Knechten abstieg, waren von einer zahlreichen Menge umdrängt.

Meister Reichmann, ein Greis von 70 Jahren, der bereits viele Delinquenten vom Leben zum Tode befördert hatte, entsprach freilich in seinem solid bürgerlichen Aussehen, in dem gutmütigen, ja sogar gemütlichen Ausdruck seines Gesichts den Vorstellungen, die die Phantasie der Menge von der Persönlichkeit eines Scharfrichters hegte, sehr wenig. Desto mehr genügte einer seiner Knechte allen Anforderungen in dieser Beziehung. Seine herkulische Gestalt, sein starr empor stehendes schwarzes Haar, sein wilder Blick erinnerten lebhaft an manche bildliche Darstellung von Folter- und Hinrichtungsszenen.

Am Morgen des 16. Februar 1870 wurde dem Kühn das landesherrliche Dekret, welches das gegen ihn gefällte Todesurteil bestätigte, publiziert und ihm zugleich eröffnet, daß beschlossen worden sei, die Hinrichtung am 18. Februar, vormittags zehn Uhr, im Hof des Zuchthauses zu Gräfentonna (vier Stunden von Gotha) zu vollstrecken. Der Delinquent wurde aufgefordert, etwaige Wünsche, welche möglichst berücksichtigt werden würden, beizeiten auszusprechen und an die Ordnung seiner Angelegenheiten zu denken.

Diese Eröffnungen nahm er scheinbar mit der größten Gleichgültigkeit entgegen. Ja, er mußte unter Hinweis auf den jede Hoffnung ausschließenden Ernst seiner Lage ausdrücklich gefragt werden, ob es ihm nicht erwünscht sei, seine Frau und sein Kind noch einmal zu sehen und zu sprechen. Erst hierauf äußerte er diesen Wunsch, jedoch in so kühler Weise, daß er offenbar nicht von einem starken inneren Drang eingegeben schien.

Bei der Zusammenkunft mit seiner Frau, die an demselben Tag stattfand und etwa eine Stunde lang dauerte, redete diese ihm ernst und dringend zu, ein Geständnis seiner Schuld abzulegen. Anfangs schien er wirklich eine Zeit lang mit sich zu kämpfen, wie sein längeres Schweigen und das Zittern seines Körpers verrieten. Dann ermannte er sich jedoch und brach in die Worte aus: »Tue mir den Gefallen und bleibe bei dem Glauben, daß ich unschuldig bin.«

Als sie fort fuhr, ihn zu einem Schuldbekenntniss zu bestimmen, wies er dies in scharfem, gröblichem Ton mit den Worten zurück: »Was fällt dir denn ein, was hältst du denn von mir? Du tätest besser, du gingest und sorgtest dafür, daß ich nach Amerika geschafft würde.«

Auf die vorwurfsvolle Bemerkung seiner Frau, sie wisse leider genugsam, daß ihr Mann an ein ewiges Leben nicht glaube, antwortete er in pathetischem Ton, der nicht geeignet war, zu der Wahrheit seiner Empfindung Vertrauen einzuflößen, sondern mehr auf die Umgebung berechnet schien: »Da irrst du dich gar sehr. Ich habe es in der Gefangenschaft erkennen gelernt, daß es noch ein ewiges Leben gibt!«

Seine Ehefrau nahm Abschied von ihm, machte aber keinen Versuch weiter, die Begnadigung ihres Mannes durchzusetzen.

Das Benehmen Kühns von der Zeit an, wo ihm das Bestätigungsdekret publiziert wurde, seine Kaltblütigkeit, sein beharrliches Leugnen und die Art, wie er dieses Leugnen aufrecht erhielt, namentlich aber verschiedene seiner Äußerungen deuten mit Sicherheit darauf hin, daß er an die wirkliche Vollstreckung der Todesstrafe bis zum letzten Moment nicht glaubte, daß er vielmehr alles für eine Komödie hielt, durch die ihm ein Geständnis abgepreßt werden solle. Er hoffte offenbar, falls er nur fest bleibe in dem Behaupten seiner Unschuld, würde er doch noch im letzten Augenblick begnadigt werden. Er mochte in diesem Wahn durch den Umstand bestärkt werden, daß er vor der Hinrichtung gerade in das Zuchthaus zu Gräfentonna geschafft wurde, welches ja auch im Falle der Begnadigung sein Ziel gewesen sein würde.

Bisweilen bemächtigten sich seiner wohl Zweifel, sein Glaube wurde mitunter wankend, aber schnell schüttelte er die Zweifel ab, und bald genug glaubte er von neuem, daß zuletzt doch Gnade für Recht ergehen würde. Er hatte sich schon zu lange in die Idee hinein gelebt, daß ein Todesurteil heutzutage nicht mehr vollstreckt werden könne, und es war ihm ja schon einmal die landesherrliche Huld in sehr reichem Maße zuteil geworden.

Einige Zeit nachdem ihn seine Frau verlassen hatte, erklärte er: »Ich bin unschuldig und habe nur noch zweimal 24 Stunden zu leben. Nun will ich meine paar Stunden noch mit Rauchen und Trinken zubringen.«

Vor der Abreise nach Gräfentonna äußerte er:

»Es ist mir einerlei, ob ich lebe oder sterbe. Unschuldig muß ich doch sterben; denn ich kann kein Geständnis ablegen.«

Sehr bezeichnend sind zwei Bemerkungen, die er unmittelbar nach Verkündigung des landesherrlichen Bestätigungsdekretes machte:

»Zu was wird denn diese Komödie aufgeführt?« und die andere:

»Ja, der Krug geht so lange zu Wasser, bis er bricht!«

Am 17. Februar morgens wurde Kühn in Begleitung eines Gendarmen und zweier Soldaten mit Geschirr nach Gräfentonna transportiert. Nach der Versicherung seiner Begleiter zeigte er keine Spur von Todesfurcht. Er rauchte mit sichtbarem Behagen seine Zigarre und plauderte mit der Begleitungsmannschaft. Auch hier beteuerte er seine Unschuld. Er verwünschte die Kröber und sich selbst, »deshalb, weil er der Kröber zu viel gestanden und weil er sich schlecht gegen sie verteidigt habe.« Ferner meinte er, daß er »nicht so tief hineingekommen wäre, wenn er die Nichtigkeitsbeschwerde hätte fallen lassen, denn wenn seine Sache nicht vor ein zweites Schwurgericht gebracht worden wäre, so wäre er begnadigt worden. Er habe es daher nur seinem Verteidiger zu verdanken, daß er in diese Lage gekommen sei«.

Als er in Gräfentonna durch den Zuchthaushof geführt wurde und dort die Vorbereitungen zum Aufschlagen des Schafotts bemerkte, richtete er an seine Begleiter die kaltblütige Frage, ob das das Ding sei, womit er hingerichtet werden solle. In seiner Zelle fragte er öfters in spöttischem Ton: »Ob der Affenkasten, der Galgen, der Vogelbauer bald fertig wäre?« Dann äußerte er aber auch wieder ängstlicher und kleinlauter:

»Für die Narren haben sie das Ding doch nicht dahin gebaut?«

Den Ermahnungen des Zuchthausgeistlichen, der ihn zum Tod vorbereiten sollte, hörte er ruhig zu, ohne jedoch besondere Rührung und Ergriffenheit zu zeigen. Die Aufforderungen des Seelsorgers, sein Gewissen durch ein reumütiges Geständnis zu entlasten, waren gänzlich erfolglos.

Essen und Trinken ließ er sich am 17. Februar noch vortrefflich schmecken und führte dabei fortwährend eine lebhafte Unterhaltung mit seinen Wächtern. Unter anderem sagte er:

»Er glaube, daß sein Hals ganz gut in die Maschine passen werde. Es sei ihm wenigstens früher einmal gesagt worden, daß sein Hals sich gut zum Hinrichten eignen werde.«

Dann wieder:

»Mir ahnte es, daß meine Lebensdauer nur eine kurze sein würde. Deshalb habe ich für Frau und Kind gesorgt, bis ich in Untersuchung kam, damit sie später zu leben haben.«

In der Nacht vor seiner Hinrichtung schlief er einige Stunden. Den größten Teil der Nacht brachte er jedoch mit Rauchen, Kartenspiel und in der Unterhaltung mit seinen Wächtern zu. Die tiefe Verworfenheit seines Charakters offenbarte sich in diesen letzten Stunden noch in einer Weise, daß seine Wächter nur mit Entsetzen davon zu erzählen wußten. Er erging sich mit den frivolsten schmutzigsten Reden, bei denen er namentlich seine Frau, die doch am treuesten bei ihm ausgehalten hatte, in schamloser Weise bloßstellte.

Als der Scharfrichter seine Zelle betrat, um ihn zur Hinrichtung abzuholen, war er vollkommen gefaßt. Nachdem er unmittelbar zuvor eine halbe Flasche Rotwein ausgetrunken hatte, verlangte er noch Branntwein, der ihm jedoch verweigert wurde.

Am 18. Februar 1870, vormittags Punkt zehn Uhr, verkündete das Läuten der sogenannten Beichtglocke auf dem Kirchturm zu Gräfentonna den Beginn der Exekution. Zunächst nahm eine Abteilung Soldaten im Zuchthaushof, in dem das Schafott errichtet war, Aufstellung. Sodann setzte sich unter Vorantritt des Untersuchungsrichters und seines Gerichtsschreibers der Zug derjenigen Personen, welche gesetzlicher Bestimmung zufolge der Exekution beizuwohnen hatten, aus dem Versammlungszimmer im Innern des Zuchthauses nach dem Hof in Bewegung und stellte sich am Fuß des Schafotts zur linken Seite auf.

Die zugezogenen Personen waren zwei Mitglieder des Gothaischen Kreisgerichts, zwei Beamte der Staatsanwaltschaft, zwölf Einwohner von Gräfentonna, welche der dortige Gemeindevorstand ausgewählt hatte, acht Gemeindemitglieder aus Crawinkel, darunter beide Brüder der ermordeten Henriette Wolf. Nachdem diese ihre Plätze eingenommen hatten, erschien unter dem fortwährenden Geläut der Glocken ein zweiter Zug im Hof, voran der Scharfrichter Reichmann, sodann Kühn, die Hände auf dem Rücken gefesselt, zwischen den beiden Gehilfen des Scharfrichters, neben ihm der Zuchthausgeistliche im Ornat, zuletzt die Wächter.

Kühn trug seine eigene Kleidung, die, um Hals und Schultern rasch entblößen zu können, bereits im Rücken aufgetrennt und mit Nadeln wieder zusammengesteckt worden war. Er hielt den Kopf hoch aufgerichtet und ließ seine Blicke neugierig durch die ganze Versammlung schweifen. Sein Gesicht war zwar bleich, zeigte jedoch im Übrigen keine Spur von Beängstigung. Als er dem Untersuchungsrichter vorgeführt worden war, richtete dieser folgende Worte an ihn:

»Kühn, die Stunde der Sühne ist endlich gekommen! Der Gerechtigkeit soll jetzt die volle Genüge geschehen! Das rechtskräftige und landesherrlich bestätigte Todesurteil, welches gegen Sie gefällt wurde, soll jetzt an Ihnen vollstreckt werden. Bevor dies geschieht, sind das Urteil und das höchste Dekret, welches die landesherrliche Bestätigung erteilt, bekannt zu machen. Also lautet das Urteil.«

Der Untersuchungsrichter verlas hierauf das Urteil und das Bestätigungsdekret, während die aufgezogene militärische Wache das Gewehr präsentierte.

Kühn schenkte der Vorlesung wenig Aufmerksamkeit, ließ vielmehr währenddessen seine Blicke gleichgültigen Gesichtsausdruckes durch die Versammlung wandern.

Sodann sprach der Untersuchungsrichter mit erhobener Stimme:

»Ich übergebe nunmehr dem Nachrichter diesen Verbrecher Karl Ernst Friedrich Louis Kühn zur Vollziehung des Urteils.«

Der Zuchthausgeistliche legte hierauf Kühn die Hand auf die Schulter und sprach:

»Gott sei dir Sünder gnädig!«

Alsbald wandte sich der Delinquent mit einem sehr entschiedenen Ausdruck um und entgegnete: »Ich bin kein Sünder!«

Und als der Geistliche ihm im Ton der Warnung »Kühn!« zurief, fuhr er fort:

»Ja, ich bin ein Sünder, aber nicht in diesem Fall. Das sage ich hier unter freiem Himmel. An mir und meiner Familie wird das größte Verbrechen begangen.«

Der Scharfrichter und seine Gehilfen führten ihn hierauf die Stufen des Schafotts hinauf, welches er mit festem Schritt betrat.

In wenigen Sekunden war er an das Richtbrett der Maschine geschnallt, Hals und Schultern wurden entblößt. Jetzt brach er in die Worte aus:

»Gott sei meiner Seele gnädig!«

Als das Richtbrett umgelegt und der Körper unter das Fallbeil vorgeschoben wurde, hörte man ihn noch einmal rufen:

»Gott, erbarme dich meiner Seele!«

Einen Augenblick darauf fiel das Beil nieder und trennte den Kopf, der sofort durch einen davor aufgespannten offenen Sack unter das Schafott fiel, vom Rumpf.

Der Untersuchungsrichter erklärte:

»Das Urteil ist vollzogen!«

Nunmehr umstellte die Militärmannschaft das Schafott.

Die Handlung schloß mit einem von dem Geistlichen laut gesprochenen kurzen Gebet.

Der Akt der Hinrichtung dauerte von der Vorführung des Gefangenen bis zum Fallen des Kopfes sechs Minuten, die eigentliche Exekution von dem Moment an, wo Kühn das Schafott bestieg, war in anderthalb Minuten beendigt.

Der Brandstifter Hans Michael Brühl (1686): *Merkwürdige Criminal-Rechtsfälle,* hg. von Paul Johann Anselm Feuerbach, VII. Hans Michael Brühl aus Leina. Criminal-Justiz des XVII. Jahrhunderts. Aus den Acten des Justiz-Amtes Tenneberg, Gießen 1808.

Der Giftmörder August Taubert (1811): *Arnstädtisches Nachrichts- und Intelligenz-Blatt,* Nr. 213, 214, 215, 217 und 220, September 1889.

Johann Christoph Werner und Johann Friedrich Becher (1813); Der Mörder Johann Andreas Sommer (1816); Der Frauenmörder Hirschfeld (1820); Der Mordbrenner Johann Friedrich Weißmantel (1824): *Thüringer Kriminalchronik hingerichteter Verbrecher.* Gesammelt von deren Wächter Franz David Gesky, Weimar 1826.

Der Fallknecht Karl Wilhelm Oertel (1830–1833): *Der neue Pitaval. Eine Sammlung der interessantesten Kriminalgeschichten aller Länder aus älterer und neuerer Zeit.* Begründet vom Kriminaldirektor Dr. J. E. Hitzig und Dr. W. Häring (W. Alexis), Fortgesetzt von Dr. A. Vollert. Einunddreißigster Teil. Dritte Folge. Siebenter Teil, 2. Auflage. Leipzig1871.

Der Raub- und Kindermörder Bernhard Stempner (1858): *Der neue Pitaval. Eine Sammlung der interessantesten Kriminalgeschichten aller Länder aus älterer und neuerer Zeit.* Begründet vom Kriminaldirektor Dr. J. E. Hitzig und Dr. W. Häring (W. Alexis), Fortgesetzt von Dr. A. Vollert. Zweiunddreißigster Teil. Dritte Folge. Achter Teil. Leipzig 1862.
Die Geschichte wurde unter dem Titel *Der blinde Zeuge* veröffentlicht. Im Vorwort heißt es: *Dem Raubmörder Stempner, welcher den fünfjährigen Sohn des Einwohners Jährling zu Darnstedt im August 1858 erwürgte, ist es, obwol er hartnäckig leugnet, wie Hahn (einem anderen Mörder), unter der Herrschaft des mündlichen Verfahrens nicht gelungen, der gerechten Strafe zu entgehen. Ein blinder Zeuge hat ihn überführt. Der unter diesem Titel uns von befreun-*

deter Hand zugesendete Fall ist ebendeshalb so spannend, weil er den Vorzug des neuen Verfahrens evident darstellt und in feinen Strichen zeichnet, wie hier die Gerechtigkeit Schritt für Schritt dem Mörder folgt, wie endlich, nachdem er schuldig gesprochen, sein Geständniß die Beruhigung gibt, daß das Beil des Henkers auf einen Menschen niederfällt, der seine Missethat in der letzten Stunde noch selbst bekannt und bereut hat.

Der Chirurg Ernst Kühn (1870): *Der neue Pitaval. Eine Sammlung der interessantesten Kriminalgeschichten aller Länder aus älterer und neuerer Zeit.* Begründet vom Kriminaldirektor Dr. J. E. Hitzig und Dr. W. Häring (W. Alexis), Fortgesetzt von Dr. A. Vollert. Neue Serie. Sechster Band. Leipzig 1871.
Bezüglich der Todesstrafe schreiben die Herausgeber im Vorwort folgendes: *Die große Streitfrage über die Beibehaltung oder die Abschaffung der Todesstrafe, welche in den Jahren 1869 und 1870 in Deutschland ausgetragen wurde, spielte eine nicht unwichtige Rolle auch in diesem Processe, und wir können bezeugen, daß die Vollstreckung des Todesurtheils von dem weit überwiegenden Theile der Bevölkerung im Herzogthume Gotha gebilligt worden ist.*

Liebe Leserinnen und Leser, geschätzte Bücherfreunde!

Falls Sie sich für weitere Bücher aus unserem Verlagsprogramm interessieren, so nutzen Sie bitte den direkten Weg, die Bestellung beim Verlag! Neben einer diskreten Behandlung Ihrer persönlichen Daten, einer freundlichen Bestellannahme und die einfache Bezahlweise vorab per Rechnung erhalten Sie sicher und ordentlich verpackt Ihre Bücher. Gleichzeitig können wir Ihnen auf diesem Weg stets die neuesten Verlagsprospekte und weitere Informationen rund um historische Kriminalfälle, neue Editionen oder wertvolle, einmalige Repliken zukommen lassen.

Über unsere Hauptseite www.KIRCHSCHLAGER.net können Sie sich kostenlos in unseren Newsletterservice eintragen.
Dort finden Sie auch einen Internetshop, der Ihnen neben einem unkomplizierten Einkauf auch Leseproben und Rezensionen bietet.

Falls Sie Anregungen oder aber auch Kritik haben, schreiben Sie mir! Meine Anschrift lautet:
Michael Kirchschlager, Ritterstraße 13, 99310 Arnstadt.

Ich wünsche ihnen viel Freude beim Lesen und Studieren und verbleibe mit besten Grüßen aus Thüringen

Ihr Michael Kirchschlager